決定版 **北海道**

道の駅
ガイド 2023-24

花岡俊吾 著

北海道新聞社

目次

十　勝

オホーツク

釧路・根室

位置 + 掲載頁

北海道
道の駅全図

わっかない P142
さるふつ公園 P144
北オホーツクはまとん
てしお P140　ピンネシリ P150
えんべつ富士見 P138　なかがわ P152
☆ロマン街道しょさんべつ P136
ほっと♡はぼろ P134　ぴふか P156
もち米の里☆なよろ P160　にしおこっぺ花夢
風Wとままえ P132　絵本の里けんぶち P164
森と湖の里ほろかない P158　おびら鰊番屋 P130　羊○
るもい P128　　とうま
ライスランドふかがわ P90
鐘のなるまち・ちっぷべつ P88
サンフラワー北竜 P86　あさひかわ P126
田園の里うりゅう P84　ひがし
スタープラザ芦別 P92
うたしないチロルの湯 P94　たきかわ P82
北欧の風道の駅とうべつ P12　つるぬま P80
スペース・アップルよいち P32　石狩「あいろーど厚田」 P16　ピア21しほろ
あかいがわ P30　ハウスヤルビ奈井江 P78
名水の郷きょうごく P28　しんしのつ P14　三笠 P76　うりまく
オスコイ！かもえない P34　　南ふらの P174
230ルスツ P20　マオイの丘公園 P74
真狩フラワーセンター P22　　夕張メロード P7
いわない P36　花ロードえにわ P10
ニセコビュープラザ P26　　樹海ロード日高 P66
シェルプラザ・港 P38　望羊中山 P18　自
みなとま〜れ寿都 P40　　むかわ四季の館 P64
らんこし・ふるさとの丘 P24　ウトナイ湖 P58　なかさつない
よってけ！島牧 P44　あびらD51ステーション P62
くろまつない P42　サーモンパーク千歳 P60
とようら P48　そうべつ情報館i（アイ） P52　みついし P7
あぶた P50　サラブレッドロード新冠 P68
てっくいランド大成 P122　だて歴史の杜 P54
みたら室蘭 P56
YOU・遊・もり P98　とうや湖 P46
ルート229元和台 P120　つど〜る・プラザ・さわら P100
江差 P123　しかべ間歇泉公園 P102
上ノ国もんじゅ P116　あっさぶ P118　縄文ロマン南かやべ P104
なとわ・えさん P106
なないろ・ななえ P96
みそぎの郷きこない P108
北前船松前 P114　しりうち P110
横綱の里ふくしま P112

「道の駅」とは？

　2023年2月28日現在、全国に1204駅、北海道に127駅ある道の駅。道の駅が作られた目的は大きく分けて、3つある。①24時間無料で利用できる駐車場、トイレなどの設備を整え、道路利用者が休憩する②道路情報や地域の観光情報、緊急医療情報など、道路利用者や地域住民の情報を発信する③文化教養施設、観光レクリエーション施設などで地域を活性化させるというのが主な目的だ。

　近年はこれらの機能に加えて、防災拠点としての役割が期待されている。国土交通省は2021年6月に災害時の広域拠点となる「防災道の駅」として、全国36道県で計39カ所を選定。道内では「厚岸グルメパーク」（厚岸町）、「ニセコビュープラザ」（ニセコ町）、「さるふつ公園」（猿払村）、「てしお」（天塩町）の4カ所が選ばれた。これらの駅は災害時、被災地の救援活動や支援物資の輸送拠点、道路利用者らの一時避難場所の役割を担う。同省は当面、全国100カ所程度を目標に選ぶ方針で、道内でも防災機能を持つ道の駅は今後さらに増えていく可能性がある。

ーンアイランド岡島 P148
いねっぷ P154
む P224
こっぺ P226
香りの里たきのうえ P220
オホーツク紋別 P228
遠軽森のオホーツク P218
かみゆうべつ温泉チューリップの湯 P230
愛ランド湧別 P232
メルヘンの丘めまんべつ P238
べつ P162
っぷ P216
サロマ湖 P234
うとろ・シリエトク P252
流氷街道網走 P236
知床・らうす P268
はなやか（葉菜野花）小清水 P248
しらたき P214
しゃり P250
館」P168
ノンキーランドひがしもこと P240
おんねゆ温泉 P212
パパスランドさっつる P246
丘のくら」P170
ぐるっとパノラマ美幌峠 P242
あいおい P244
おだいとう P266
「白金ビルケ」P172
摩周温泉 P262
オーロラタウン93りくべつ P206
あしょろ銀河ホール21 P208
スワン44ねむろ P264
阿寒丹頂の里 P256
ステラ★ほんべつ P204
厚岸グルメパーク P260
おとふけ P192
しらぬか恋問 P258
しほろ温泉 P182
かみしほろ P180
つぷ P176
うらほろ P202
ガーデンスパ十勝川温泉 P190
さらべつ P196
忠類 P198
コスモール大樹 P200

※1 本書の内容は2023年3月現在の情報です。施設・道路の現況、商品の値段は変更になる可能性があります。
※2 各ページの道の駅の電話番号の右にある数字は道内の登録順です。
※3 各ページ右下にある「近くの道の駅」は道の駅めぐりの参考に掲載しました。最寄りの道の駅ではない場合もあります。

北海道市町村位置図及び人口

北　海　道	5,183,687
市　　　計	4,275,175
町 村 計	908,512

道央

石狩振興局

計	2,382,414
札 幌 市	1,960,668
中 央 区	241,244
北　　区	285,887
東　　区	261,971
白 石 区	213,280
豊 平 区	225,082
南　　区	135,314
西　　区	218,245
厚 別 区	125,687
手 稲 区	141,958
清 田 区	112,000
江 別 市	119,701
千 歳 市	97,716
恵 庭 市	70,108
北広島市	57,767
石 狩 市	58,096
当 別 町	15,445
新篠津村	2,913

後志総合振興局

計	196,847
小 樽 市	110,426
島 牧 村	1,352
寿 都 町	2,799
黒松内町	2,690
蘭 越 町	4,547
ニセコ町	4,946
真 狩 村	1,951
留寿都村	1,895
喜茂別町	2,078
京 極 町	2,853
倶知安町	14,789
共 和 町	5,659
岩 内 町	11,658
泊　　村	1,526
神恵内村	797
積 丹 町	1,883
古 平 町	2,798
仁 木 町	3,165
余 市 町	17,920
赤井川村	1,115

空知総合振興局

計	277,220
夕 張 市	7,055
岩見沢市	78,112
美 唄 市	20,001
芦 別 市	12,430
赤 平 市	9,368
三 笠 市	7,930
滝 川 市	38,780
砂 川 市	16,169
歌志内市	2,916
深 川 市	19,658
南 幌 町	7,378
奈井江町	5,090
上砂川町	2,698
由 仁 町	4,871
長 沼 町	10,336
栗 山 町	11,308
月 形 町	2,955
浦 臼 町	1,692
新十津川町	6,507
妹背牛町	2,757
秩父別町	2,331
雨 竜 町	2,214
北 竜 町	1,713
沼 田 町	2,951

渡島総合振興局

計	377,705
函 館 市	248,106
北 斗 市	45,025
松 前 町	6,445
福 島 町	3,702
知 内 町	4,044
木古内町	3,853
七 飯 町	28,062
鹿 部 町	3,721
森　　町	14,456
八 雲 町	15,338
長万部町	4,953

道南

檜山振興局

計	33,406
江 差 町	7,156
上ノ国町	4,467
厚沢部町	3,599
乙 部 町	3,428
奥 尻 町	2,425
今 金 町	4,963
せたな町	7,368

胆振総合振興局

計	378,326
室 蘭 市	79,986
苫小牧市	169,528
登 別 市	46,135
伊 達 市	32,901
豊 浦 町	3,731
壮 瞥 町	2,392
白 老 町	16,052
厚 真 町	4,393
洞爺湖町	8,235
安 平 町	7,394
むかわ町	7,579

道央

日高振興局

計	62,976
日 高 町	11,445
平 取 町	4,659
新 冠 町	5,249
浦 河 町	11,720
様 似 町	4,087
えりも町	4,428
新ひだか町	21,388

道北

宗谷総合振興局

計	60,246
稚 内 市	32,280
猿 払 村	2,627
浜 頓 別 町	3,442
中 頓 別 町	1,637
枝 幸 町	7,640
豊 富 町	3,756
礼 文 町	2,360
利 尻 町	1,931
利尻富士町	2,333
幌 延 町	2,240

留萌振興局

計	42,514
留 萌 市	19,739
増 毛 町	3,964
小 平 町	2,922
苫 前 町	2,888
羽 幌 町	6,531
初 山 別 村	1,113
遠 別 町	2,466
天 塩 町	2,891

上川総合振興局

計	478,765		
旭 川 市	327,960	美 瑛 町	9,636
士 別 市	17,676	上富良野町	10,342
名 寄 市	26,663	中富良野町	4,796
富良野市	20,617	南富良野町	2,363
鷹 栖 町	6,701	占 冠 村	1,229
東 神 楽 町	10,110	和 寒 町	3,097
当 麻 町	6,267	剣 淵 町	2,950
比 布 町	3,532	下 川 町	3,098
愛 別 町	2,612	美 深 町	3,991
上 川 町	3,308	音威子府村	682
東 川 町	8,390	中 川 町	1,413
		幌 加 内 町	1,332

十勝

十勝総合振興局

計	331,894
帯 広 市	165,047
音 更 町	43,483
士 幌 町	5,946
上 士 幌 町	4,935
鹿 追 町	5,228
新 得 町	5,668
清 水 町	9,157
芽 室 町	18,181
中 札 内 村	3,913
更 別 村	3,177
大 樹 町	5,423
広 尾 町	6,359
幕 別 町	26,273
池 田 町	6,288
豊 頃 町	3,031
本 別 町	6,545
足 寄 町	6,545
陸 別 町	2,279
浦 幌 町	4,416

釧路・根室

釧路総合振興局

計	220,568
釧 路 市	163,110
釧 路 町	19,152
厚 岸 町	8,808
浜 中 町	5,499
標 茶 町	7,287
弟 子 屈 町	6,840
鶴 居 村	2,481
白 糠 町	7,391

根室振興局

計	71,418
根 室 市	24,231
別 海 町	14,558
中 標 津 町	22,978
標 津 町	5,056
羅 臼 町	4,595

オホーツク

オホーツク総合振興局

計	269,388
北 見 市	114,326
網 走 市	34,016
紋 別 市	20,928
美 幌 町	18,563
津 別 町	4,331
斜 里 町	11,001
清 里 町	3,879
小 清 水 町	4,579
訓 子 府 町	4,738
置 戸 町	2,715
佐 呂 間 町	4,842
遠 軽 町	18,956
湧 別 町	8,316
滝 上 町	2,412
興 部 町	3,687
西 興 部 村	1,033
雄 武 町	4,223
大 空 町	6,843

五十音索引

道央

石狩・空知・後志・胆振・日高管内
の道の駅を紹介しています。

ニセコビュープラザ（ニセコ町）

花ロード えにわ
（はな）

 国道36号沿い、恵庭市
を流れる漁川河畔

恵庭市（えにわし）

恵庭市南島松817番地18

📞 0123-37-8787

番号:87
登録年月日:2005年(平成17年)8月10日

開館時間 9:00〜18:00(4〜10月)　9:00〜17:00(11〜3月)

休館日 年末年始

〈スタンプ情報〉

恵庭市のスズラン畑で生まれたスズランの妖精で、恵庭観光協会のマスコットかりんちゃんとえびすかぼちゃのエビスくんが描かれている。

押印＊開館時間内

 駐車場 普通車:412台　大型車:25台

 レストラン／10:00〜18:00(4〜10月)、10:00〜17:00(11〜3月)ラストオーダーは営業終了30分前
●フードコーナー／吹き抜けの窓に囲まれた明るい席、恵庭産の放牧豚をベースとしたカレー中心のメニューを提供
●こな雪とんとんのカレーなど

🛒 ベーカリー・売店／道の駅開館時間と同じ
●ベーカリー／人気のかぼちゃプリンパンなど、約30種類の焼きたてパンが並ぶ
●農畜産物直売所かなの／野菜や花苗を販売

メモ 敷地内に「RVパーク花ロードえにわ」☎0123-29-6721、はなふる内には2022年にホテル「フェアフィールド・バイ・マリオット・北海道えにわ」が開業した。

　ここ数年、周囲の環境を含めて大きく変わった道の駅。国道側から見て道の駅の裏手には、ガーデニングのまちらしく、花の拠点「はなふる」が整備された。噴水広場を中心とした芝生地の一角には2階建てのセンターハウスが建ち、観光案内所と屋内の子どもの遊び場「りりあ」になっている。道の駅はアウトドアをテーマした飲食空間が印象的。キャンプ用のテントが置かれ、その中で食事ができる。天井にはカナディアンカヌーがディスプレイされ、店内にはランタンが灯る。人気のパンコーナー、ドリンク類のテイクアウトコーナー、恵庭の特産品コーナーなどは健在だ。館内横には人気の直売所「花野菜（かのな）」が人を引きつける。市内の生産者70軒ほどから新鮮な野菜や花苗などが届き、通年で営業をしている。

正式名は「道と川の駅」。「かのな」側にも専用駐車場ができ、車を停めるスペースが広くなった

ウインナーカレー（980円）。「こな雪とんとん」というブランド豚のウインナーがジューシー。スキレットに盛られてアウトドア気分も味わえる

上.本物のテントなどがあってアウトドア気分も盛り上がる　下.フードのオーダーカウンター

人気のお土産コーナー

「えにパン」コーナーは人気コーナー。店内で焼き上げたパンがケースに入って提供される

道内各地の北海道銘菓が並ぶ

味自慢のお漬物コーナー

Pick up point

必見
ポイント

場所が移り、ひとまわり大きくなって冬季も営業するようになった直売所「かのな」。レジ5台もあってもはやスーパーのような勢いだ

野菜に花に加工品もあって充実の店内

もっと知りたい！
旬カレンダー

	5	6	7	8	9	10
山菜、葉物、アスパラ、花苗、野菜苗						
新じゃがいも、赤肉メロン						
お盆用などの切り花						
とうもろこし（恵味ゴールド）						
かぼちゃ						
完熟じゃがいも、玉ねぎ						
新米、大根、白菜、キャベツ						

寄り道スポット

花の拠点「はなふる」

道の駅の裏庭部分に整備された庭園。道内の有名なガーデナー11人が手がけた7つのテーマから構成される。子どもの遊び場やRVパークもあり、春から秋にかけて草花が楽しめる。

近くの道の駅	サーモンパーク千歳（60 ページ）	国道36号経由で約11km
	マオイの丘公園（74 ページ）	道道45号国道274号経由で約16km

北欧の風 道の駅とうべつ

国道337号沿い、札幌大橋の近く　**当別町**（とうべつちょう）

当別町当別太774-11

☎ 0133-27-5260

番号：119
登録年月日：2017年（平成29年）4月21日

開館時間 9:00～18:00（4月～11月）、10:00～16:00（12月～3月）

休館日 年末年始、12月～3月は水曜日
※コンビニは24時間営業

〈スタンプ情報〉

当別町のキャラクター「とべのすけ」。町の開拓の礎を築いた、仙台藩の武家「岩出山（いわでやま）伊達家」の紋章にあるスズメをモデルにした。

押印＊24時間可

駐車場 普通車：32台　大型車：44台

レストラン／11:00～ L.O.17:00（12月～3月は15時）
●「カフェ・テルツィーナ」／創作イタリアン
●「レストランAri」／イタリアのテイクアウト料理ピアディーナ
●「高陣CUP STORE」／スープカレー、そば
●「スマイルキッチン」／豚丼、豚串、フランクフルトなど

売店／道の駅開館時間と同じ
農産物直売所／9:00～17:00（4月下旬～11月中旬）
●「はなポッケ道の駅店」／地元新鮮野菜、切り花、畜産品など

　札幌市内中心部から一番近い道の駅がこちら。札幌側、北区あいの里地区から札幌大橋を渡り車で5分ほどで、赤茶色の大きな三角屋根の建物が見えてくる。館内は木の梁が印象的な明るい空間。このアトリウム・休憩コーナーをぐるりと囲むようにショップが並んでいる。売店「SWEETS」では、当別に工場がある「ロイズコンフェクト」の製品をメインに、地元で人気の菓子や加工品などが販売されている。テイクアウトメニューが中心の飲食店3店が並び、それぞれ個性的な当別グルメが店頭を飾る。一番奥には本格イタリアンが楽しめるレストランが入り、落ち着いて食事ができる。農産物の直売所もつながっており、当別産の季節の野菜が所狭しと並べられている。24時間営業のコンビニが入って便利になった。

外観は赤茶色の壁に大きな三角屋根。当別町にあるスウェーデンヒルズと統一されたデザイン

道産牛スジ肉の煮込みソースのリゾットはスパイス香る一皿。自家製のパン付き。お米と小麦は当別町のものを使用している

上.レストラン店内は明るくさわやか　下.メニューはパスタもあってこちらも人気

人気のお土産コーナー

「レストランARI」は薄焼きパンにチキンや生ハムなどを挟むイタリア風のテイクアウト店

野菜ソムリエプロがいる「高陣CUP STORE」では、カップに入ったそばとスープカレーが人気

当別産ブランド豚がメインの「スマイルキッチン」では「豚プル丼」「絶品フランク」がおすすめ

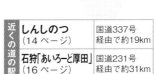

もっと知りたい！
旬カレンダー

	5	6	7	8	9	10
アスパラ						
		ピーマン				
イチゴ						
		メロン				
			スイートコーン			
			ユリ(切り花)			
				カボチャ		
			ブロッコリー			
					新米	

売店「SWEETS」にはオリジナル商品が多数。秘伝の味付けで人気の「いとうじんぎすかん」や当別町商工会女性部の「当別母さんのいもだんご汁」などがある

農産物直売所は、「はなぼっけ道の駅店」が入る。壁には生産者の顔写真がずらりと並び、季節の野菜や切り花などが販売されている

近くの道の駅	**しんしのつ** （14 ページ）	国道337号 経由で約19km
	石狩「あいろーど厚田」 （16 ページ）	国道231号 経由で約31km

しんしのつ

新篠津村第45線北2番地

☎ 0126-58-3166

番号：110
登録年月日：2010年（平成22年）8月9日

| 開館時間 | 10:00～22:00 |
| 休館日 | 要問い合わせ |

道道139号沿い、
新篠津村しのつ公園内　**新篠津村**（しんしのつむら）

〈スタンプ情報〉

道の駅に隣接するしのつ公園のトンガリ屋
根の展望台とたっぷ大橋が描かれている。
周辺は北海道を代表する水田地帯ということ
ともあって、稲穂も添えられている。

押印＊開館時間内

🅿 **駐車場**　普通車：159台　大型車：7台

🍴 レストラン／11:00～20:30（L.O.20:00）
●大地のテラス　縁　ENISHI ／地元食材を使ったメニュー
が豊富

🧺 館内売店／7:00～21:00
●特産品販売コーナー／どぶろくなどの地酒、にんじん
ジュース、キムチ、ほしいもなど

📝 **メ　モ**　近隣には「しのつ公園キャンプ場」☎0126-58-3508
（現地管理棟）、宿泊もできる「しんしのつ温泉たっぷの
湯」☎0126-58-3166がある。

とんがり帽子のような展望台が印象的なしのつ公園。公園の一角に温泉ホテル「たっぷの湯」があり、道の駅になっている。フロントロビーにスタンプ台が置かれ、物販コーナーでは、野菜をはじめとした新篠津村の特産品が販売されている。館内の奥には石狩川の三日月湖であるしのつ湖に面したレストラン「大地のテラス縁」があり、スープカレーや和食、中華など豊富なメニューから選べる。温泉は源泉かけ流し。広い露天風呂や貸し切り風呂もある。建物隣には産直市場があり、こちらでは数十名の生産者から季節の野菜と加工品が運ばれてくる。しのつ公園は一帯がキャンプ場となっていて、週末や夏休み期間は賑わっている。しのつ湖は冬になるとワカサギ釣りに訪れる家族連れらで賑わう。通年で訪問したい。

「しんしのつ温泉たっぷの湯」が道の駅。周囲
には産直市場がありテイクアウト店も並ぶ

海鮮バラちらし御膳　1,540円　彩り鮮やかな御膳は新篠津産のお米に季節の魚介を味わえる。サラダと小鉢、茶碗蒸しがセットになっている

上.レストランはしのつ湖に面していて眺めがいい
下.スープカレーや黒カレーといったカレー類やパスタも人気

人気のお土産コーナー

新篠津村はお米どころ。ゆめぴりか、ななつぼし、おぼろづきが販売されている

「造り家」の白菜キムチ「炎の華」は、村で採れる白菜を使って作られている

新篠津村産酒造好適米「彗星」を使用した純米酒「大法螺」は、すっきりキレある淡麗辛口酒

もっと知りたい！
旬カレンダー

5	6	7	8	9	10

アスパラ、いちご

トマト・ミニトマト、ピーマン

メロン、とうもろこし
（味来、プレミアムホワイトなど）

かぼちゃ、白菜、新豆

新米（ゆめぴりか、ななつぼし）

しのつ公園では自転車のレンタル無料のほか、スワンボートや連結自転車など遊びのメニューが充実している。釣りも可能。週末や夏休みは大賑わいだ

中庭コーナーがあり、レストランのバーベキューなどの利用者が使えるようになっている。なお、持ち込みによる飲食や休憩には使えないのでご注意を

温泉ホテル隣には産直市場の建物があり、地元の野菜や加工品などが販売されている

近くの道の駅	三笠 （76 ページ）	道道139号 経由で約17ｋｍ
	北欧の風 道の駅とうべつ （12 ページ）	国道337号 経由で約19ｋｍ

石狩「あいろーど厚田」

（いしかり）（あつた）

 国道231号沿い、厚田公園内

石狩市（いしかり　し）

石狩市厚田区厚田98番地2

☎ 0133-78-2300

番号:120
登録年月日:2017年(平成29年) 11月17日

開館時間 9:30～19:00(季節によって変更あり、11月～3月は10時～16時)

休館日 年末年始(12/31～1/3)

駐車場 普通車:200台　大型:4台

🍴 レストラン／時間は店舗ごとに異なる
軽食喫茶／時間は店舗ごとに異なる
●「一純」／にしんそば、厚揚げそば、おにぎりなど
●「Lico Lico厚田」(11月～3月は冬期休業)／地元素材を使ったジェラート
●「Bakery&Pizza HOME」(11月～3月は冬期休業)／地元食材を使ったピザ
●「石狩ニヰ」(11月後半～3月は冬期休業)／にしんばってら、ねぎとろ丼など

🛍 館内売店／道の駅開館時間と同じ
●特産品売場／道の駅オリジナルの菓子類のほか、望来豚ロース、「恋人の聖地」のグッズ、沖縄県恩納村や石川県輪島の銘品など

　札幌の中心部から北へ1時間と少々。左手に日本海を見ながら爽快ロードを走った先に到着する。高台にある建物の3階に上がれば、どこまでも続くような海を一望できる開放感いっぱいのテラスがある。天気が良ければブルーオーシャンが見られ、夕刻時はオレンジ色に空が染まる様子にうっとりする。2018年の開業以来、このロケーションの良さと売店・飲食店メニューの充実から一躍人気の道の駅になっている。館内1階には地場産品販売コーナーとそば店がある。エスカレーターで2階に上がると飲食店が3店並び、テイクアウトができる。その横はカウンターなどがある休憩コーナーで、大きな窓から光が差し込む。ぐるりと回って自然・歴史コーナーや文学・芸能コーナーがあり、厚田の歴史と文化に触れることができる。

厚田の市街地から浜益方面へ坂を上った先に立つ。駐車場は3ヵ所、国道を挟んで別館もある

店名の「ニミ一」は道の駅が面する国道231号に由来する。ニシンと数の子を使った「ニミ一バッテラ」(1,100円)は6カットされていて、2人でも十分なボリューム

上.明るい日差しが差し込む展望コーナーからは海が一望 下.1階にはそば店がある

人気のお土産コーナー

石狩の農産物やグルメが並ぶ野菜コーナー。一番人気は、「ふれあいきのこ村」の生しいたけ

浜益名物のふじみや製菓の「どら焼き」はおすすめ

石狩産ミニトマトを使った「GELATOMA」は人気商品

必見
ポイント

up point

北前船の歴史を学べるコーナーでは当時の様子を精巧な模型で再現している

国道を挟んだ別館にも展望テラス、駐車場がある。こちらからの景色もすごい

寄り道スポット

恋人の聖地

道の駅から徒歩で坂道を上って到着する。全国にある「恋人の聖地」北海道認定第1号がこちら。厚田展望台もあり、夕日は絶景。ぜひ鐘を鳴らしていこう。

| 近くの道の駅 | 北欧の風
道の駅とうべつ
(12 ページ) | 国道231号
経由で約31km |
| | しんしのつ
(14 ページ) | 道道11号と
道道1121号
経由で約46km |

望羊中山
ぼうようなかやま

喜茂別町川上345番地

📞 0136-33-2671

番号:7
登録年月日:1993年(平成5年)4月22日

開館時間 8:30〜17:30
休館日 年中無休

〈スタンプ情報〉

キツネが描かれている。原生林にすぐ近い中山峠だから、キタキツネを見ることも多いからだろうか。
押印*8:30〜17:20

駐車場 普通車:190台　大型車:12台

🍴 レストラン／11:00〜15:00
ファストフード／8:30〜17:30
●2階・レストラン四季彩／ルスツ豚を使った豚丼や羊蹄山カレー、炭火焼きの頂上豚焼、そば・ラーメンなどの定番メニューも
●1階・ファストフード／人気のあげいも、ソフトクリームなど

🎁 峠のおみやげ・売店／8:30〜17:30
●峠のコンビニ／お菓子、飲み物、雑貨など豊富な品ぞろえ。

　年間約220万人が利用する道の駅で、入館者数も道内屈指。札幌からニセコエリア、あるいは道南方面を結ぶ国道230号・中山峠の頂上部分にある。ここは絶好の休憩ポイントでもある。広い駐車場からは、天気のいい日には蝦夷富士・羊蹄山の端正な姿を望めるビュースポットである。館内1階右手にはテイクアウトコーナーがあり、名物の「あげいも」が販売されている。「あげいも」はアメリカンドッグのような衣でジャガイモを包んで揚げた商品。羊蹄山麓産の男爵イモを使い、ほくほくとした食感を楽しめる。左手には「峠のおみやげ・売店」が展開される。道内あちらこちらのみやげ品のほか、コンビニのような日用品の品揃えが特徴的。2階のレストラン「四季彩」では、そばやラーメン、豚丼などが味わえる。自慢のカレーはこだわりがつまった一皿。

立地は国道230号、中山峠の頂上付近。標高835メートル。道内の道の駅では最も高い場所にある

おすすめ
イチオシ
メニュー

上.年間30万本も売れるという「あげいも」（450円）　下.「プレミアムソフトクリーム」は450円

「黒玉マルシェカレー」（800円）。完成までに3日を要する自慢のカレー。20種類以上の食材・調味料を使用し、人気のラーメンスープも入っている。トンカツ、エビフライとも合わせたい

人気のお土産コーナー

人気のおみやげはその名もズバリ「中山峠」。とうきび（とうもろこし）とアーモンドのフロランタン

「峠の草だんご」は公式ゆるキャラ「あげポン」も大好きなひと品。12個入り

こちらもその名のとおり「お家で峠のあげいも」。自宅でも楽しもう

必見
ポイント

寄り道スポット

よく晴れた初夏に撮影したカット。喜茂別の特産アスパラのモニュメントと、残雪を冠した美しい羊蹄山を撮影することができる

取材時の館内入り口すぐのテイクアウトコーナー。券売機でチケットを購入するスタイル

売店内のドリンクコーナー。北海道ならではのお茶や飲み物が並んでいる

近くの道の駅	230ルスツ（20ページ）	国道230号経由で約29km
	名水の郷きょうごく（28ページ）	国道230号経由で約31km

230ルスツ

にーさんまる

留寿都村留寿都127番地191

📞 0136-47-2068

番号:73
登録年月日:2002年(平成14年)8月13日

|開館時間| 9:00〜18:00(4月下旬〜10月)　9:00〜17:00(11〜4月下旬)

|休館日| 年末年始(12/31〜1/3)

〈スタンプ情報〉

パラグライダーで大空を飛ぶ姿が描かれている。パラグライダーはスキー場の斜面などを利用して飛ぶ。近隣にはルスツリゾートがあり、アウトドアもさかんだ。

押印＊開館時間内

|駐車場| 普通車:73台　大型車:18台

レストラン「ピザドゥ」／10:00〜18:00(4月下旬〜10月)、10:00〜17:00(11月〜4月下旬)、ラストオーダーは各15分前
●天然酵母熟成のピザだけでなく、地元産ルスツ豚を使ったぶた丼やうどん、コーヒー、デザートもある

農産物直売所／道の駅開館時間と同じ

農産物直売所／新鮮野菜の直売コーナーが人気で約40のブースに、各生産者が出荷した野菜や特産品が並ぶ
●土産では「元祖みそまんじゅう」や「でんぷんうどん」、「オリジナルクッキー」などが人気

　夏は遊園地、冬はスキー・スノーボードが楽しめる「ルスツリゾート」の近くにある。目の前にどんと居座るこんもりとした山は橇負山(標高715メートル)といい、同リゾートのウェスト・マウンテンと呼ばれる山である。道の駅は農産物直売棟と、大きな窓ガラスから陽光差し込む食事処の2棟からなる。朝から大勢の客で賑わう直売所には留寿都村の農家40軒ほどから季節の野菜などが届く。各ボックスには生産者名が大きく表示されていて、安心して購入できる。加工品が並ぶ冷蔵のオープンケースにも地元のお店の名前が表示され、村ならではの商品が販売されている。食事処にはレストラン「ピザドゥ」が入り、天然熟成酵母の各種ピザのほか、地元の豚肉を使った「しょうが焼き定食」などが人気。道の駅の裏手には広い芝生スペースがある。

向かって右側がレストラン部分。左側が直売所。振り返れば羊蹄山が正面に見える

Recommend おすすめ イチオシメニュー

ピザは16種類と豊富なメニューがある。人気は「ブルンネン」。生ハム・サラミ・ソーセージ・ドライトマトなどにバジルソースの風味が効く。Sサイズは1人前、Mサイズは2人前ほど

上.メニュー表を見て券売機でチケットを購入してオーダー　下.メニューはご飯物などもあり

人気のお土産コーナー

直売所には旬の野菜が並ぶ。ナガイモは「春掘り」があって一冬寝かせた甘味が人気だ

地元で長年愛されている「清水豆腐店」の「るすつの手作り豆腐」と「油揚」

道産小麦のホクシンを使った「なまうどん 角麺」（360円）はコシが強いと評判だ

Pick up point 必見ポイント

駐車場横に常設された「ルスツ羊蹄ぶた」のキッチン付き店舗では「贅沢ヒレカツサンド」などがテイクアウトできる

もっと知りたい！ 旬カレンダー

	5	6	7	8	9	10
山菜、アスパラ、越冬ヤーコン、越冬じゃがいも						
葉物野菜、大根、長いも、キャベツ						
トマト、ブロッコリー、にんじん、新じゃが						
とうもろこし（味来など）、かぼちゃ、レタス、なす						
じゃがいも各種、新ヤーコン、辛味大根、白菜						

寄り道スポット

ルスツ温泉

道の駅から洞爺方面へ約2キロ、畑の奥にある、内風呂だけのこぢんまりとした天然温泉。源泉かけ流しながら安価で地元の人にも人気がある。11時〜21時営業、水曜休み。

近くの道の駅	真狩フラワーセンター（22ページ）	道道66号経由で約8km
	とうや湖（46ページ）	国道230号経由で約13km

真狩フラワーセンター

（まっかり）

道道66号沿い、真狩市街入り口

真狩村（まっかりむら）

真狩村光8番地3

📞 0136-48-2007

番号:89
登録年月日:2005年(平成17年)8月10日

|開館時間| 9:00〜17:30(4/下〜10/31) 9:30〜16:30(11/1〜4/下)
|休館日| 年末年始(12/31〜1/3)

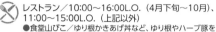

|駐車場| 普通車:140台 大型車:7台

🍴 レストラン／10:00〜16:00L.O.（4月下旬〜10月）、11:00〜15:00L.O.（上記以外）
●食堂山びこ／ゆり根かきあげ丼など、ゆり根やハーブ豚を使った料理が自慢
●屋外店のマッカリズム／9:00〜17:00（4〜11月）、11:00〜17:00（12〜3月）コーヒーやクレープ、ソフトクリーム、パフェなど

🧺 ガラスハウスや館内の売店、直売所／道の駅開館時間と同じ
●ガラスハウス／季節の花苗や種、鉢物、切り花も豊富。アドバイスも聞ける
●館内売店／ゆり根に関する商品

　大きなガラスハウスによる温室で花やガーデニング資材が販売されている。春からは花壇苗を中心に品揃えされ、夏には季節の花々が並べられる。8月上旬にこの場所で開催される「まっかり花フェスタ」では、ユリの切り花が格安で販売されている。道の駅館内は入り口すぐに特産品コーナーがある。左側には食堂「山びこ」が入る。2022年のリニューアルに伴い、「細川たかし記念館」は村交流プラザへ移設となった。一方で、みやげ品などの品数がこれまでの3倍近くに増え、「村始まって以来」という生活雑貨や小物を中心にした100円均一コーナーも誕生した。建物を出ると正面に蝦夷富士・羊蹄山を望み、すごい絶景が楽しめる。近くには1回100円の望遠鏡が備え付けられている。なんと山頂にいる登山者が見えるという。のぞいてみよう。

道の駅本館と、ガラス通路でつながる「ガラスハウス」。敷地内にはドッグランも完備されている

「山びこ」の人気メニューは「ゆり根かきあげ丼」(1,380円)。ホクホクとして甘みがある真狩村名産のゆり根のかき揚げに、自慢の旨ダレをかけた丼。ご飯は蘭越米ほしのゆめを使用

上.食堂店内。メニューはそば類もあり　下.駐車場横にはカフェがあり、クレープ類などを販売

人気のお土産コーナー

「たかしせんべい」(650円)は鉄板のおみやげ。バター風味のせんべいだ

真狩の後藤農園のじゃがいもを使った「ごとうさん家のポテトチップス」。秋から春までの期間限定商品

特産のユリ根を使った最中・パイまんじゅうは道の駅の限定商品だ

100円均一コーナーが新たに誕生した。旅の途中で必要になった小物やキャンプ用品を購入できる

もっと知りたい！
旬カレンダー 👉

	5	6	7	8	9	10
各種花苗						
アスパラ						
トマト・大根						
とうもろこし						
じゃがいも各種						
ゆり根、かぼちゃ、人参						

寄り道スポット

まっかり温泉

道の駅からまっすぐ西へ2.6キロ。羊蹄山を見ながら温泉に浸かれる露天風呂が大人気の温泉。周囲には有名なフレンチレストラン「マッカリーナ」やユリ園、ユリ園コテージもある。

近くの道の駅	**230ルスツ** (20ページ)	道道66号 経由で約8km
	ニセコビュープラザ (26ページ)	道道66号 経由で約11km

らんこし・ふるさとの丘

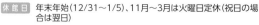

5 国道5号沿い、蘭越町郊外の田園地帯

蘭越町（らんこしちょう）

蘭越町相生969番地

📞 0136-55-3251

番号:77
登録年月日:2003年(平成15年)8月8日

〈開館時間〉 9:00～17:00(4月～10月)、9:00～16:00(11月～3月)

〈休館日〉 年末年始(12/31～1/5)、11月～3月は火曜日定休(祝日の場合は翌日)

〈道の駅 らんこしふるさとの丘 スタンプ情報〉

蘭越町のマスコットキャラクターである「らぶちゃん」が露天風呂に入る。らぶちゃんの名前の由来は蘭越の「ら」と、町花のコブシの「ぶ」をつなげた。遠くに羊蹄山が見える。

押印＊開館時間内

〈駐車場〉 普通車:16台　大型車:2台

 食堂／10:00～15:00(11月～3月は14時まで)(ご飯物11:00～、オーダーストップ15:00　11月～3月は14時)
●入口から右手奥の和室で休憩・飲食可

 館内売店／9:00～17:00(11月～3月は16時まで)
●直売センター／館内入口に農産物直売(売り切れ御免の限定品)。加工食品などは館内売店で。らんこし米、ソフトクリーム、山菜の三升漬詰合せなどが人気商品

〈メモ〉 「蘭越町ふるさとの丘キャンプ場」☎0136-55-3251(道の駅　らんこし・ふるさとの丘)がある。

　蘭越町の市街地から黒松内方面へ、国道5号を8キロほど走った場所にある。建物は小さめの物販＆飲食コーナーとトイレ棟の2つ。館内入ってすぐの場所に地元の野菜類が販売される。左側はおみやげ品コーナーになっている。蘭越町は道内有数の米どころで知られる。「清流日本一」と謳われる尻別川流域の肥沃な土壌と、昼夜の適度な寒暖差が育んだ「らんこし米」は町一番の特産品。道の駅では、「らんこし米」をおいしく食べるための「おかず」類も充実している。中央ではソフトクリームとコーンアイス、ホットコーヒーが販売されている。食堂コーナーは、じゅうたん敷きの広い和室になっていて、昭和のおうちに帰ってきたような落ち着いた空間だ。ここでは各種そばが販売されていて、蘭越産のそば粉を使った生そばを山菜(750円)や天ぷら(700円)で味わえる。

国道5号に向かって「大自然の味力『うまいらんこし米』」と大きくアピール。駐車場はコンパクト

おすすめ イチオシ メニュー

「いいっしょそば」(850円)は、タマゴに天ぷら、山菜にたっぷりネギがのってボリュームがある。「特製牛丼」は600円。プラス50円でタマゴがつく。お米はらんこし米を使用

上.食堂利用時のオーダーカウンター　下.店内は足を伸ばして座れる座敷タイプになっている

人気のお土産コーナー

「らんこし米」を一層おいしく食べるための「ごはんのお供」コーナーにはカレー類も

各種器やふくろうグッズ、野生生物のポストカードなども販売されている。かわいいね

地元の和菓子店がつくる「渓流焼」(1,400円)

必見 ポイント

「らんこし米」とは、精米タンパク含有率6.8%以下、蘭越産100%の精米であることを保証するシールが貼られるお米のこと

もっと知りたい！ 旬カレンダー

	5	6	7	8	9	10
山菜、野菜苗など						
アスパラ、葉物野菜						
トマト、メロン						
とうもろこし、かぼちゃ						
じゃがいも、栗						
新米(らんこし米)						

寄り道スポット

幽泉閣（ゆうせんかく）

JR昆布駅裏手の温泉宿泊施設で、1958年創業。お湯は肌がすべすべする美肌の湯。露天風呂、サウナ、打たせ湯などあり。「幽」の字は「奥深い」、「かくれひそむ」といった意味から。日帰りも可。

近くの道の駅	くろまつない (42ページ)	国道5号経由で約15km
	シェルプラザ・港 (38ページ)	道道267号経由で約21km

ニセコビュープラザ

⑤ 国道5号沿い、道道66号との交差点 **ニセコ町**（にせこちょう）

ニセコ町元町77番地10

☎ 0136-43-2051

番号:40
登録年月日:1997年(平成9年)4月11日

[開館時間] 9:00〜18:00
[休館日] 無休(フリースペース棟を除く)

〈スタンプ情報〉

ニセコ町の鳥アカゲラをモチーフにした「ニッキー」が中央に描かれている。ニセコ町はスキーがさかんなまちということもあって、ニッキーもスキー手袋をしている。

押印＊開館時間内

[駐車場] 普通車:101台　大型車:10台

🍴 軽食・農産物直売／8:30〜17:00(4月下旬〜10月) 9:00〜17:00(11月〜4月下旬)
●フリースペース棟には5軒の軽食店があり、ソフトクリーム、ソーセージ、コロッケ、きんつばなど
●鉄板焼の日々／ベジキング多田農園／エフエフソーセージ／ルーキーズキッチン／ミルク工房
※営業時間や休業日は店ごとに異なる

🛍 情報プラザ・売店／道の駅開館時間と同じ
●情報プラザ・売店／高橋牧場ミルク工房のむヨーグルト、奥土農場の石窯パン、ニセコチーズ工房、蔵人衆(地酒)など
●農産物直売所／季節の野菜や果実、花、山菜など。各ブースには生産者の顔写真付きで生産履歴が公開されている

端正な蝦夷富士・羊蹄山がよく見える道の駅。その名の通り羊蹄山のビュースポットになっている。ニセコの市街地にも近く、国道5号と道道66号の交差点に位置する。黒色でビシッと決めたクールな建物は、円柱形の情報プラザ棟をセンターに、右側には農産物の直売所とテイクアウト飲食店5店が並ぶ。直売所は地元客に混ざって、ここの新鮮な野菜目当てに遠方から訪問する人も多い。スタッフには出荷する農家のほか、野菜ソムリエの資格を有する人もいる。珍しい野菜も多く、詳しくはスタッフに聞いてみたい。左側にはトイレ棟、廊下部分には地元の観光ポスターや飲食店情報が掲示されている。道の駅の周りには飲食店が集積してきた。ここはグルメも含めて何度でも立ち寄りたい場所になっている。

正面の2階建部分が情報プラザ棟。右に農産物の直売所とテイクアウト飲食店がある

直売所は地元の農家60人ほどが参加、農家のみなさんが当番制で店員となるアットホームな雰囲気。品目は500〜700種類ほどもあり、アイスプラントといった珍しい野菜も並ぶ

情報プラザ棟の店内。地元の物産がいろいろ。チーズ製品などが人気の品だ

人気のお土産コーナー

人気は高橋牧場ミルク工房の「のむヨーグルト」。500mlと150mlの2種類がある

ニセコ町の酒米100%からつくられた日本酒「蔵人衆」は町内限定の販売品だ

北海道を代表する観光地でもあることから、多種類のポストカード類も展示販売されている

必見ポイント

飲食店は全部で5軒。ソフトクリーム・いももち・ホットドッグ・野菜生ジュース・たこ焼やお好み焼きなどが販売されている

もっと知りたい！
旬カレンダー

	5	6	7	8	9	10
山菜、花苗など						
アスパラ						
トマト、いちご						
メロン、とうもろこし						
じゃがいも、かぼちゃ						
大根、玉ねぎ						

ルーキーズキッチンの「ニセコ野菜のチキンカレー」

寄り道スポット

高橋牧場ミルク工房ではソフトクリームが大人気

香ばしいソーセージ3本入りのホットドッグ「ニセコドッグ」

近くの道の駅	真狩フラワーセンター（22ページ）	道道66号経由で約11km
	名水の郷きょうごく（28ページ）	国道5号と道道478号経由22km

名水の郷 きょうごく
めいすい さと

道道478号沿い、京極町郊外ふきだし公園内 **京極町**
きょうごくちょう

京極町川西45番地1

📞 0136-42-2292

番号:96
登録年月日:2007年(平成19年)3月1日

開館時間 9:00～17:00

休館日 水曜日、年末年始

〈スタンプ情報〉
水の妖精の「ゆうくん」と「すいちゃん」が描かれている。羊蹄のふきだし湧水は1985年に環境庁(現環境省)の「名水百選」にも指定されるなど有名。
押印＊開館時間内

駐車場 普通車:186台 大型車:16台

🍴 レストラン／11:00～16:00(L.O15:30)

🛍 館内売場／道の駅開館時間と同じ

メモ キャンプ場なら「京極スリーユーパークキャンプ場」☎0136-42-2189、温泉なら「京極温泉」☎0136-42-2120がある。

1985年に日本の「名水百選」に選ばれ、北海道遺産にも選定された京極のふきだし湧水。羊蹄山に降った雨や雪が長い月日をかけて地下に浸透し、この地に湧き出す。1日に湧き出す水量は約8万トン。この量は30万人ほどの生活用水に相当するというから驚きだ。水温は一年中ほぼ一定の約6.5℃。実際に触れてみると冷たい。道の駅「名水プラザ」には、この水を飲めるコーナーが用意されている。売店には水にちなんだ商品も多く、ここの水を汲んで持ち帰るための「ポリ容器」は、容量が異なる数タイプが販売されている。飲食コーナーでは、名水を利用したメニューも味わえる。道の駅の隣には「名水市場」があり、ソフトクリームやあげいもなどが販売されている。広い芝生広場の一角には子ども向けの遊具が設置され、歓声があがる。

道の駅は公園の一角をなす。週末ともなると多くの人でにぎわう。公園には展望台もある

レストランコーナーでは「名水醤油ラーメン」(880円)も味わえる。羊蹄のふきだし湧水を使ったまろやかなスープのすっきり醤油味。ラム肉のジンギスカンメニューもあり

上.レストランにはテラス席もあって快適　下.敷地内では売店も数店が営業している

人気のお土産コーナー

¥170

ここの「京極の名水」。500ミリリットル1本140円。記念に買っていこう

「名水珈琲ゼリー」(190円)。珈琲の風味豊かな高級感ある味わい。ミルクとシロップ付き

人気の「豪雪うどん」は4食タレ付きで1,180円。ジャガイモのでん粉で作ったうどん

寄り道スポット

京極温泉

ふきだし公園からすぐ近くにある温泉。露天風呂からは羊蹄山の絶景を眺めながら至福の時を過ごせる。ジェットバスやサウナも完備。休憩室や食堂もあってのんびりできる。

館内では紙コップで京極の水が飲めるようにしてある。「名水百選」は道内では羊蹄のふきだし湧水、甘露泉水、ナイベツ川湧水の3カ所だけだ

駐車場を挟んだ広い芝生広場には遊具が多数設置されている。おもいっきり遊ぼう

近くの道の駅	真狩フラワーセンター (22 ページ)	道道97号 経由で約15km
	230ルスツ (20 ページ)	道道97号と 道道257号 経由で約17km

29

あかいがわ

 国道393号沿い、赤井川市街 　赤井川村

赤井川村都190番地16
📞 0135-34-6699

番号:115
登録年月日:2015年(平成27年)4月15日

開館時間 8:30〜18:00(5〜10月)　9:00〜17:00(11〜4月)
休館日 年末年始、11月〜4月は第1・3水曜日

〈スタンプ情報〉
全面に道の駅の建物が描かれている。水も空気も清らかで「美しい村」として全国的にも知られている赤井川村のイメージを舞い散る桜と、ログハウスで表現している。
押印＊開館時間に同じ(休館日は押印不可)

駐車場 普通車:65台　大型車:10台

🍴 レストラン「キッチンメープル通り」／9:00〜16:45
食事11:00〜15:45(L.O.15:30)
●醤油ラーメンや、そば、カレーなど

🛒 売店コーナー／道の駅開店時間と同じ
●オリジナルのジェラートや、特産品、手作りのお菓子、雑貨などを販売

ジェラート／9:00〜17:00(5〜10月)9:00〜16:00(11〜4月)
ベーカリー／9:15〜15:00(なくなりしだい終了)
●パン店では焼きたて手作りのパンを日替わりで提供

国道393号は「メープル街道」と呼ばれ快適なワインディングロードが続く。赤井川の中心部から約6キロ離れている場所にある理由は、この地にかつての駅逓所(駅)があったことによる。1910年(明治43年)から1942年(昭和17年)までの間、余市方面や小樽方面に通う荷馬車や往来の人の休憩所・宿場として利用されていた。それが現代の道の駅に生まれ変わっているのだ。館内は地元のカラマツ材が使われ、柱や梁を見せた吹き抜けになっていて気持ちのいい空間。パン店「うららベーカリー」が入り、館内で焼くできたてのパン40種類ほどが日替わりで並ぶ。中庭側に面して食堂コーナーがあり、ラーメンやカレーなどのメニューがある。屋外のテラス席からは、水路があるガーデニング空間を見ながら食事が可能だ。

ニセコ方面へ抜ける国道393号との交差点に位置する。道の駅は大きな三角屋根の木造建物

「ゆめの大地四元豚のとじないカツ丼」(1,350円)。赤井川由来のブランド豚肉を使ったやわらかくジューシーな味わい

上.レストランコーナー　下.コーナーにはまきストーブがあり、屋外のテラス席も気持ちがいい

人気のお土産コーナー

人気のパンコーナーでは「トマトピザ」と「村のウィンナーパン」が安定した人気を誇る

ジェラートコーナーでは、赤井川産の牛乳とお米「ゆきさやか」でつくった米ジェラートも

加工品では地元かぼちゃで作った「かぼちゃ饅頭」「かぼちゃのどらやき」が目を引く

本館とは別棟に農産物直売所がある。赤井川産の「天然山ふき」「天然わらび」のほか、地元の農家からは旬の野菜も

広い駐車場の一角には広いドッグランコーナーもあって人気。ワンちゃんたちもいきいき

もっと知りたい！ 旬カレンダー

	5	6	7	8	9	10
アスパラ						
イチゴ						
サクランボ						
メロン						
トマト、カボチャ、ピーマン						
トウモロコシ						

寄り道スポット

アリス・ファーム ベリーの丘

道の駅から余市方面に向かう途中にある。ショップや温室カフェもあっていい雰囲気で時間を過ごせる。なだらかなベリー園の中はピクニックエリアやメープル並木もあって散策が楽しい。

近くの道の駅	スペース・アップルよいち (32ページ)	道道36号経由で約20km
	いわない (36ページ)	国道276号など経由で約40km

スペース・アップル よいち

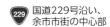

 国道229号沿い、余市市街の中心部

余市町（よいちちょう）

余市町黒川町6丁目4-1
☎ 0135-22-1515

番号:49
登録年月日:1998年(平成10年)4月17日

開館時間 売店9:00～18:00(4/中～11/上) 9:00～17:00(11/上～4/中) 宇宙記念館9:00～17:00、最終入館は16:00(4月第3土曜～11/末)冬期は閉館

休館日 無休(4/中～11/上) 毎週月曜日(11/上～4/中)祝日の時は翌日 年末年始(12/30～1/3)、宇宙記念館 毎週月曜日祝日の時は翌日

〈スタンプ情報〉 押印＊売店開館時間内

余市町は日本人初のスペースシャトルに搭乗したNASA宇宙飛行士・毛利衛さんの出身地。町特産のリンゴが宇宙飛行士に扮している。

駐車場 普通車:42台 大型車:5台

❌ 館外軽食店／10:30～14:00ころ、不定休
●海友倶楽部／海の物中心の簡単メニュー、テイクアウトもできる。地元の食材にこだわっており、余市の味が楽しめる
●イカ飯、イカ焼き、煮ツブ、焼きそばなど

🛒 売店／開館時間と同じ
●ミュージアムショップ／宇宙食や宇宙関連のグッズ多数のほか、地元土産品も。スタンプ台や休憩スペースもあり
●館外売店／人気のアップルパイやジェラートアイスなど余市特産品のショップ。りんごのほっぺや余市ワインなどが棚いっぱいに並ぶ

道の駅のメインの施設は「宇宙記念館」。余市町出身の宇宙飛行士・毛利衛さんがスペースシャトルに搭乗して宇宙実験を行なったことなどを紹介する。小惑星「はやぶさ」の実物大レプリカや「ハッブル宇宙望遠鏡」を再現したコーナーなどもある。記念館は、外からも出入りができる売店とつながっていて、宇宙関連のグッズや余市の特産品が販売されている。一角には「錯覚の部屋」という不思議でおもしろい体験コーナーがある。ぜひ、体験してみよう。記念館の隣には新鮮な余市の魅力たっぷりの売店がある。海のもの、畑のもの、果樹のもの。余市の豊かさを実感できる商品がたくさん並んでいる。中でもアップルパイは必食だ。余市町産のリンゴを使用していてサックサクの食感。ワインやジュースも種類豊富。

余市の中心部、JR余市駅からも徒歩約3分の場所。ニッカウヰスキー余市蒸溜所のすぐそばだ

おすすめ
ショップ
紹介
Recommend

コンパクトな売店には余市愛がつまっている。お菓子などのおみやげ品はもちろん、ワインやウイスキー、特産のジュースなどが並ぶ

上. お酒コーナーには余市町産ワインがある
下. 人気のアップルパイ。余市産リンゴを使用

人気のお土産コーナー

井川果樹園の「りんごのおっぱい」は手造りのストレート果汁100%。品種ごとに味わえる

記念館の売店は、宇宙グッズとあわせて「道内一の品揃え」。人気は本物の「宇宙食」だ

すこやか自然農園のドライフルーツ各種

必見
ポイント
Pick up point

敷地内では週末を中心に生産者直売所が店を開く。「よいち味覚マルシェ」では新鮮でおいしいフルーツのまちを堪能しよう

もっと知りたい！
旬カレンダー

	5	6	7	8	9	10	11
山菜や葉物野菜など							
いちご							
さくらんぼ							
プルーン							
ぶどう							
りんご							
なし							

寄り道スポット

よいち味覚マルシェは金曜・土曜・日曜・祝日の営業。9時から16時まで

近くの道の駅	あかいがわ（30 ページ）	道道36号経由で約20km
	いわない（36 ページ）	国道5号と国道276号経由で約41km

オスコイ! かもえない

229 国道229号沿い、神恵内村の海岸沿い

神恵内村 <ruby>神恵内村<rt>かもえないむら</rt></ruby>

神恵内村赤石村大森292-1

📞 **0135-76-5800**

番号:35
登録年月日:1996年(平成8年)8月5日

開館時間 9:00〜17:00

休館日 年末年始(12/31〜1/3)

〈スタンプ情報〉

HOKKAIDO KAMOENAI

道の駅 オスコイ! かもえない

SINCE1997 ROUTE229

神恵内村のキャラクター「どらごん太」と、恋人である「たつ姫」は、神恵内の当丸沼に棲む竜神様がモチーフ。村の催事やお菓子の包装などに使われている。

押印*開館時間内

 駐車場 普通車:29台 大型車:3台

🚫 食事施設なし

🧺 館内売店／道の駅開館中は営業
●特産品売場／活ホタテ水槽販売、網ですくい持ち帰りか地方発送
●地元海産物がメインで、干物類や菓子類は棚に。生製品は冷蔵庫で販売
●干ふのり、塩わかめ、塩水うに、ホッケ開きなど。ソフトクリームも販売

神恵内を含む一帯は「ニセコ積丹小樽海岸国定公園」に指定され、いわゆる「シャコタンブルー」と呼ばれる青い海がきらめく。そんな積丹半島の西側にある道の駅。国道229号はこの半島をぐるりと回る快適なシーサイドラインになっている。神恵内村は道内で2番目に人口が少ない自治体で、800人ほどが暮らす漁業のまち。江戸時代からニシン漁によって栄え、大正時代にはニシン水揚げ全道一を記録した。この漁の時、動きを合わせるかけ声が「オースコイ」で、駅名の由来になっており、市街地から神威岬方面へ5キロほど走った先にポツンとある。館内は特産品販売コーナーと休憩コーナーのみになっている。店内中央に水槽が置かれ、神恵内産の活ホタテや生ガキが販売される。備え付けの網を使って自分でバケツに入れてレジに持っていくスタイルだ。

国道をはさんで海に対面。取材時は屋根付きの駐車施設などの新設工事でフェンスがあった

週末のみの販売だが、北海道ならではの"ホッケフライ"を挟んだ「ホッケバーガー」(400円)と「ほたてご飯」(400円)が人気のメニュー。ホタテご飯はやさしい味がする

上.ソフトクリームは厳選いちごなど5種から選べる
下.休憩コーナーと館内全景

人気のお土産コーナー

地元の水産品コーナー。「ホッケの開き」「宗八かれい」「糠ほっけ」などが並ぶ

一番人気はウニ製品。「甘漬けうに」は売り切れる日もある

地元の岡田商店がつくるふのりとホタテ耳の生姜甘煮

ポストカード

神恵内の美しい風景がポストカードになって販売されている。旅の思い出に

もっと知りたい！ 旬カレンダー

	5	6	7	8	9	10
ほたての活貝						
ホッケの開き／宗八かれい(冷凍)						
天然塩わかめ、干ふのり						
塩水うに・甘漬うに						
干こんぶ						

寄り道スポット

神恵内市街地

神恵内の市街地にはミシュランにも掲載されたすし店「勝栄鮨」があって昼には行列ができる。その向かいには乾物が多数並べられる「菅原商店」があり、一風変わった珍味にも出会える。その隣には泊まれるカフェ「FUKUROMA」があってくつろげる。

近くの道の駅	いわない (36 ページ)	国道229号 経由で約29km
	スペース・アップルよいち (32 ページ)	道道998号と国道229号 経由で約53km

いわない

道道270号沿い、岩内市街マリンプラザ地区　**岩内町**（いわないちょう）

岩内町万代47番地4

📞 **0135-63-1155**

番号:14
登録年月日:1993年(平成5年)4月22日

開館時間 9:00〜18:00(4〜10月)　9:00〜17:00(11〜3月)

休館日 4月最終週〜10月は無休、11月〜4/19は月曜休み(祝日の場合は翌日)、年末年始休み

〈スタンプ情報〉

岩内町のキャラクター「たら丸」は、ゆるキャラ日本一決定戦で準優勝するなど、知名度抜群。たら丸が特産のアスパラを手に持っている。

押印＊開館時間内

駐車場 普通車:219台　大型車:9台

🍴 食事施設なし、下記は近隣施設
●北緯43度　8:30〜18:00
●近くの「タラ丸市場」に海鮮料理の店(7:00〜16:00)冬期は閉館
●道の駅の周辺市街地にも食事の店が多いので、スタッフに尋ねてみよう

🛒 館内売店／道の駅開館時間と同じ
●館内アンテナショップに岩内産の新製品や話題の商品のほか定番の人気商品も。たら丸・べに子グッズが豊富
●倉島乳業製のチーズ大福やレアチーズケーキ、助宗たら半のし、にしん伝心、にしんのおかげ、海洋深層水入ミネラルウォーターなど。「にしんが八セット」も人気

　ゆるキャラ「たら丸」でも有名な岩内町。このまちの中心部、かつての国鉄岩内線の発着駅があった場所に道の駅が建っている。開業は1993年。初期型の道の駅のためか、トイレは100メートルほど離れた場所にあるとアナウンスしている。館内には売店コーナーと観光案内コーナーがある。漁業のまちらしく、美味しそうな加工品が並んでいる。伝統的なものから、現代風にアレンジされたものまで、じっくりと品定めをしたい。海のまちながら、意外にも1番人気は「チーズ大福」とのこと。地元の倉島乳業がつくる和風スイーツだ。道の駅周辺には食堂＆おみやげ店が営業し、お昼時はにぎわっている。周辺には「いわないマリンパーク」「岩内地方文化センター」「木田金次郎美術館」「タラ丸市場」もある。あわせて訪問したい。

コンクリート打ちっ放しの外観。周囲にはバスターミナルや岩内地方文化センターなどがある

Recommend おすすめ イチオシ メニュー

道の駅すぐ近くの食堂「北緯43度」の人気は「すごい定食」(1,500円)。うわぁ～と声が出る大ボリューム、数量限定

上.スタッフが手早く焼いてくれる　下.食堂店内、お昼どきは早目に訪問したい

人気のお土産コーナー

人気NO.1は、意外にも「チーズ大福」だ。濃厚なチーズクリームをもち生地でくるんだ大福

話題の「にしんめし」と「にしんすば」売れていますとのこと

「糠ニシン」を始めとした糠漬けものなどが並ぶ

up point 必見 ポイント

店内で出迎えてくれる「たら丸」くん。入口のすぐ近く、ツーショットが撮れる人気の撮影スポットだ

浮き玉(びん玉)がオブジェに。ガラスの浮きは職人が一つひとつ吹いて作った貴重なもの。今はプラスチックに置き換わったそうだ

寄り道スポット

木田金次郎美術館

道の駅のすぐ近く。岩内生まれ、北海道洋画壇を代表する作家の一人。生涯、岩内の自然を描き続けた木田金次郎氏の作品などが鑑賞できる。

近くの道の駅	シェルプラザ・港 (38ページ)	国道229号 経由で約18km
	あかいがわ (30ページ)	国道276号など 経由で約40km

シェルプラザ・港

蘭越町港町1402番地1

📞 0136-56-2700

番号:88
登録年月日:2005年(平成17年)8月10日

229 国道229号沿い、蘭越の日本海側　**蘭越町港町**

<開館時間> 9:00～17:00(4月～10月)、9:00～16:00(11月～3月)

<休館日> 年末年始(12/31～1/5)、11月～3月は火曜日定休(祝日の場合は翌日)

<スタンプ情報>

蘭越町のマスコットキャラクターである「らぶちゃん」が、貝殻を背に立っている。シェルは貝殻のこと。らぶちゃんの頭には町の花であるコブシの花が載っている。
押印＊開館時間内

<駐車場> 普通車:33台　大型車:2台

🍴 軽食喫茶／9:00～15:30(11月～3月は14:30まで)
●館内左に軽食コーナー／コーヒー、アイスフロート、コーンアイスなど

🛒 館内売店／9:00～17:00(11月～3月は16時まで)
●館内右が売店で、中央に貝類の展示台があり、道内外の珍しい貝殻が並んでいる
●農産物や食品雑貨売場はその奥にある

国道229号沿い。岩内と寿都のちょうど中間地点にある。この地は「港大照寺遺跡」の埋蔵文化財包蔵地となっている。縄文文化晩期の日本海沿岸では初めてといわれる貴重な積石墳墓群や石器・土器片などが多数発見された。はるか昔から、この地で人の営みがあったことを想像してみたい。館内は有名な「らんこし米」として、ななつぼしとゆめぴりかが販売されている

ほか、ご飯がすすむ漬物類も充実。町民手作りコーナーも壁一面に展開されていて、アクセサリー小物や実用品などが置かれ、じっくり見ると興味深い。館内一角にはイートインコーナーがある。ホットコーヒーやソフトクリームも味わっていきたい。道の駅隣にある「蘭越町貝の館　大気・海洋交流センター」も見応え十分。貝をテーマにした博物館に驚きだ。

建物やタイルブロックは、貝をイメージして白を基調としている。青空によく映える

おすすめ ショップ紹介

テイクアウトカウンターでは、ホットコーヒー（200円）やソフトクリーム（300円）などの販売もある

雑貨が並び日用品として使いたい

人気のお土産コーナー

貝にちなんで世界の貝がらも販売中

ブランドお米「らんこし米」も販売されている

蘭越町特産品の漬け物コーナーには、蘭越米をたくさん食べたくなる名脇役がたくさん

必見ポイント

壁一面に展開される「町民手作り品」コーナー。実用的なものから芸術性が高いものまで、さまざまな作品が並ぶ

もっと知りたい！旬カレンダー

	5	6	7	8	9	10
山菜、野菜苗など						
アスパラ、葉物野菜						
トマト、なす						
とうもろこし、かぼちゃ						
じゃがいも						
新米（蘭越米）						

寄り道スポット

「貝の館」は道の駅に隣接する、貝をテーマにした博物館。約1,500種類、5,000点ほどどの標本と、生態展示などがあり、貝についてさまざまな角度から学べる。子どもの自由研究などにはピッタリだ。

近くの道の駅	らんこし・ふるさとの丘（24ページ）	道道267号経由で約21km
	みなとま～れ寿都（40ページ）	国道229号経由で約24km

みなとま〜れ 寿都

寿都町大磯町29番地1

📞 0136-62-2550

番号:103
登録年月日:2008年(平成20年)4月17日

開館時間 9:00〜18:00(4〜9月)　9:00〜17:00(10〜3月)

休館日 無休(4〜9月)、第1・第3月曜日(10〜3月)

〈スタンプ情報〉

中央に波しぶきをあげた寿都の文字は、海、風、心、ことぶきの都を表現している。右上には寿都町のマスコットキャラクターで空飛ぶ妖精をモチーフにした風太の姿も。

押印＊開館時間内

駐車場 普通車:36台　大型車:2台

🍴 ●売店にて地場産の海産物や旬の素材を使用した食事メニューを提供。季節で変わる限定メニューもおすすめ

🛍 館内売店／道の駅開館時間と同じ
●生炊きしらす佃煮、干し小女子、ホッケ飯寿司(冬季限定)など水産加工品が豊富
●寿都近隣で採取される天然はちみつは種類も豊富で、お土産にも人気

　日本海の寿都湾に面して、漁業がさかんな寿都町。かつてはニシン漁で栄え、現在はコウナゴから作る生炊きしらすや「寿かき」などが全国的に知られる。春から夏にかけて「だし風」という南東の強い風が吹くこともあって、1989年に全国自治体で初の風力発電施設を建設した。道の駅はまちの中心部、国道から寿都港へ下ったところ。港に面して建っている。館内は広い休憩スペースがメイン。冷凍ケース2台が置かれ、糠ニシンやカレイの一夜干し、イカの塩辛など加工品が販売される。売店コーナーでは、80年以上の歴史を有する寿都町の名産「生炊きしらす佃煮」が各種置かれている。30グラム前後の小さな「食べ比べパック」から大容量サイズまで各種そろっている。ぜひ購入していきたい。グルメメニューも各種おすすめだ。

道道9号側から見た外観。テラス席が設置される。駐車場は建物より一段低く、漁港に面している

一番人気の「船澗弁当」。ご飯の中には生炊きしらす佃煮が入り、上には寿都・島牧産の香り高い天然岩海苔を敷きつめた。シンプルながら旨い弁当

上.7～8月限定の「生うに丼」(時価) 下.ご当地グルメの「寿都ホッケめし」、弁当タイプも

人気のお土産コーナー

冷凍加工品コーナーには「ほっけ開き一夜干し」などが、どさどさと豪快に並べられている

伝統ある「生炊きしらす佃煮」は町内加工場6社の製品がある。しっとりと柔かい

人気商品は「寿都はちみつ」。寿都近隣で採取された「あかしあ」など500円から販売

寄り道スポット

寿都温泉ゆべつのゆ

明治初期から開発され、かつては湯治場として親しまれてきた温泉。硫黄泉と塩化物泉の異なる2つの泉質が楽しめる。露天風呂、サウナ、ジャグジーなど多彩。

近くの道の駅	くろまつない (42 ページ)	道道9号と道道265号経由で約23km
	よってけ!島牧 (44 ページ)	国道229号経由で約29km

売店コーナー。決して広くはないが、寿都の愛が詰まった商品が並んでいる

道の駅館内は2階が吹き抜けになった開放的な空間。2階にも休憩コーナーがあって利用できる

くろまつない

5 国道5号沿い、黒松内町郊外の田園地帯

黒松内町（くろまつないちょう）

黒松内町白井川8番地10

📞 0136-71-2222

番号:57
登録年月日:1999年(平成11年)8月27日

|開館時間| 9:00〜18:00(4〜9月)　9:00〜17:00(10〜3月)

|休館日| 無休(4〜10月)、毎週火曜日(11〜3月)、年末年始

〈スタンプ情報〉

日本最北端のブナ原生林がある黒松内町。スタンプはブナの葉で囲まれた道の駅をデザイン。町内の森に生息する天然記念物「クマゲラ」も描かれている。

押印＊開館時間内

|駐車場| 普通車:79台　大型車:8台

🍴 ピザドゥ/10:00〜16:00
●天然酵母熟成ピザドゥ/焼きたての本格ピザ

🧺 館内売店・農産物直売所/道の駅開館時間と同じ
●パン工房やトワ・ヴェールで作られた焼きたてパン、アイスクリーム、ソーセージ、ハムなどを販売
●野菜直売コーナー/季節の野菜を販売

　日本のブナ自生北限地帯とされる黒松内町。ブナの木は四季折々に美しい表情を見せ、高い保水力があることから森を豊かにする。北海道では渡島半島にのみ分布し、寿都と長万部を結ぶ「黒松内低地帯」を北限として、本州からから連続的に分布してきたブナの森が途切れる。「歌才ブナ林」はその貴重さから国の天然記念物にも指定されている。道の駅はまちの中心部から10キロほど離れた黒松内新道の出入り口近くにある。館内にはもっちりした食感が人気のピザ店「ピザドゥ」と、焼きたてパンの「パン工房」が入って、どちらも多くの人で賑わっている。特産品コーナーでは、地元の商店などから選りすぐりの品々が並び、遠方からの客も多い。「くろまつないおためしセット」なるものもあるので購入していきたい。

コンクリートのファサードと三角屋根が美しい建物。裏庭部分はパークゴルフ場になっている

黒松内の新鮮なモッツァレラチーズやソーセージをたっぷりとのせるピザ。生地には全粒粉を使い、天然酵母で発酵熟成させてもっちりとした食感。メニューは9種類に季節ものが加わる

ピザは注文を受けてからその場で一枚ずつ焼き上げる。サイズはS・Mが選べて便利

人気のお土産コーナー

町内の加工品センター「トワ・ヴェール」から、ウィンナー、ソーセージ、ハム類がずらり

くろまつない手づくり品コーナーがあり、木のぬくもりある小物が販売される

町内を流れる清流の名を付けた日本酒「朱太川」（2,200円）

パン工房では道産小麦を使用し、黒松内の素材を原料に、保存料などは一切使わないパンを提供。焼き立てを販売している

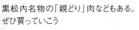

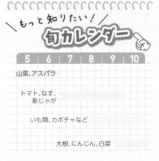

もっと知りたい！
旬カレンダー

	5	6	7	8	9	10
山菜、アスパラ						
トマト、なす、新じゃが						
いも類、カボチャなど						
大根、にんじん、白菜						

黒松内名物の「親どり」肉などもある。ぜひ買っていこう

寄り道スポット

黒松内温泉ぶなの森

泉質はアルカリ性で、肌がつるつるになる美肌の湯。ジェットバスのある洋風浴室と、檜風呂などを備えた和風浴室がある。ともに露天風呂とサウナを完備。洋風・和風が日替わりで楽しむことができる。

近くの道の駅	らんこし・ふるさとの丘（24 ページ）	国道5号経由で約15km
	みなとま〜れ寿都（40 ページ）	道道265号と道道9号経由で約23km

よってけ! 島牧（しままき）

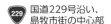

229 国道229号沿い、島牧市街の中心部

島牧村（しままきむら）

島牧村千走11-1

☎ 0136-74-5183

番号:20
登録年月日:1995年(平成7年)4月11日

開館時間 9:00～17:00(夏季については要確認)

休館日 毎週火曜日(祝日の時は翌日)、年末年始

〈スタンプ情報〉

道内最大級の規模を誇る賀老の滝に虹が架かっている。虹の上ではアワビをモチーフにした島牧村のキャラクターのシマくん、マキちゃんが遊んでいる。

押印*開館時間内

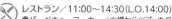

駐車場 普通車:36台　大型車:11台

🍴 レストラン／11:00～14:30(L.O.14:00)
●バーベキューコーナー／水槽からツブ、ホタテなどの貝を選び焼いて食べられる。ご飯、味噌汁も単品売り(中止の場合あり)

🛍 館内売店／9:00～17:00(夏季については要確認)
●館内売店／水産加工品が中心で、生たきしらす佃煮、えびのあまづけ、粒うに、さき焼いか、銘菓あわびもなかなど
●賀老米、清酒島牧、いも焼酎島牧、野菜直売コーナーでは朝採り季節野菜いろいろ

島牧村は日本海に面した長い海岸線を有する村。日本の渚100選に選ばれた「江ノ島海岸」や、日本の滝100選に選ばれた「賀老の滝」、北海道随一の天然ラジウム温泉「モッタ海岸温泉」などが有名だ。冬季には「あめますダービー」というロングランイベントが開催され、全国から釣りファンが集まる。海あり川あり、釣り人にとっては垂涎のまちである。道の駅はこの村の中心部、国道に面して建っている。トップライトから明るい陽光が差し込む館内には、売店とテイクアウトカウンター、飲食コーナーがある。島牧の畑のものが置かれるコーナーに加え、釣り人が多く訪れることからフィッシング関連のグッズが一面にズラッと並ぶ一角がある。道の駅スタッフが企画した日本酒は一升瓶から180ミリリットルタイプまで各種並んでいる。

中央がガラス張りになっている建物。「よってけ!」と言われるのならば、寄っていこう

人気の「しままき丼」(1,200円)。島牧の米ななつぼしに島牧産の小女子(こうなご)の釜揚げと、どんじゃ(磯)海苔を丼にした地域ならではの一杯。5月ごろからの期間限定メニュー

上.ロースターがついたテーブルがある店内
下.「ひらめバーガー」(700円)もおすすめ

人気のお土産コーナー

島牧銘菓の「あわびもなか」。シマくん(黒あん)、マキちゃん(白あん)各5個の10個入り1,879円

村民還元清酒の芳醇寒造り「島牧」(980円)。道の駅限定商品が置かれる

釣りがさかんなだけあって、釣り具各種が売られる専用コーナーがある。すごい品揃えだ

必見ポイント ick up point

レジ横にはテイクアウト品があり、旬の地元食材を使ったサンドイッチやおにぎりなども味わうことができる

もっと知りたい！ 旬カレンダー

5	6	7	8	9	10

山菜など

アスパラ、葉物野菜など

さくらんぼ、いちご、青梅

とうもろこし、かぼちゃ、プラム、メロン

じゃがいも、にんじん、大根、豆類

新米(米販売は通年)

寄り道スポット

モッタ海岸温泉

日本海を一望できる露天風呂がある。道内最高値の数値を誇る天然ラジウム泉だ。内湯と露天のみのシンプルな施設ながら、地元の客などに根強いファンがいる。

近くの道の駅	みなとま〜れ寿都 (40ページ)	国道229号 経由で約29km
	くろまつない (42ページ)	道道523号と 国道229号 経由で約41km

とうや湖

国道230号沿い、洞爺湖北の田園地帯 **洞爺湖町**

洞爺湖町香川9番地4

☎ 0142-87-2200

番号:104
登録年月日:2008年(平成20年) 4月17日

開館時間 9:00〜18:00(4〜10月)　9:00〜17:00(11〜3月)

休館日 年末年始、毎週火曜日(12月〜3月)

〈スタンプ情報〉
道の駅 とうや湖

洞爺湖と羊蹄山の景観が描かれている。道の駅から正面に羊蹄山が見え、歩いて数分のところに洞爺湖を一望できる展望台がある
押印＊開館時間内

駐車場 普通車:56台　大型車:8台

 レストラン／11:00〜14:30
●とうや湖食堂／休憩スペースと兼用のレストランで、地元素材を生かしたシンプルなメニュー。限定数量でなくなればそのメニューは打ち切りとなる
●ほたて御膳、豚丼、カレーライス、とろろそば、ホタテ汁

 直売コーナー／道の駅開館時間と同じ
●地場産品直売コーナー／名前の通りオール洞爺湖町産品の売場。四季の野菜や加工品、工芸品も並んでいる
●棚に生産者の名前が入り、珍しい野菜にはレシピも付いている。毎朝出荷される新鮮野菜と、直前精米の低農薬米を販売

　洞爺湖は支笏洞爺国立公園の中心的な湖。約11万年余り前の大噴火により誕生した大きなカルデラ湖で、周囲は約43キロで、湖のほぼ中央に4つの島が浮かぶ。おだやかで明るい、北海道を代表する風光明媚な保養地である。この気品ある湖を高台から眺められる展望台が近くにある道の駅。150メートル先に進み階段を上るとダイナミックな風景が飛び込んでく

る。そして振り返ると、端正な羊蹄山の姿も見られる。道の駅館内は、洞爺湖町の物産が賑やかに置かれている。30人近い生産者の顔写真が掲げられた農産物コーナーは、火山の土壌により育まれた良質な野菜であふれている。レジを挟んで反対側は食堂コーナー。食券を購入して利用する。メニューには地元の品々を使っていてうれしい。

花壇が手入れされた駐車場。建物は小規模。展望台はトイレの右を歩いていった先にある

Recommend おすすめ イチオシメニュー

人気の「ほたて御膳」(950円)。噴火湾で採れたホタテの炊き込みご飯。やさしく素朴な味わい。ベビーホタテが入ったほたて汁に、サラダや季節によって中身が変わる小鉢が付く

上.食堂内。券売機で買ってカウンターへ　下.ホタテの出汁がよくきいた温まるお味噌汁

人気のお土産コーナー

「ぐる巻きソーセージ」が人気。ギョウジャニンニク入りのジャンボやコーン入りカレー風味など

洞爺湖町周辺で収穫された野菜を使った「とうやの香り漬」といった商品も人気の品

洞爺湖を見ながら育ったブドウで作られた「月浦ワイン」が各種置かれる

必見ポイント

火山の土壌に培われたおいしい野菜たちが並ぶ農産物コーナー。季節ごとに豊富な商品が安価で並ぶ

もっと知りたい！ 旬カレンダー

	5	6	7	8	9	10
アスパラガス						
トマト						
とうもろこし						
ブルーベリー、さくらんぼ、すいか						
プルーン						
新米、きのこ、豆類						

寄り道スポット

洞爺湖芸術館

洞爺湖の湖畔側に下っていった先にあるおすすめの立ち寄りスポット。砂澤ビッキの彫刻・絵画作品などがある元村役場の建物を改装したすてきなアート空間。2階からは、作品越しに洞爺湖が望める。

近くの道の駅		
230ルスツ (20ページ)	国道230号経由で約13km	
とようら (48ページ)	道道285号と道道97号経由で約16km	

とようら

国道37号沿い、豊浦市街地入り口

豊浦町（とようらちょう）

豊浦町旭町65番地8

☎ 0142-83-1010

番号:78
登録年月日:2003年(平成15年)8月8日

|開館時間| 9:00～17:00

|休館日| 毎週水曜日(11～3月)、年末年始

〈スタンプ情報〉

豊浦町の特産物で、道の駅の看板商品でもあるイチゴ、豚肉、ホタテをかわいいイラスト化した。朝採りの完熟いちごや、午前中に売り切れることもある活ほたてなど人気の商品が多い。

押印＊開館時間内

|駐車場| 普通車:40台　大型車:2台

✕ テイクアウトコーナー／10:00～16:00
●館内奥の休憩スペース前にあり、特産品のイチゴ、ホタテなどを使った豊浦いちごソフト、ホタテフライ級などが人気

🧺 物産直売／道の駅開館時間と同じ
●物産直売コーナー／特産の「豊浦いちご」などの農産物、ホタテなどの海産物、SPF豚のハムやソーセージなどの加工食品が季節ごとに並ぶ
●人気のホタテを使用した「ほたて弁当」もお忘れなく

　内浦湾(噴火湾)に面した豊浦町は、ホタテとイチゴと豚肉が有名。この3つの味をすべて味わえるのが国道沿いにある道の駅だ。活ホタテは冬から春にかけて12月～3月がシーズンで、5月くらいまでは小ぶりの稚貝が買える。イチゴの旬は春。4月から6月までが最盛期で、それ以降は夏獲れのものが10月いっぱいまで並ぶので、旬の時期以外に来場しても大丈夫だ。

テイクアウトコーナーには「ホタテフライ級」というホタテをフライにして串刺しにした名物がある。この品名の「フライ級」とは、豊浦町出身の元WBCフライ級世界チャンピオン内藤大助選手にちなんで名付けられた。同選手の記念コーナーも設けられている。イチゴもソフトクリームやスムージーで年中味わうことが可能だ。濃厚ながらさわやかな味。

国道37号に面し、ニセコや洞爺湖方面から道南に向かう際にちょうどいい休憩地点に現れる

おすすめは「とようらいちごスムージー」(400円)。「豊浦イチゴソフトクリーム」(500円)など。「ホタテフライ級」(300円)は2種類のソースが選べる人気商品。ぜひ味わってみて

上.5〜6月下旬が旬のイチゴ。朝採り完熟いちごはここでしか買えない　下.ホタテは12月〜3月がシーズン。新鮮なので刺身でも味わえる

人気のお土産コーナー

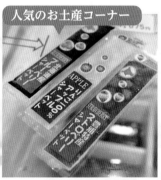

人気の「豊浦特産ストロベリーシャーベット」(1本230円)は3味

地元のお店「マンマとようら」の「いちごの季節限定品」が販売されているスイーツコーナー

ホタテを手軽に味わいたい場合は「ほたて弁当」が520円でテイクアウトできる

必見ポイント

「豊浦S.W.FABRIK」のハム・ソーセージ類は本場ドイツでの品評会で入賞多数の実力派

もっと知りたい！
旬カレンダー👉

	5	6	7	8	9	10

山菜、アスパラ、ほうれんそうなど

イチゴ(けんたろう、すずあかねなど)

トマト、きゅうり、なす、ピーマン、ズッキーニなど

大根、キャベツ、いも、かぼちゃなど

山菜(落葉その他きのこ類)、豆類

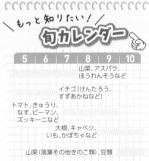

寄り道スポット

豊浦町が誇る郷土の星、第36代WBC世界フライ級チャンピオンである内藤大助選手は豊浦町出身で、ふるさと大使も務める

近くの道の駅	**あぷた** (50 ページ)	国道37号 経由で約8km
	とうや湖 (46 ページ)	道道97号と 道道285号 経由で約16km

あぷた

洞爺湖町入江84番地2

📞 0142-76-5501

番号:91
登録年月日:2005年(平成17年)8月10日

開館時間 9:00～18:00(4月～9月)　9:00～17:00(10月～3月)

休館日 年末年始(12/30～1/5)

〈スタンプ情報〉

洞爺湖の守り神で洞爺湖温泉のキャラクターである「洞龍(とうろん)くん」が描かれている。洞爺湖と夏の灯竜(とうろう)流しをかけて、東洋的な響きにしたという。

押印＊開館時間内

🅿 駐車場 普通車:54台　大型車:3台

❌ レストラン／11:00～14:00
●室内席のほか夏期には虻田漁港を一望できるテラス席も開設。名物の「うに丼」や「ほたてっ子カレー」も、ここで食べると格別だ
●テイクアウトコーナー／ホタテ串焼き、ぐる巻きウインナー、道の駅弁ほたてっ子カレー弁当、パンカマなど

🧺 直売コーナー／道の駅開館時間と同じ
●物産直売コーナー／生産者名の入ったブースに季節の農水産物が並ぶ。値段は各自で決めているので、早く出かけた人ほど安くて良い物が手に入る
●物産品販売コーナー／レークヒル・ファームのジェラートをはじめ、地元製のパンや帆立燻など食品加工品多数

　道の駅がある地区は虻田(あぶた)と呼ばれ、旧虻田町の中心市街地でもある。虻田町は洞爺湖の北側にあった洞爺村と合併。2006年、洞爺湖町として名前を一新している。駅名はアイヌ語で「アプタペッ(釣り針を作る川)」と呼ばれていたことに由来する。駅舎は虻田漁港を見下ろす高台にあり、眺めがいい。晴れていれば、穏やかな内浦湾越しに、対岸となる渡島半島の山々がパノラマのように見える。飲食コーナーは、この景色を堪能できるよう海側につくられている。人気のウニ丼をはじめ、ホタテが入ったカレーなどが味わえる。コンパクトな売店コーナーには、地元の海のものや畑のものがいろいろ置かれる。道の駅隣には「虻田町トレイルセンター」という建物があり、2階の展望休憩所では自由に休むことができる。ここは夕日が見えるスポットとしても有名だ。

眼下に虻田漁港を、対岸には駒ヶ岳までを見渡すことができる小高い場所にある

人気はやはり「うに丼」(2,500円)だ。折りウニ1枚がついてくる。折りウニ2枚分の「大盛りうに丼」もある。ウニは地元のものをはじめ、しっかりと産地表示がされている

上.ホタテが入った「ほたてっ子カレー」
下.広いテラス席風のコーナー

人気のお土産コーナー

お土産の人気は「ぐる巻きソーセージ」。地元の「お肉屋さん たどころ」が手作りするもの

道の駅オリジナルのレトルトカレーも人気商品

アイスクリームコーナーがあり、10数種類から選ぶことができる

必見ポイント

もっと知りたい！
旬カレンダー

5	6	7	8	9	10

山菜、いちご

アスパラ、ブロッコリー

とうもろこし

かぼちゃ (7月〜12月)

じゃがいも

豆類

冬季は農家手作りの漬物類(11月〜)

来場者のサインやいろいろあってにぎやかなレジ廻り。テイクアウト用の「パンカマ」のほか、ポストカードなども販売している

寄り道スポット

「あぶた歴史コーナー」では、アイヌの衣装などが展示されている

近くの道の駅	とようら (48 ページ)	国道37号 経由で約8km
	だて歴史の杜 (54 ページ)	国道37号 経由で約11km

そうべつ情報館i（アイ）

453 国道453号沿い、壮瞥町郊外の果樹園地帯

そうべつちょう
壮瞥町

壮瞥町滝之町384-1

📞 **0142-66-2750**

番号:39
登録年月日:1996年(平成8年)8月5日

開館時間 9:00～17:30(4/1～11/15)　9:00～17:00(11/16～3/31)

休館日 4/1～11/15は無休　11/16～3/31は祝日を除く火曜日
年末年始(12/31～1/5)

駐車場 普通車:88台　大型車:5台

🚫 食事施設なし
●サムズ売店でソフトクリーム、おにぎりなど販売

🧺 農産物直売所(売店)／道の駅開館時間と同じ
●売店／イチゴソフト、ジオアイス、アップルティー、かぼちゃのしっとりケーキ、リンゴせんべい、トマトドロップなど販売
●農産物直売所サムズ／会員農家の季節のフルーツや野菜類直売
●いちご、さくらんぼ、りんご、ぶどうなどの果物や、トマト、メロン、とうきび、じゃがいも、かぼちゃなどの野菜

　洞爺湖の東側約半分と、昭和新山・有珠山、オロフレ峠までの一帯が壮瞥町である。比較的温暖な気候ゆえに果樹園が多い果物のまちとしても知られる。道の駅は国道沿い、国の天然記念物である昭和新山(標高398メートル)を正面から観察できる場所にある。館内ではぜひ2階に上がってみよう。「火山防災学び館」があり、1977年に大噴火した様子が写真やパネルで紹介されている。1階の奥には農産物直売所「サムズ」があり、地元の野菜や加工品などが置かれる。昨年、この売り場に直結する「くだもの店舗」が新設され、売り場面積がぐーんと増えた。6月上旬のイチゴから始まってサクランボやプラム、秋のブドウなど壮瞥のフレッシュなフルーツをとくと味わいたい。売店コーナーにも地元の特産品が多数置かれている。

i（アイ）をデザインした赤い文字がひときわ目立つ外観。敷地奥には芝生広場と遊具も置かれる

館内の奥に位置し、駐車場から直接入れるドアもある「サムズ」店内。レジ2台が置かれ、サッカー台も設置される。週末の朝早い時間は、野菜などが届き、大にぎわいだ

上.喫茶コーナー。ソフトクリームなどを販売中
下.新設のくだもの店舗内

人気のお土産コーナー

棚にズラりと並ぶそうべつ産のリンゴジュース。「2020試飲感想」もあって参考になる

人気NO1商品は「塩とまと甘納豆」(540円)。ドライトマトを使った甘酸っぱい食感

おすすめは「そうべつりんごらーめん」(350円)。道の駅の限定品だ

2階の「火山防災学び館」。火山のすさまじさを豊富な資料で伝えている。窓からは正面に昭和新山と有珠山が見える

もっと知りたい！
旬カレンダー

	5	6	7	8	9	10
アスパラ						
いちご、トマト						
さくらんぼ、メロン、とうもろこし						
りんご各種						
ぶどう						
なし						
じゃがいも、かぼちゃ						

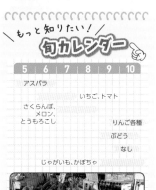

寄り道スポット

壮瞥公園

洞爺湖を目の前に、有珠山、昭和新山、遠くには羊蹄山、ニセコ連峰まで展望できる絶景ビューポイント。梅の名所としても知られる。駐車スペースもある。雄大な景色にスカッとする場所。

近くの道の駅	だて歴史の杜 (54ページ)	国道453号と国道37号経由で約14km
	あぷた (50ページ)	国道453号経由で約16km

だて歴史の杜

伊達市

37 国道37号沿い、市街地の中心部

伊達市松ヶ枝町34番地1

📞 0142-25-5567

番号:65
登録年月日:2000年(平成12年)8月18日

| 開館時間 | 9:00〜18:00(イベントなどで変更もあり) |
| 休館日 | 年末年始(12/31〜1/4) |

〈スタンプ情報〉
押印＊開館時間内

地球をイメージしたキャラクターに、道の駅のキャッチフレーズ「あつまる、つながる、ほっとシティー」の文言が書かれている。

🅿 駐車場 　普通車:263台　大型車:10台

 喫茶軽食／9:00〜18:00(12〜3月は〜17:00)
●ハンサム食堂／伊達市内で話題のファストフードショップ
●だてのてんぷら／平てん、ごぼう天、玉ネギ天など
●パン工房i.box ／クロワッサン、季節の食パン、くるみ入りスコーンなど

 館内売場・生産者ブース／9:00〜18:00
●藍染め品コーナー／ハンカチ、衣服、カバンなど、伊達製の藍染め品販売
●食品売場／鰐口最中、伊達かぶとまんじゅうなどの地元銘菓や、牧家の飲むヨーグルト、白いプリン、チーズなど
●生産者ブース／季節野菜、果物、花卉、海産加工品など

伊達市は仙台藩一門の亘理領主・伊達邦成主従の士族らが移住し、まちをつくってきた歴史がある。まちの中心部には国道に面して総合公園「だて歴史の杜」を整備。大手門があり石垣が囲う城跡のようなたたずまいが印象的だ。この杜の中核施設「伊達市観光物産館」が道の駅になっている。館内は広い物販スペースになっていて、レジ7台が並ぶスーパーマーケットのような様相。ユニークなのは直売コーナーだ。出荷する農家さん85戸の陳列木箱（ブース）が毎月1日に移動する。毎月くじ引きで場所を決めているそうだ。飲食コーナーには地元の店が3軒並ぶ。各店からテイクアウトしたメニューを味わうフードコートになっている。物産館の周囲には見所満載の施設が建つ。時間をとって、ゆっくり滞在したい。

国道に面して広い駐車場がある。いつも賑わっている印象だ

農産物直売コーナーには地元の農家約80戸から野菜類がずらっと並ぶ。各農家ごとの棚には顔写真が貼られ、生産者情報やこだわりポイントなどが書かれている

上.海産物も充実している 下.休憩スペースはフードコートのようだ

人気のお土産コーナー

「ハンサム食堂」の一番人気はオリジナルスイーツ「冷やしハンサム」(480円)

「だての天ぷら」は戦前より地元で親しまれていたかまぼこ店の味を市民有志が復活させた店

パン工房「i.box」。サクサクとろとろの「チーズタルト」や天然酵母の「くるみパン」などが人気

もっと知りたい！ 旬カレンダー 👉

	5	6	7	8	9	10
アスパラガス(3月中旬〜9月中旬)						
トマト(桃太郎系)、ブロッコリー、長ねぎ						
キャベツ						
とうもろこし(ハーモニーショコラなど)						
メロン、西瓜						
じゃがいも、かぼちゃ						
チンゲンサイ、ほうれんそう、水菜(通年)						

必見ポイント

だて歴史文化ミュージアム

2019年にオープンした博物館。伊達市の歴史・文化・自然を紹介する。貴重な武具甲冑類や美術工芸品、重要文化財の有珠モシリ遺跡出土品などを常設で展示している。

体験学習館

伊達市は北海道で最も早く1874年(明治7年)から藍の栽培を始めた地。道内一の生産地ならではの、藍染の体験ができる。「だて歴史文化ミュージアム」の隣にある。

寄り道スポット

刀鍛冶工房

武士が開拓したまちらしく、鉄作りから始まる日本刀の鍛錬を行っている。火花を散らしながら庄金を日本刀に仕上げる。刀匠による刀剣制作の見学も可能。

近くの道の駅	あぷた (50ページ)	国道37号経由で約11km
	みたら室蘭 (56ページ)	国道37号経由で約20km

みたら室蘭

室蘭市

室蘭市祝津町4丁目16-15

📞 0143-26-2030

番号:47
登録年月日:1998年(平成10年)4月17日

開館時間 9:30～19:00(4～10月)　9:30～17:00(11～3月)

休館日 無休(4～10月)　毎週木曜日(11～3月)祝日の時は翌日、年末年始(1月の1週目の木曜は営業)

〈スタンプ情報〉

全長1380メートル、東日本最長を誇る白鳥大橋は室蘭のシンボル。スタンプでも大きく描かれている。右下は市のマスコット「くじらん」。

押印＊開館時間内

駐車場 普通車:48台　大型車:6台

 レストラン／各店により営業時間が異なる
●1階ラウンジ／レストラン「くじら食堂」、ほか

 館内売店／道の駅の開館時間と同じ
●室蘭特産の商品を中心に陳列販売。人気商品は室蘭カレーラーメンのレトルトやプリンなど。工芸品ではボルト人形「ボルタ」

 メモ 道の駅に隣接して「RVパーク室蘭ZEKKEI BASE CAMP」がある。

室蘭港をショートカットする「白鳥大橋」は東日本最大のつり橋。構想から40年、着工から14年をかけた一大プロジェクトであった。橋長1,380メートルの巨大で美しい橋のたもとに道の駅がある。館内は2019年にリニューアル。入って左側はレストラン「くじら食堂」とテイクアウト販売カウンターがある。右側はおみやげ品売り場。「室蘭銘菓」や「室蘭カレーラーメン」などコーナー分けがわかりやすい売り場になっている。2階はキッズスペースと、白鳥大橋に関する展示物が置かれている。道の駅は室蘭港に面して「絵鞆臨海公園」として整備され、親水護岸では水遊びもできる。目の前に見える島は大黒島だ。周囲にはクルーズ船のチケット売り場が移設しRVパークも新設された。道の駅を拠点に室蘭観光を堪能したい。

施設名は正式には「室蘭市白鳥大橋記念館」という。一大橋事業を後世に伝えるための施設

お食事処「くじら食堂」では、室蘭名物の「カレーラーメン」や「室蘭やきとり」などが味わえる。イチオシは「室蘭セット」という写真のセットもあり(1,000円)

上.「くじら食堂」の店内は広くて快適　下.喫茶コーナーでは「うずらんソフト」も人気

人気のお土産コーナー

広い売場にはボルトやナットなどをはんだづけした人形「ボルタ」くんコーナーなどもある

ヒット商品だという「室蘭イタンキ昆布出汁」(880円)

ぜひともご自宅でもこの味を。「室蘭カレーラーメン」の専用棚がある

館内2階の一角には白鳥大橋に関する資料が展示されている

寄り道スポット

室蘭民報みんなの水族館

道の駅の向かいには1953年に「北海道立水族館」として開館した北海道最古の水族館がある。昔ながらの展示方法で、約120種類の生きものが飼育・展示される。観覧車など乗り物遊具も充実。

エンルムマリーナを眺めながら、子どもたちは水遊びができる市民いこいの場所

近くの道の駅	だて歴史の杜 (54ページ)	国道37号 経由で約20km
	あぷた (50ページ)	国道37号 経由で約31km

ウトナイ湖こ

苫小牧市植苗156-30

☎ 0144-58-4137

番号:108
登録年月日:2009年(平成21年)7月31日

開館時間 9:00～18:00(3月～10月)、9:00～17:00(11月～2月)

休館日 年末年始(12/31～1/2)

国道36号沿い、
苫小牧市郊外の
ウトナイ湖畔

苫小牧市とまこまいし

〈スタンプ情報〉

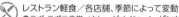

苫小牧市東部にあるウトナイ湖は渡り鳥の中継地として知られ、ラムサール条約にも登録されている。スタンプにもウトナイ湖とハクチョウが描かれている。

押印＊開館時間内

駐車場 普通車:93台　大型車:10台

レストラン軽食／各店舗、季節によって変動
●ラポ・ラポラ食堂／カレーがメイン。ノーザンホースパークが運営
●海鮮パーク／かにの押し寿司やほっき関係など
●テイクアウト／プレジールのB1とんちゃん豚まんやウトナイソフトなど

館内売店、直売所／道の駅開館時間と同じ
●アンテナショップ「ミール」／日本野鳥の会オリジナル商品(長靴や双眼鏡、野鳥グッズなど)、ハスカップやホッキ加工品など
●農林海産物直売所／植苗地区の花苗や切花、季節野菜を格安販売

ウトナイ湖はラムサール条約にも登録されている周囲9キロほどの淡水湖。野鳥の楽園として、これまで270種類以上の鳥類が確認されていて、四季を通じてバードウォッチャーが集う。この湖を目の前にたたずむ道の駅が、2023年3月にリニューアルした。苫小牧をはじめとした周辺エリアからの食材を並べる物販コーナーが広がったほか、シマエナガ関連の充実した品揃えはそのままだ。出入り口付近にあった観光案内所を移設し、木製滑り台などを置いたキッズスペースを新設した。グルメはノーザンホースパーク直営のレストランと、海の幸をメインとする「海鮮パーク」はそのまま。道の駅名物「B1とんちゃん豚まん」コーナーが広くなり、屋外からもテイクアウトできるようになった。別棟の飲食テナント棟も新しくなって4店舗が営業する予定だ。

苫小牧東IC下りてすぐ、国道36号沿いに立つ。ウトナイ湖は建物の向こう側にある

「ラポ・ラポラ食堂」の「豚バラ煮込みカレー」(950円)が総料理長おすすめの一皿。「苫小牧クラフトスパイス」が使われている

上.「海鮮パーク」では「苫小牧ほっき貝ちらし」などが購入できる　下.夏は緑越しに、冬はウトナイ湖が直接見える館内

人気のお土産コーナー

道の駅限定品「手づくり苫小牧ほっき焼売」(1,120円)、特製タレ付きのジューシーな味わい

珍しい「北海道プレミアムほっき節しょうゆ」は1,188円、プレミアムな一品

上.人気のシマエナガグッズは120種類以上あり、ファンの聖地となっている　右.人気の豚まんやソフトクリームなどが販売される「B1とんちゃん」コーナー

靴を脱いで利用するキッズスペースが登場した。ファミリーにはうれしいコーナー

もっと知りたい！旬カレンダー

5	6	7	8	9	10

ラナンキュラス

ひまわり

デルフィニウム、ブプレリウム、グラジオラス、カンパニュラ、ソリダコ

きく、ゆり

新鮮な野菜が並ぶ

寄り道スポット

2019年に登場した展望台。高さ17メートル。ウトナイ湖を一望できる。振り返れば、樽前山の景色が広がる

近くの道の駅	サーモンパーク千歳 (60 ページ)	国道36号 経由で約17km
	むかわ四季の館 (64 ページ)	国道235号 経由で約28km

サーモンパーク 千歳
（ちとせ）

🛡337 国道337号沿い、千歳川の河畔

千歳市（ちとせし）

千歳市花園町4丁目4-2サーモンパーク

📞 0123-29-3972

番号:85
登録年月日:2004年(平成16年)8月9日

開館時間 9:00～17:00
休館日 未定

〈スタンプ情報〉
千歳川のインディアン水車と、サケのふるさと千歳水族館のキャラクターで、サケの稚魚をモチーフにしたサモン君が描かれている。

押印＊24時間トイレの横、もしくは開館時間内であれば館内で押せる

駐車場 普通車:221台　大型車:12台
改修工事に伴い、当面はトイレと観光情報ブース、駐車場のみの使用

ブルーに輝く大きな水槽の中を悠々と泳ぐ魚たち。大水槽を目の前にしばし魅了させられ、時を忘れて見ていられる。「サケのふるさと千歳水族館」は、国内最大級の淡水魚水族館。支笏湖ゾーンや体験ゾーン、水辺の生き物ゾーンなどがあり、季節やテーマに合わせた魚の企画展示が人気を集めている。その目玉は水中観察ゾーン。目の前を流れる千歳川の水中を見ることができ、晩夏から秋にかけてはサケの勇姿が見れる。隣接する道の駅館内は広々としている。2023年4月からは指定管理者が変更になる。2023年3月現在、道の駅のテナントが入っていたスペースは関係者以外立ち入り禁止となっており、情報コーナーとトイレ、駐車場以外は利用できず、食事や買い物はできない。4月からは、全国の道の駅の運営実績のある新管理者が7年間運営することになり、9月に予定されているリニューアルオープンに向けた準備が進められている。どのように変更になるか、現時点では明らかにされていないが、楽しみにしていよう。スタンプは24時間トイレの横、もしくは開館時間内であれば館内で押せる。

近くの道の駅		
花ロードえにわ （10ページ）		国道36号 経由で約11km
ウトナイ湖 （58ページ）		国道36号 経由で約17km

国内屈指のカルデラ湖として有名な支笏湖。左手に見える山は風不死岳だ。湖畔ではスワンボートや遊覧船にも乗ることができる

湖畔からも近いモラップキャンプ場は大人気のキャンプ場

インディアン水車

千歳川にかかる橋の真上から、川を上ってくるサケを捕獲する様子を見学できる。バタバタバタバタと迫力満点。例年、8月下旬から12月初旬に実施。橋の上からは多くの人が見守っている。

支笏湖から流れ出す千歳川の源流部分では、スタンド・アップ・パドルやカヌーなどが楽しめる

あびらD51ステーション
デ ゴ イチ

234 国道234号沿い、安平町追分市街

あ びらちょう
安平町

安平町追分柏が丘49番地1

📞 **0145-29-7751**

番号:124
登録年月日:2019年(平成31年)3月19日

開館時間 9:00～18:00(4～10月)、9:00～17:00(11～3月)

休館日 年末年始(12/31～1/3)

道の駅

〈スタンプ情報〉

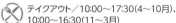

押印＊開館時間内

安平町追分地区は、空知の石炭を運ぶ鉄道の要衝として栄えた「鉄道のまち」。かつて走った蒸気機関車(SL)のD51が描かれている。

駐車場 普通車:96台　大型:17台

🍴 テイクアウト／10:00～17:30(4～10月)、10:00～16:30(11～3月)
●テイクアウトコーナーでは、コーヒーやソフトクリーム、地域限定フードなどを提供
●ベーカリーコーナーで、焼き立てパンを販売

🛒 館内売店／9:00～18:00(4～10月)、9:00～17:00(11～3月)
●特産品販売コーナーでは、地元産のチーズやハム・ソーセージなどの畜産加工品を販売

　安平町は、酪農や軽種馬の産地として知られた早来町と、鉄道で栄えた追分町が合併してできたまち。追分は1892年(明治25年)、北海道炭礦鉄道の駅開業と同時に機関区が置かれた場所で、その名も現在の石勝線と室蘭本線が分岐(追分)するという意味から付けられた。この地は、夕張など空知地方で採掘された石炭を室蘭港へ運ぶ拠点として賑わい、発展してきた。そんな背景もあり、2019年に開業した道の駅も蒸気機関車(SL)など鉄道関連の展示を目当てに多く人が訪れる。館内は安平の特産品が並び、ベーカリーコーナーのパンも人気だ。軽食のテイクアウトコーナーではSLにちなんだ「D51もくもくソフト」が人気の品。季節に応じて広さが変わる野菜の直売コーナーもあって人気を博している。

鉄道のまちを象徴する蒸気機関車(SL)の展示が目玉の道の駅。国道に面している

「ケンボロー豚オムカレー」は安平町にある富樫オークファームのケンボロー豚を使ったカレー。赤身のくせがなく、脂身もさっぱりだ

上. 高い天井で快適空間のアトリウム　下.ベーカリーでは朝6時からパンを焼き30〜40種類提供

人気のお土産コーナー

2年をかけて開発された灰色のソフトクリーム。人気の「D51もくもくソフト」、甘さ控えめ

安平産なたねサラダ油の「畑のしずく」に「あびら菜の花はちみつ」。安平は菜の花でも有名

夢民舎の「はやきたチーズ」各種。カマンベールは760円、スモークは760円など各種あり

寄り道スポット

農産物直売所「ベジステ」では、安平町と近郊の生産者が育てた農産品、畜産品、加工品などを販売。いろいろ種類がある

本物のSL「D51型320号機」が黒光りして存在感を示す。併設の鉄道資料館部分にはパネルや資料もあって見ごたえ十分

鹿公園

道の駅から線路を越えて車で約5分。園内には子どもに人気があるエゾシカの牧場や鯉が泳ぐホタル池、アスレチック遊具もあり、楽しい公園。ドッグランやキャンプ場を併設した人気スポット。

近くの道の駅	マオイの丘公園 （74 ページ）	道道226号 経由で約14km
	サーモンパーク千歳 （60 ページ）	道道226号と 国道337号 経由で約22km

むかわ四季の館

むかわ町美幸3丁目3-1

📞 0145-42-4171

番号:80
登録年月日:2003年(平成15年)8月8日

開館時間 道の駅9:00〜22:00　レストラン11:00〜20:00

休館日 年中無休(レストラン不定休)※メンテナンスのため年2回の休館あり

〈スタンプ情報〉

むかわ 四季の館

むかわ町観光協会の公式キャラクター。合併前の旧鵡川町「ポポちゃん」と旧穂別町「ホッピー」が仲良く描かれている。

押印＊6:00〜22:00

駐車場 普通車:200台　大型車:3台

🍴 レストラン・喫茶・食事処／11:00〜20:00
喫茶軽食／11:00〜17:00
●食事処たんぽぽ／新鮮な魚介(秋のシシャモなど)を使った料理が自慢。通年ではホッキ丼が人気
●コーヒーショップ四季／喫茶とカレーやスパゲッティなど

🛍 館内売店／8:00〜21:00
●ししゃも醤油やししゃも最中、むかわ産の銘菓、漬物、酒類など

　「鵡川ししゃも」のブランドで知られるむかわ町。だが、このシシャモが近年、極端な不漁となっている。例年、漁の解禁期間は10月〜11月。なんとか資源が戻るよう、期待したい。シシャモ関連の特産品も並ぶ道の駅は、まちの中心部、役場の向かいに建っている。メイン施設「四季の館」は温泉活用型の健康づくり施設になっていて、日帰り入浴や宿泊施設のほか温水プール・図書館・ジムなどが併設されている。道の駅館内には入ってすぐに売店コーナーがあり、壁面には国内最大の恐竜全身骨化石として発掘された「むかわ竜(カムイサウルス)」が描かれ、恐竜に関するグッズも販売。館内奥に進むとコーヒーショップと食事処がある。温泉も併設されているので、あわせて楽しんでいきたい。トイレの中にもユニークPOPがある。

まちの中心部に道の駅と広い駐車場がある。6階建ての建物はホテル「四季の風」部分

食事処「たんぽぽ」では丼物や麺類などのほか、炭火焼きができる。「たんぽぽ焼き」(3,074円)は、シシャモ・エビ・イカなどを炭火で焼いて味わうセット。シシャモ単品(1,484円)もある

上.「たんぽぽ」店内には個室もある　下.コーヒーショップ「四季」コーナー。ランチも提供

人気のお土産コーナー

老舗、カネダイ大野商店の「本物ししゃも」が冷蔵ケースに入って販売される

四季の館限定品の「鵡川のししゃも昆布巻」(1,296円)。年間売上高NO.1の商品だ

「ししゃもじゃないよ」とチョコの「おかしや産チョコ」。中は普通のチョコになっている

必見
ポイント

官内にはノーベル化学賞を受賞した鈴木章さんの記念ギャラリーがある。むかわ町出身の鈴木さんの足跡が展示されている

もっと知りたい！
旬カレンダー

	5	6	7	8	9	10
レタス、いちご						
かれい						
ハスカップ						
トマト						
メロン、あじうり、すいか						
じゃがいも、かぼちゃ、ヤーコン						
ししゃも						

寄り道スポット

道の駅館内から直接「むかわ温泉四季の湯」へ行ける。男湯と女湯が日替わりで入れ替わる。サウナや露天風呂もある

近くの道の駅	ウトナイ湖 (58 ページ)	国道235号 経由で約28km
	サラブレッドロード 新冠 (68 ページ)	国道235号 経由で約45km

樹海ロード 日高（じゅかい）（ひだか）

274 国道274号沿い、日高市街の中心部

日高町（ひだかちょう）

日高町本町東1丁目298-1

📞 **01456-2-6031**（日高町役場） 番号:38 登録年月日:1996年(平成8年)8月5日

| 開館時間 | 売店10:00〜19:00(5月〜10月)、10:00〜18:00(11月〜4月) ※各店の営業時間はそれぞれ季節によって異なる |
| 休館日 | 全館休館は年末年始(12月30日〜1月3日)、売店・そば処(木曜日)、直売所(水曜日)、喫茶店(月曜日) |

🅿 **駐車場** 普通車:133台 大型車:12台

🍴 **レストラン**／営業時間は問い合わせを
● 手打そば太helm／太めの手打ち麺で、地元養殖ヤマメを使った天ぷらそばや地鶏肉のかしわそば等を提供
● 和食レストランふじかみ(隣接店)／やまべ天丼(1025円)のほか、やまべを使った天そば、天ざるが看板メニュー
● 寿司処日本橋／ランチメニューあり、生ちらし丼など

🏠 **館内売店**／道の駅開館時間と同じ
● リカーショップつだ／酒類やソフトクリーム、お土産品も
● ショップ＆コミュニティスペース　さるくる／惣菜あり

　道央圏と十勝圏をむすぶ大動脈は国道274号。この道は「石勝樹海ロード」を呼ばれ、広い樹海の中でアップダウンとカーブを繰り返す。幾度と自然災害に見舞われながらも復活を遂げて、今日も人とものの往来を担っている。この道路の休憩ポイントとして利用するのにちょうどいいのがここの道の駅だ。道の駅周辺には役場支所や郵便局などがあり、まちの中心部分になっている。Aコープや飲食店も集まっており、便利な立地。館内には、日高町の市街地を案内する大きなイラストマップが描かれた休憩コーナーがあり、おみやげ品を売るリカーショップ、2020年から営業を開始したショップ＆コミュニティスペースが地元の野菜や加工品を販売する。ランチ時にはそば店が、くつろぎタイムにはカフェが利用できる。

交差点の角に建つ。手前には広い駐車場が
ある。コンビニやスーパーも敷地内で営業す

特産のヤマベを「手打そば太郎」の「やまべ天そば」（1,100円）で味わいたい。カラッと揚がったふんわりヤマベがつゆによく合う。各種そばのほか、天丼などもある

上.店内はカウンターのほか、テーブル、座敷がある　下.みんな大好きソフトクリームは「つだ」で

人気のお土産コーナー

人気の商品は日高町名産の「やまべ甘露煮」（1,870円）

ご飯のおともに、各種「三升漬」（528円）を買っていきたい。きくらげ、ふきのとう、やまうどなどがある

日高町で育った酒造好適米「日高彗星」100%でつくった地酒もある

寄り道スポット

日高山脈博物館

道の駅とコンビニの間に立つ博物館。日高山脈の成り立ちと自然を紹介する施設だ。日高のウォーキングコースなども紹介。4階は展望室になっている。

近くの道の駅	自然体感しむかっぷ （176ページ）	国道237号 経由で約15km
	夕張メロード （72ページ）	国道274号 経由で約51km

町民有志が立ち上げた合同会社が運営する「さるくる」店内。地域の特産品や手工芸品を販売するとともに地域住民との交流事業も行う

カフェ「Life」では自家焙煎コーヒーがどれも300円。のどかでゆったりと時間が流れる空間。地元の人のいこいのお店だ

サラブレッドロード 新冠

にいかっぷ

新冠町中央町1番地20
📞 0146-45-7070

番号:43
登録年月日:1997年(平成9年)4月11日

| 開館時間 | 9:00〜18:00(GWと7〜9月) 10:00〜17:00(11〜2月末) 10:00〜18:00(左記以外) |
| 休館日 | 無休(4〜10月) 毎週月曜(11〜3月)祝日の時は翌日 年末年始(12/30〜1/3) |

〈スタンプ情報〉

新冠町は、1970年代前半に一世を風靡したハイセイコーの故郷として知名度を上げた。牧場が続く国道は「サラブレッドロード」の愛称で親しまれている。

押印＊開館時間内

🅿 駐車場　普通車:99台　大型車:3台

🍴 レストラン／11:00〜14:30(変動あり)
●レストラン樹林／ラーメンなどの麺類、カレー、丼物などの定番メニュー豊富
●物産館テイクアウトコーナー／ソフトクリームなど提供

🧺 館内売店／道の駅開館時間と同じ
●物産館／ソフトクリームやばふんまんじゅう、ピーマンようかんなど
●馬グッズコーナー／地元ゆかりの名馬グッズやTシャツ、ストラップ、手彫りの新冠左駒など
●フラワーショップ新冠花倶楽部／季節の花を直売、切り花が安い

　苫小牧東ICから始まる日高自動車道は日高厚賀ICまで延びている。2025年には新冠ICが開通予定。開通すると、新冠町から札幌までのアクセスは随分と良くなる。まちの中心部にある道の駅では、敷地内に名馬・ハイセイコーの実物大像が立ち、競走馬の一大産地であることをアピールしている。駅の隣には高さ25メートルの展望室がある「レ・コード館」が建つ。こ

こは100万枚という数の音楽レコードが集められ、試聴することもできる公共施設。道の駅本館となる「地場産品交流センター」には物産館、食堂、花店が入る。隣接して2018年に「にいかっぷキッチン」ができた。野菜・肉・魚店とスイーツ店が入って地元客も集める。コンビニも、セイコーマートとセブンイレブンが国道を挟んで営業している便利な立地。

入り口近くには地元産の野菜類が置かれた直売所のような一角もある

おすすめ
ショップ
紹介

「にいかっぷキッチン」内の「スイーツマルシェみると」では「カスタムこっぺぱん」なるメニューがある。その場で好きな具材を選んで自分だけのオリジナルこっぺぱんにすることができる

上.スイーツコーナーもいろいろある　下.「喜一郎」ではお肉やソーセージなどが販売されている

人気のお土産コーナー

人気の商品「ピーマンチップス」。新冠は全道一のピーマン産地だ

「にいかっぷピーマンようかん」（560円）も売り出し中の人気商品

馬産地ならではのグッズやぬいぐるみもカラフルにたくさん並ぶ

必見
ポイント

テイクアウトコーナーではザンギなどのほか、「にいかっぷピーマンソフトクリーム」（350円）があり、苦くはなくさわやかな味

もっと知りたい！ 旬カレンダー

5	6	7	8	9	10

季節の切り花／通年100円～販売

パンジー・ペチュニア・マリーゴールドなどの花苗

ベンジャミン、ユッカなどの観葉植物

ゼラニウム、スプレー菊など

ポインセチア、シクラメンなど

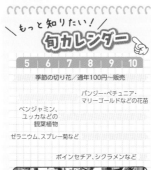

寄り道スポット

道の駅に隣接する「レ・コード館」は、「レコードと音楽によるまちづくり」を掲げ1997年にオープン。全国からアナログのレコードが集められ、そのやさしい音を聞くことができる

近くの道の駅	みついし（70ページ）	国道235号経由で約33km
	むかわ四季の館（64ページ）	国道235号経由で約45km

みついし

新ひだか町三石鳧舞161番地2
📞 0146-34-2333

番号:18
登録年月日:1995年(平成7年)4月11日

[開館時間] 8:45〜22:00(4月〜9月)　8:45〜17:00(10月〜3月)
[休館日] 年末年始(12/31〜1/5)

〈スタンプ情報〉

押印＊開館時間内

味よし、出汁よし、食感よしの「三石昆布」をPRするために生まれた「こんぶマン」がサラブレッドに乗ったようすが描かれている。背景は道の駅から望む太平洋をイメージしている。

[駐車場] 普通車:268台　大型車:16台

●レストラン／「蔵三」内11:00〜14:00
16:30〜20:00(L.O. 19時半)曜日によって変動あり

●特産品販売センター／9:00〜17:00
●特産品販売センター／三石昆布や海産珍味など。冷凍ケースで地元漁協の魚介と「ギョロスケ」など揚げ物も販売している

[メ　モ]　「三石海浜公園オートキャンプ場」☎0146-34-2333(現地管理棟・道の駅みついし)、宿泊もできる「みついし昆布温泉蔵三」☎0146-34-2300が隣接している。

　新ひだか町は静内町と三石町が合併してできたまちで、旧三石町の鳧舞地区に道の駅がある。ところで、この地区名。何と読むのか。正解は「けりまい」だ。道の駅がある一帯は「三石海浜公園」として整備され、カラフルなバンガローが立ち並ぶオートキャンプ場がある。隣には「みついし昆布温泉蔵三」が建っている。道の駅はこの2つの施設の間にあり、情報発信や休憩施設としても利用されている。期間限定でソフトクリーム店が営業し、入り口には焼肉専用の自動販売機も設置されている。その横には「ひだか漁業協同組合の販売センター」が店を構え、有名な三石昆布(日高昆布)」や珍味などが並ぶ。食事は新鮮な魚介類や高級ブランド和牛「みついし牛」を使った料理が人気の蔵三のレストラン「旅篭」を利用しよう。

道の駅は三石海浜公園のセンターハウスも兼ねる。すぐ裏は太平洋だ

上. 道の駅隣にある「蔵三」の外観　下. 蔵三内のレストラン。大きな窓から外の景色がよく見える

地元漁協の直売所。大漁旗が掲げられ港の雰囲気いっぱいの店内には多彩な特産品が販売されている。おみやげ選びには困らない。店内は禁煙で飲食禁止だ

人気のお土産コーナー

ソフトクリーム（330円）がメインのテイクアウトコーナー、種類多彩

「日高昆布」のほか、栄養価が高い「根昆布」なども販売されている

北海道焼酎「三石こんぶ」は珍しい昆布焼酎だ。磯の香りがするまろやかな味わい

up point
必見
ポイント

揚げかまぼこ あります

直売店の一角にある「揚げかまぼこ」コーナー。イチオシは、かじか100%の「ギョロスケ」。1枚300円

もっと知りたい！
旬カレンダー

	5	6	7	8	9	10
季節の花、国産和牛肉、健康豚肉（通年）						
山菜						
アスパラ						
いちご、きゅうり						
ハスカップ						
まいたけ						
かぼちゃ、大根など						

寄り道スポット

すぐ近くには「菜花 三石直売所」がある。店内はプレハブハウスと思いきや、奥にビニールハウスが連結されていて意外なほど広い。旬の野菜のほか、ブランド豚「健酵豚」も販売されている。

近くの道の駅	サラブレッドロード新冠（68 ページ）	国道235号経由で約33km
	コスモール大樹（200 ページ）	国道236号経由で約84km

夕張メロード
（ゆうばり）

274 国道274号沿い、
JR新夕張駅前

夕張市
（ゆうばり し）

夕張市紅葉山526-19

📞 0123-53-8111

番号:111
登録年月日:2011年(平成23年)3月3日

開館時間	9:00～18:30(5～7月)　10:00～18:00(8～4月)　変更あり

休館日	月曜休(夏季は営業)、1/1～1/4、1/31、5/1、7/31、10/31、11/16、その他臨時休業あり

〈スタンプ情報〉

押印＊開館時間内

夕張市は石炭産業のまちとして発展。炭鉱跡を再利用して遊園地などが造られた夕張石炭の歴史村の建物と夕張メロンが描かれている。現在は博物館など一部を残し、閉鎖。

駐車場	普通車:34台　大型車:0台

🍴 屋外軽食店／各店により違いあり
●テイクアウトショップ／メロン大福、たこ焼きなどを売る店が並ぶ

🛒 販売所・スーパー／9:00～18:30(夏期)
●特産品販売所・スーパー／駐車場に面しメロンが山積みされた特産品販売所、館内はJAの食品スーパーを中心とした売場で「夕張メロード特製弁当」、地場産野菜を直売する「産直コーナー」も
●地元銘菓「たんどら」販売の阿部菓子舗や、地元土産品を揃えた販売コーナーなど

　「夕張メロン」は、芳醇な甘い香りと濃厚でジューシーな果肉が魅力の、北海道を代表する夏の味覚である。このブランドメロンは1961年に誕生し、以来60余年に渡って変わることのない香り・糖度・食感を保つ。その種は厳重に管理され門外不出となっている。この高級メロンを味わい買うことができるのがこの道の駅だ。館内はJA夕張市が運営するスーパーマーケットがメインの施設。夕張市特産品直売所と書かれた一角には、夏季「夕張メロン販売所」が開設される。夕張メロンは出荷規格として「特秀」「秀」「優」「良」の4段階に等級をつけられる。そのほか「個撰品」として基準外のものも並ぶ。メロン以外には館内に地元の老舗菓子店が入り名物を販売。テイクアウトができる3店が駐車場に並んでいる。

駅は国道274号から1本中に入ったところ、JR新夕張駅の目の前になる。駐車場は2カ所にある

夕張メロンをその場で味わいたい場合はスプーン付きの「カットメロン」（500円〜）が用意される。スプーンとおしぼりがついているので、そのまま試食が可能だ。甘さを堪能しよう

上.「リアルメロンソフトクリーム」（1,500円） 下.外の店舗では名物「カレーそば」などが食べられる

人気のお土産コーナー

道の駅限定のバウムクーヘン「妖精の森」は夕張メロンの味がする人気の品。1,780円

ゆうばりどら焼き「たんどら」が名物。名前は石炭の「たん」とどら焼きを合わせた

1921年（大正10年）創業の「阿部菓子舗」がテナントに入る

上.夕張市のゆるキャラ「メロン熊」関連の商品が置かれる一角がある 下.約20席の飲食・休憩スペースが新設。夕張産のそば粉を使った「そばタコス」やコーヒーなどのドリンクも販売

もっと知りたい！
旬カレンダー

	5	6	7	8	9	10

春 ほとんどがメロン農家なので量は少ないが、アスパラや葉物野菜など

夏 夕張メロンは6月中旬〜8月、漬物で人気の摘果メロンは6月〜

秋 じゃがいもや とうもろこしなど

11月〜は名物の長いも、花豆など

幸福の黄色いハンカチ 想い出ひろば

道の駅から国道452号などで本町方面へ。かつての線路を越えて坂を上った先にある。映画の感動ラストシーンのロケ現場。今も黄色い紙がびっしりの室内と、外では黄色い旗がはためく。

近くの道の駅	あびらD51ステーション（62 ページ）	国道274号と道道462号経由で約25km
	樹海ロード日高（66 ページ）	国道274号経由で約51km

マオイの丘公園

長沼町東10線南7番地

📞 0123-84-2120

番号:37
登録年月日:1996年(平成8年)8月5日

開館時間 9:00〜18:00(4月〜11月)、9:00〜17:00(12月〜3月)
休館日 年末年始(12/31〜1/3)

274 国道274号沿い、長沼町郊外の酪農地帯 長沼町

〈スタンプ情報〉

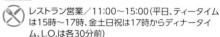

左の小高い丘がマオイの丘。右にあるのが道の駅の建物。サイロを四基合わせたような形をしているのは、四つ葉のクローバーをイメージしたという。

押印＊センターハウス開館時間内

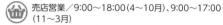

駐車場 普通車:176台　大型車:14台

🍴 レストラン営業／11:00〜15:00(平日、ティータイムは15時〜17時、金土日祝は17時からディナータイム、L.O.は各30分前)
●三方が窓で、昼は外の景色を見ながら食事を楽しめる。定休日は毎週水曜日(12月〜3月)

🧺 売店営業／9:00〜18:00(4〜10月)、9:00〜17:00(11〜3月)
●ショップマオイの丘／道の駅1階、入口正面にあり長沼のジンギスカン(タンネトウ)を中華まんにアレンジした「ジンギスカンまん」が人気。あっさりしているソフトクリームも売れ行き好調

　2022年春、指定管理者が変更になり、内部が一新、リニューアルされた。館内1階、入ってすぐのところにソフトクリームなどのテイクアウトカウンターがある。奥には売店コーナーがあり、長沼の特産品やどぶろくなどが販売されている。一部、キャンプ関連用品も取り揃えている。2階は大きく変わって、レストランはピッツァ職人が薪窯で焼くピザ店になった。その横にはスイーツ店のスタンドが新設され、道産食材を使ったシュークリームなどが販売されている。隣には「貯木場」と名付けられた休憩スペースがあり、木を使ったアート空間のようになっている。敷地内にある農産物直売所もリニューアルが予定されている。地元産の野菜、米、果物など8軒の農家グループがメインとなり運営、新鮮な農産物があふれている。

帯広側にある駐車場から見た外観。反対側にも駐車場がありそちらは木陰もある

おすすめ イチオシ メニュー

「長沼ルスティカ」(1,900円)は、燻製モッツァレラにバジル、ジャガイモ、長沼産マトンなどをのせたピッツァ。長沼を感じる一品

上．職人が1枚1枚窯焼きしている　下．店内は落ち着いた感じになっている

人気のお土産コーナー

「長沼かりんとう」は地元で有名な「菓子匠　森下松風庵」のもの

長沼産大豆を使用し「ながぬま温泉」の源泉を隠し味にした「源泉豆腐」。関連商品も人気

スイーツショップでは「マオイの白プリン」やシュークリームなどが販売されている

必見 ポイント

直売所は地域の野菜・稲作・果樹・酪農などの農家グループが各自の特色を生かして切磋琢磨する。写真は取材時の様子

もっと知りたい！旬カレンダー

	5	6	7	8	9	10

野菜や花の苗

トマト、レタス、きゅうり

キャベツ、ブロッコリー

かぼちゃ、じゃがいも、とうもろこし

大根、白菜、キャベツ

長ねぎ

寄り道スポット

ながぬま温泉

道の駅から市街地方向へ約10分。道内でもトップクラスの湯量を誇り、加水・加温なしの源泉かけ流し。湯冷めしない泉質は「熱の湯」とも呼ばれている。露天風呂、高温・低温浴槽、ジャグジー、サウナと充実の設備。

近くの道の駅	あびらD51ステーション（62ページ）	道道226号経由で約14km
	サーモンパーク千歳（60ページ）	国道337号経由で約18km

三笠

<ruby>み<rt></rt></ruby><ruby>かさ<rt></rt></ruby>

🛡 ⑫ 国道12号沿い、
三笠市街の入り口

三笠市 <ruby>みかさし<rt></rt></ruby>

三笠市岡山1056番地1

📞 **01267-2-5775**

番号:1
登録年月日:1993年(平成5年)4月22日

|開館時間| 9:00〜18:00(4〜9月)　9:00〜17:00(10〜3月)
|休館日| 毎週月曜日(祝日の時は翌日)　年末年始(レストランは
12/31・1/1休み)

〈スタンプ情報〉

HOKKAIDO・ROUJEI2
道の駅
三笠
Mikasa
サンファーム三笠

三笠市立博物館では日本最大級のアンモナ
イトをはじめ、全国的にも貴重な化石群が並
ぶ。スタンプにも大きなアンモナイトが描
かれている。

押印＊開館時間と同じ(ラーメンだるまや
開店中は押印可)

|🅿 駐車場| 普通車:207台　大型車:13台

🍴 レストラン／11:00〜23:00(不定休)
　食の蔵軽食店／店舗により異なる
　●ラーメンだるまや三笠店／どろラーメンほか、カツカレー
　　やカツ丼、チャーハン、からあげなど
　●食の蔵／店舗により異なる

🎁 三笠市観光協会／道の駅開館時間と同じ
　●サンファーム三笠／地元銘菓やみわの里りんごジュース、
　　鶏醤など特産品販売
　●食の蔵内直売店／農家の店、野菜など販売

|📝 メ　モ| 温泉なら「三笠天然温泉 太古の湯」☎01267-2-8700、宿泊
なら「HOTEL TAIKO&別邸旅籠」☎01267-3-7700がある。

　平成のはじめ、道の駅制度がスタートした1993年に、北海道で1番最初に登録された道の駅。館内入ってレッドカーペットの先には「登録第1号」の記念プレートが誇らしげに掲げられている。炭鉱閉山後の地域振興策として設置された公営ドライブイン施設「サンファーム三笠」が前身。当時はAコープと中華料理店が入っていたが、現在は観光協会とラーメン店になっている。2017年には、隣の「食の蔵」をリニューアル。「楽市楽座」と銘打ちショッピングモールのような形態で地元のお店7店舗が営業する。各店では、三笠の農産物をはじめ、昔懐かしい素朴な商品が目に付く。人情屋台のような趣きも魅力だ。敷地内ではキッチンカーが出店し、焼き鳥を焼く香ばしいにおいに誘われて、行列ができ、多くの人でにぎわう。

道の駅を核に、温浴施設が隣にあり、宿泊ホテルも立つ。広い駐車場には大型トラックも多数

Recommend

おすすめ イチオシ メニュー

人気の「どろラーメン」(880円)は、とんこつベースの味噌味。豚骨に圧力をかけてコクとまろやかさを出した味

上.「だるまや」の店舗は向かって右側の店だ
下.いつも行列の焼鳥移動販売車

人気のお土産コーナー

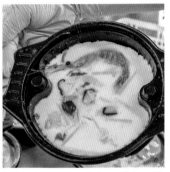

創業80余年の「白川とうふ店」では「あげなっとう」(2個入り350円)がNO.1の人気。ぜひ味わって

三笠のおいしいお米や手作りの加工品などが並ぶ「農家の店」は素朴な雰囲気

「MAMO」ではTVなどで紹介された「ジャンボ茶わんむし」(648円)が人気の品

ick up point

必見 ポイント

「食の蔵」では上記のほかに「焼き立て工房みちばん」「みのる青果」「きいろいくるま」「及川食堂」が入っている。通りの間はイートインスペースになっていて座って食べることができる

もっと知りたい！ 旬カレンダー

5	6	7	8	9	10

山菜,葉物野菜 (6月〜)

きゅうり,トマト,なす

メロン,すいか

とうもろこし,かぼちゃ
(及川食堂は八列とうきび販売)

米,そば粉など

大根,キャベツ,白菜

寄り道スポット

三笠天然温泉 太古の湯

道の駅の隣にある温泉。内風呂やひのきの露天風呂など6種類の湯船を備える。手ぶらで利用できるプランもあり、便利。館内にはレストランや休憩室も整い、ゆったりと湯浴みが楽しめる。

近くの道の駅	しんしのつ (14 ページ)	道道139号 経由で約17km
	ハウスヤルビ奈井江 (78 ページ)	国道12号 経由で約23km

77

ハウスヤルビ 奈井江

国道12号沿い、奈井江市街の入り口 **奈井江町**

奈井江町奈井江28番地1
📞 **0125-65-4601**

番号:26
登録年月日:1996年(平成8年)4月16日

開館時間 9:30～17:00(4月中旬～10月) 10:00～16:00(11月～4月中旬)

休館日 年末年始

〈**スタンプ情報**〉

道の駅のイメージキャラクター「ヤルビー君」がモチーフになっている。名前は道の駅の名称から。日本一長い直線道路もアピールしている。

押印＊24時間可

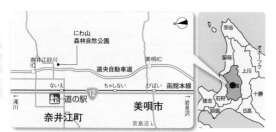

駐車場 普通車:95台 大型車:20台

🍴 喫茶みみずく／10:00～17:00(4～10月、冬季は～16:00、月曜定休)
●挽きたて珈琲、カレー、パスタなど
奈井江ミルクファクトリー10:00～17:00(11月～4月中旬は16時まで)
●ソフトクリームやクレープなど
●らあめんがんてつ／11:00～20:00

🛒 ●朝採り野菜直売や奈井江産米、地元製造のパンなどを販売

　館内の店舗の配置が少し変わった。別館で営業していた「奈井江ミルクファクトリー」が本館中央部分に移動。ソフトクリームやクレープなどを販売する。その隣には奈井江の野菜類が並ぶ。地元の社会福祉法人が運営する「喫茶みみずく」は同じ場所で営業。地元の特産品が置かれ、カレーやパスタ、オリジナルのブレンドコーヒーなどが提供されている。別館では、「らあ

めんがんてつ」が頑張っている。昼時ともなれば、観光客に混じって地元の人で混雑する。建物裏手は多目的芝生広場がありドッグランもある。ちなみに、駅名の「ハウスヤルビ」とは聞き慣れない言葉だが、町と友好都市提携を結ぶ北欧フィンランドの町の名。保健・医療・福祉のすぐれた取り組みが行われ、奈井江町と交流がある。

外観は三角の大屋根を組み合わせた、フィンランドの北欧ログハウス風。駐車場は広い

「らあめんがんてつ」のラーメンは、特製のちぢれ麺と道産のゲン骨を12時間以上煮た白湯スープのこってり系だ

上.「みみずく」ではカレーやパスタが味わえる
下.「らあめんがんてつ」の入り口

人気のお土産コーナー

新鮮なバターと白あんをミックスした奈井江名産の「バター羊羹」のほか、トマトジュースなどが並ぶ

喫茶「みみずく」のテイクアウトコーナー。ジェラートなどもあって人気だ

生しいたけ（200円）や「しいたけ正油」もある

2階はキッズコーナーと、古民家を移築した待合処として開放している

裏手には多目的芝生広場があり、ドッグランや遊具がある

\もっと知りたい！/
旬カレンダー

	5	6	7	8	9	10

奈井江米、水耕栽培のサラダ菜など（通年）

完熟トマト（規格外品を安く）

アスパラ、なす、きゅうり

すいか、ズッキーニなど

とうもろこし、じゃがいも、かぼちゃなど

玉ねぎ、にんにく、大根など

寄り道スポット

日本一長い直線道路の、29.2キロの中間点。明治初期、工事の復命書に「可成（なるべく）直線路に為すを主とし」とあったことから直線道路が誕生したそうだ

近くの道の駅	つるぬま（80ページ）	道道278号経由で約8km
	うたしないチロルの湯（94ページ）	道道115号と道道114号経由で約16km

つるぬま

浦臼町キナウスナイ188

📞 0125-68-2626

番号:60
登録年月日:1999年(平成11年)8月27日

|開館時間| 10:00〜18:00(4/下旬〜9/30)　10:00〜17:00(10/1〜4/下旬)

|休館日| 館内食堂は毎週月曜(祝日の時は翌日)　年末年始(12/31〜1/3)　食の駅各店は別途

〈スタンプ情報〉

北海道ワインの鶴沼ワイナリーは、道の駅から車で数分ほどの場所にある。スタンプにはそのワインを手にした町の観光大使臼子ねえさんが描かれている。

押印＊開館時間内

|駐車場| 普通車:67台　大型車:10台

❌ レストラン・軽食／うらうす温泉内レストラン
食の駅各店／各店違うので要確認
●テイクアウト／あげいも、いももちなど
●食の駅うらうす／店舗あり、本文記事参照

🛒 売店・物産館／各店舗の営業時間は異なる
●館内売店、地元銘菓や浦臼ワイン、手延べ葡萄んなど販売
●ヘルシー食品物産館／豆乳ソフトやいきいきとうふ、あつあげなど
●野菜と花の直売所「ゆめや」／夏季のみ開設、内容は必見ポイントの記事参照

|メモ| 「鶴沼公園キャンプ場」☎0125-67-3109(現地管理棟)、宿泊もできる「浦臼町自然休養村センターうらうす温泉」☎0125-68-2727がある。

国道275号、浦臼町の市街地から北へ約3キロ。石狩川の三日月湖である鶴沼を眺められる高台にある。2020年9月から「うらうす温泉」の方が道の駅となって、スタンプ台などはこの温泉施設の入り口に置かれている。従来の施設とは国道を挟んで反対側になるので注意したい。館内には鶴沼の物産品が置かれるほか、窓際にはレストランがある。鶴沼を眺めながらカレーや麺類、定食などの食事が楽しめる。温泉の浴室は広くはないものの、湯浴みしながらの眺めが気持ちいい。国道反対側には「浦臼ヘルシー食品物産館」、野菜と花の直売所「ゆめや」、「食の駅うらうす」が営業。軽食やテイクアウト品、地元の味覚が販売されている。鶴沼をはさんで反対側にはファミリーに人気の「鶴沼公園キャンプ場」もあってにぎわっている。

トイレ棟がユニークで男性用は「鶴沼つつじ苑」。女性用は「鶴沼桜花苑」と名付けられている

上.ランチ時には「食の駅うらうす」コーナーも利用できる　下.テイクアウトしたい「豆乳クリーム」

「うらうす温泉」内のレストランのおすすめは「牛丼」(950円)。町内の「神内和牛あか」を使った本格派だ

人気のお土産コーナー

「ヘルシー食品物産館」では豆腐関係が人気。豆乳ソフトもヘルシーな味わい

幻の黒大豆といわれた極小粒の「黒千石大豆」。ドライパックで販売されている

地元の工場で作られた「蝦夷鹿ジャーキー」(500円)

野菜と花の直売所「ゆめや」は建物を隣に移して営業予定。地元の農家20軒ほどから旬の野菜が集まる

もっと知りたい！
旬カレンダー

| 5 | 6 | 7 | 8 | 9 | 10 |

山菜、アスパラ、いちご、葉物野菜

ズッキーニ、メロン、小玉すいか、甘露

おくら、トマト各種、なす、きゅうり

とうもろこし各種

かぼちゃ各種、枝豆

じゃがいも各種、プルーン、ぶどう

寄り道スポット

「うらうす温泉」は浴槽2つとサウナ、水風呂があるのみだが、鶴沼の眺望が楽しめる温泉。休憩室もある。宿泊、日帰りいずれも可

近くの道の駅	ハウスヤルビ奈井江 (78ページ)	道道278号 経由で約8km
	たきかわ (82ページ)	国道275号と 国道12号 経由で約23km

たきかわ

国道12号沿い、
滝川市北部・江部乙町

<ruby>滝川市<rt>たきかわし</rt></ruby>

滝川市江部乙町東11丁目13-3

📞 **0125-26-5500**

番号:58
登録年月日:1999年(平成11年)8月27日

| 開館時間 | 9:00～18:00(4月～10月)　10:00～17:00(11月～3月) |
| 休館日 | 年末年始(12/31～1/1) |

〈スタンプ情報〉

滝川市は、グライダーのまち。市の花コスモスとともに、国内有数のグライダー滑空場「たきかわスカイパーク」で飛行しているグライダーが描かれている。

押印＊開館時間内

駐車場　普通車:50台　大型車:5台

🍴 レストラン／11:00～17:00(L.O.16時半)
●滝川地方卸売市場直営レストラン／和食・中華を中心としたメニュー

🧺 館内売店／9:00～18:00(11月～3月は17時まで)
●特産品売場／滝川や沖縄・栃木の特産品を販売
●農産物直売所／地元農家が生産した野菜や果物

　2020年から指定管理者が変わり、館内がリニューアルされた。建物に入って中央部はイスやテーブルが置かれた吹き抜けのフリースペースになっている。左手は滝川の農畜産物のコーナーだ。季節ごとの野菜をメインに、肉や加工品、クラフトビールなどが並ぶ。「滝川銘店」と掲げられた一角には地元のパン店からの商品が集められている。姉妹都市(名護市、栃木市)のある沖縄県と栃木県の特産品コーナーも充実している。お昼時にはテイクアウトコーナーも利用したい。「市場食堂の味」シリーズとしてザンギやハンバーグ弁当などが販売される。レストランでゆったりしたい人は、ラーメンやそば、カレーといった豊富なメニューの中から選ぶことができる。情報コーナーには滝川出身の画家・岩橋英遠氏の資料が展示されている。

立地は滝川の中心部から深川方面へ約9□□ロ。江部乙の市街地近く。駐車場は広く□便利

おすすめ
イチオシ
メニュー

レストランでは40を超えるメニューがある。
写真は「滝川産米粉ザンギ定食」（910円）

テイクアウトメニューもしっかり
弁当から軽食までいろいろ

人気のお土産コーナー

JA滝川産ハルユタカを中心とした道産小麦を
使ったパンが人気。いろいろあって楽しい

滝川発祥の「松尾ジンギスカン」をはじめ、あい
がも肉も特産品だ。ぜひ買っていこう

滝川産あいがも肉使用の「アイガモカレー」は道
の駅限定販売。人気だよ

必見
ポイント

アルコール類では「滝川クラフトビール工房」の
ビール「空知ピルスナー」や発泡酒、隣町・新
十津川町「金滴酒造」の日本酒も置かれる

もっと知りたい！
旬カレンダー

	5	6	7	8	9	10

山菜、花苗、野菜苗
アスパラ、葉物野菜
サクランボ、メロン
とうもろこし、かぼちゃ
プルーン
リンゴ（ハックナインなど）
大根、白菜など漬物野菜

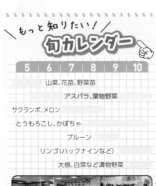

寄り道スポット

えべおつ温泉

道の駅から歩いて約10分、JR江部乙駅の
近くに「えべおつ温泉」がある。1921年（大
正10年）創業、2つの泉質がある温泉の旅
館で、高温湯・サウナなど7種類の風呂が楽
しめる。

近くの道の駅	田園の里うりゅう （84 ページ）	道道279号 経由で約8km
	ライスランド ふかがわ （90 ページ）	国道12号 経由で約14km

田園の里 うりゅう

でんえん さと

275 国道275号沿い、
雨竜町郊外の田園地帯

雨竜町

うりゅうちょう

雨竜町満寿28番地3

☎ 0125-79-2100

番号:46
登録年月日:1997年(平成9年)4月11日

開館時間 9:00〜17:00(3月〜10月)　10:00〜16:00(11月〜2月)
　　　　　9:00〜18:00(GW、7月〜9月)

休館日 年末年始(12/31〜1/4)

雨竜町の特産品である「雨竜米」の稲穂。背景には、「北海道の尾瀬」と呼ばれる雨竜沼湿原と増毛山地の主峰・暑寒別岳が描かれている。

押印＊開館時間内

駐車場 普通車:44台　大型車:10台

🍴 鈴木かまぼこ店／道の駅開館時間と同じ
　●雨竜米揚げかまぼこ、たこ天、など

アイス館／道の駅開館時間と同じ
　●雨竜米アイス、各種アイスクリーム、ソフトクリーム

ほっと一息レストラン穂／11:00〜17:00
　●ソバ、カレーライス、ラーメンなど

🛒 特産品直売施設／道の駅開館時間と同じ
　●朝採り野菜、切り花、道の駅オリジナル加工品、地区住民の工芸品など
　●雨竜米、暑寒メロン、米菓子「竜のひまつぶし」、「ライスチョコクランチ」など

　開業から25周年を迎え、地元や旅行者にすっかり定着した。北の尾瀬と呼ばれ、数多くの高山植物が見られる景勝地「雨竜沼湿原」の魅力を伝える「雨竜沼自然館」は圧巻だ。大きな写真と動画で、湿原の成り立ちや動植物を解説している。その向かいには農産物直売所があり、「うりゅう米」のほか、季節の野菜類が置かれる。建物奥とを結ぶフリースペースには両サイドに

テイクアウト店があり、アイスとかまぼこ、たこ焼きなどを求めて行列ができることも。一番奥にレストランがあり、メニューが一新されている。ラーメン・カレー・ご飯物に加えて、定食やセットメニューがある。「一押しメニュー」が写真付きで紹介されているので注文したい。レストランの隣には地元の書道家の作品が展示されていて、迫力ある書が鑑賞できる。

外観は三角屋根のトップライトがある。その中にフリースペースになっている

取材時の「野菜スープカレー」はたっぷり野菜に、あっさりコクがあるやさしい味。ラーメンや定食、ご飯ものなどが提供される

上．レストラン店内　下．地元の書道家・辻井京雲氏のギャラリー「墨響」。力強い作品に圧倒

人気のお土産コーナー

「アイス館」では各種ソフトクリームやアイスが販売されていて人気

「鈴木かまぼこ店」では昔ながらの手づくりの味にこだわる。「雨竜米揚」はお米の食感ともちもちのすり身のハーモニー

暑寒別連峰の雪解け水で育てられた雨竜米は「もっちり」した食感が自慢の一品

広いスペースの「雨竜沼自然館」では湿原の魅力をあますことなく紹介。ぜひ、見ていこう

もっと知りたい！
旬カレンダー

	5	6	7	8	9	10
雨竜米（ゆめぴりか・ななつぼし）（通年）						
アストロメリアの切り花（通年）						
山菜、葉物野菜各種						
暑寒メロン						
すいか、かぼちゃ						
とうもろこし各種						
大根、にんじん、白菜（10月〜）						

寄り道スポット

敷地内には焼き鳥店「やきとり倶楽部」もあり、空腹を誘う匂いと煙をあげている。1本150円、おにぎりもある

近くの道の駅	たきかわ（82 ページ）	道道279号経由で約8km
	サンフラワー北竜（86 ページ）	国道275号経由で約10km

サンフラワー 北竜
ほくりゅう

北竜町板谷163番地の2

📞 0164-34-3321

番号:17
登録年月日:1995年(平成7年)1月30日

| 開館時間 | 8:00〜22:00　温泉 9:30〜22:00 |
| 休館日 | 年中無休　※施設メンテのため11月中旬に3日間臨時休館あり |

275 国道275号沿い、
北竜町郊外の田園地帯

北竜町
ほくりゅうちょう

〈スタンプ情報〉

道の駅 ひまわりの里 サンフラワー北竜 HOKKAIDO-HOKURYU

道の駅入り口にある2匹の竜が守るゲートが描かれている。この「北竜門」をくぐると中核施設の「サンフラワーパークホテル」があり、温泉と料理を楽しめる。

押印＊開館時間内

 駐車場　普通車:110台　大型車:16台

 レストラン／11:00〜14:30、17:00〜20:00(L.O.は30分前)
●レストラン風車／ヒマワリのタネや黒千石大豆を使ったオリジナルメニューのほか、カレー・ラーメンなどの定番メニューも豊富

 館内売店／8:00〜21:00
●物産コーナー／ヒマワリのタネや黒千石大豆関連の商品が多い。北竜産のひまわり油、燦燦ひまわり油
●野菜直売所／屋外店で季節野菜や加工品など

メモ 「サンフラワーパークホテル北竜温泉」📞0164-34-3321は宿泊もできる。

　「太陽を味方につけた町」。なんとも力強いこのことばは、北竜町のキャッチフレーズ。元気でエネルギーがあるまちのシンボルは、夏空に映えるひまわりである。道の駅近くには「ひまわりの里」があり、約200万本のひまわりがあたり一面を黄色に染める、圧巻の絶景スポットになっている。道の駅は国道沿いに建つオランダ風のお城のような建物。「サンフラワーパークホテル/北竜温泉」が道の駅になっている。赤いカーペットが敷かれた館内には、入ってすぐに売店コーナーがあり、ひまわりにちなんだ商品が販売されている。レストラン「風車」では、町のもう一つの特産品「黒千石大豆」を使ったメニューが味わえる。館内の温泉は「ひまわりの湯」と「龍心の湯」が日替わりで入れ替わる。休憩コーナーは広くてくつろげる。夏季は朝6時から朝風呂の営業もある。

入り口では2匹の竜が守る「北竜門」が迎える。この門には上ることができ、近くで竜を見ることができる

「黒い野菜カレー」（1,250円）は見た目には驚くが、味は意外にもあっさりまろやか。ご飯には黒千石大豆入り

上.上品な雰囲気のレストラン店内　下.「黒いカツカレー」もボリューミーだ

人気のお土産コーナー

ひまわり関連商品コーナーが設置されている。スナックやクッキーなどいろいろあっておもしろい

こちらも特産品共演の「黒千石大豆のひまわり油ドレッシング」（648円）

「ひまわりソフト」はひまわりの種をトッピングした香ばしいもの（300円）

必見ポイント

check up point

ホテル横には農産物直売所「みのりっち北竜」がある。40軒ほどの農家が育てた野菜をはじめ、ひまわりライス、山菜などを販売

もっと知りたい！ 旬カレンダー

	5	6	7	8	9	10
山菜や苗物						
葉物野菜各種						
トマト各種（ももたろう等）						
すいか、メロン数種類						
かぼちゃ、白菜など						
ラクヨウきのこなど山菜						

寄り道スポット

まちなかのひまわり

北竜のまちなかでもあちこち、ひまわりが植えられている。道の駅近くの「ひまわりの里」は200万本が咲く国内最大級のひまわり畑。見頃は7月中旬から8月中旬。

近くの道の駅	鐘のなるまち・ちっぷべつ（88ページ）	国道233号経由で約9km
	田園の里うりゅう（84ページ）	国道275号経由で約10km

鐘のなるまち・ちっぷべつ

国道233号沿い、秩父別市街の百年記念塔前

233

秩父別町

秩父別町2085番地

☎ 0164-33-3902

番号:90
登録年月日:2005年(平成17年)8月10日

開館時間 9:00〜17:00(4〜10月)、9:00〜16:00(11〜3月)、温泉9:00〜22:00

休館日 毎週火曜日(11〜3月)、年末年始(12/30〜1/5)

〈スタンプ情報〉

右は、秩父別町の開基百年を記念し建設された記念塔。頂上には国内最大級のスイングベルが設置され、1日3回鳴り響く。左にはローズガーデンのバラが描かれている。

押印＊開館時間内

 駐車場 普通車:196台　大型車:5台

 レストラン「はまなす」／11:30〜14:00／16:00〜20:00
●秩父別温泉ちっぷ・ゆう&ゆ内

 道の駅売店／9:00〜17:00(11月〜3月までは16時まで)
●特産物展示館／グリーンソフト、秩父別米「いなほの鐘」や、手作りトマトジュース「あかずきんちゃん」、笹団子「蒸すめさん」など
●野菜直売コーナー／季節の朝採り野菜販売

メモ 「ベルパークちっぷべつキャンプ場」☎0164-33-2555(スポーツセンター)、宿泊もできる「秩父別温泉ちっぷ・ゆう&ゆ」☎0164-33-2116がある。

秩父別町は石狩平野の北端に位置し、良質な米産地として知られている。町名はアイヌ語の「チックシベツ」に由来し、「通路のある川」を意味している。まちの中心部に道の駅がある。国道233号から折れると大きな鐘がぶら下がる歓迎アーチが迎え入れてくれる。温泉施設と共用する広い駐車場の中で、ひときわ目を引くのは高さ100フィート(30.48メートル)の「開基百年記念塔」である。塔の中にはらせん階段があって頂上展望室へとつながっている。息をきらしながら上りきると、ぐるり360度の眺望が得られる。幸福を呼ぶ鐘があるので鳴らしていこう。敷地内には特産物展示館が建ち、秩父別の野菜や特産品が並んでいる。隣には温泉とレストランがある。ファミリーは「キッズスクエアちっくる」にもぜひ寄ってみてほしい。

「特産物展示館」では特産品であるブロッコリーや、秩父別の緑のシリーズ品が並ぶ

おすすめ イチオシ メニュー

温泉のレストランで人気のメニューは「緑のナポリタン」（990円）。秩父別町の特産であるブロッコリーを練り込んだ平麺生パスタを使用。トッピングもブロッコリーだ

上．なんともびっくり「ブロッコリーソフトクリーム」　下．野菜コーナーが一角にある

人気のお土産コーナー

道産小麦に地元で育ったブロッコリーを練り込んだ「ブロッコリーら〜麺」。塩・味噌・醤油あり

秩父別限定の「ぽてとちっぷべつ」（180円）

秩父別町の特産トマトジュース「あかずきんちゃん」を100％使った「とまと大福」

必見 ポイント

敷地内にある「秩父別温泉ちっぷ・ゆう＆ゆ」。天然温泉やミストサウナ、露天風呂もあり

キッズスクエア ちっくる

道の駅からすぐ近くにある、2017年に誕生したこども屋内遊戯場。屋外には日本一の規模を誇る遊具施設「キュービックコネクション」もあり、子どもたちに大人気！ここはなんと無料だ。

寄り道スポット

ローズガーデン ちっぷべつ

深川・留萌自動車道の秩父別PAから徒歩でも入れる。300種類、3,000株のバラが咲き誇る。期間は6月下旬から10月上旬まで。入園は無料だが、協力金を入れて散策したい。

近くの道の駅	サンフラワー北竜 （86ページ）	国道233号 経由で9km
	ライスランド ふかがわ （90ページ）	国道233号 経由で約13km

ライスランド ふかがわ

深川市音江町字広里59番地7
☎ 0164-26-3636

番号:71
登録年月日:2002年(平成14年)8月13日

開館時間 9:00～19:00(6～9月)、9:00～18:00(4・5・10月)
9:00～17:00(11～3月)

休館日 年末年始(12/31～1/2)

⑫ ㉝ 深川市郊外、国道12号
と国道233号の交差点

深川市 (ふかがわ し)

〈スタンプ情報〉

深川米の米袋でおなじみの「こめっち」が中央に。左右も同じくお米のキャラクターの「マイちゃん」と「ゲンくん」。

押印＊開館時間内

駐車場 普通車:139台 大型車:11台

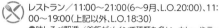
レストラン／11:00～21:00(6～9月、L.O.20:00)、11:00～19:00(上記以外、L.O.18:30)
●味しるべ駅逓／釜飯がメインで種類も多い。カレーやラーメンなど定番メニューも充実
●テイクアウトコーナー／ソフトクリームやおにぎりなど

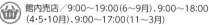
館内売店／9:00～19:00(6～9月)、9:00～18:00(4・5・10月)、9:00～17:00(11～3月)
●特産品販売コーナー／深川ブランドの話題商品取り揃え。黒米(きたのむらさき)や北のバターもち、ウロコダンゴ、ふっくリング、深川産米各種など
●農産物直売所には、深川産野菜のほか農畜産物が並ぶ

お米どころの深川をたっぷりと堪能できる道の駅。いつも賑わっている印象である。館内入ってすぐには「F-CLUB」というスイーツ＆カフェカウンターがあって、深川産米粉を使用した「こめっち焼き」はモチモチの食感が特徴。お土産としても人気がある。中央部分は特産品販売コーナー。休憩コーナーの隣にはおにぎり屋「かっぽうぎ」があり、深川産米ななつぼしとおぼ

ろづきのオリジナルブランド米を使った手作りおにぎりを販売する。その奥は農産物直売所になっている。2022年7月にスペースを拡大し、ゆっくりと買い物を楽しむ事ができる。2階はレストランで、名物の釜飯のほかラーメンなどが味わえる。加えて、出入り口近くにある、クレープやザンギ丼といった名物グルメもリピーターが多い。

国道12号と国道233号の交差点に立つ。道央自動車道深川ICからも近く、約1キロほど

オーダーを受けてから一人前ずつ炊き込む「釜飯」が人気。すべて1人前1号炊き。味噌汁・漬物・温泉卵が付く。「蟹三昧」（1,800円）はズワイガニの爪、足ほぐし身が楽しめる

上.レストラン店内。一人用カウンター席もある
下ごろっと大きな角煮がたくさん入った「角煮釜飯」
（1,380円）

人気のお土産コーナー

深川のお土産はもちろん、近隣地域の特産品も豊富に揃う

深川産米粉を生地に使用した「こめっち焼き」はお土産にも人気

常時10種類以上が並ぶおにぎりはボリューム満点の大きさ。季節のお弁当も並ぶ

「TEMARI」では月替わりのひと口サイズのおむすびが人気。週末はおはぎも限定販売

北口出入り口「SENDOU道の駅店」では秘伝のタレに漬け込んだジューシーなザンギが大人気

\もっと知りたい！/
旬カレンダー

5	6	7	8	9	10

アスパラ、山菜類、トマト

さくらんぼ、
メロン、
すいか、きゅうり

とうもろこし、
ブルーベリー、
プルーン

かぼちゃ、じゃがいも、玉ねぎ

新米、りんご、ぶどう、白菜、大根

寄り道スポット

正面出入り口「Pad Village」店では、地元果樹園のフルーツを使用したクレープやそば、うどんがテイクアウトできる

近くの道の駅	たきかわ (82ページ)	国道12号 経由で約14km
	鐘のなるまち・ちっぷべつ (88ページ)	国道233号 経由で約13km

スタープラザ 芦別
（あしべつ）

38 国道38号沿い、芦別市街の空知川河畔

芦別市北4条東1丁目1番地

☎ 0124-23-1437

番号:2
登録年月日:1993年(平成5年)4月22日

開館時間	9:00～19:00(5～10月) 9:00～18:00(11～4月)
休館日	年末年始(12/31～1/3) ※時間や休みが変更になることもあり

〈スタンプ情報〉

北海道ルート35 恋の鳴る里芦別
道の駅
スタープラザ芦別
Starplaza AshiBetsu
★ SINCE 1993

スタンプは星がモチーフ。夜空が美しい芦別市では、「星の降る里」をキャッチフレーズにスターライトホテル建設などまちづくりを進めている。

押印＊開館時間内

🅿 **駐車場** 普通車:114台 大型車:12台

 レストラン／11:00～19:00(5～9月)、季節により変動
●レストラン「ラ・フルール」／天井がプラネタリウムのようなおしゃれなレストランで、和洋食の多彩なメニューあり(LOは閉店30分前)
●ガタタンラーメン、ガタタンあんかけ焼きそば、あんかけ炒飯

 館内売店／9:00～19:00(5～9月)、季節により変動
●館内売店／特産品売場にはガタタンラーメンやさくらんぼを使ったジャムなど
●屋外に直売所かあちゃん市、直売所つばさ農園、たい焼き屋、やきとり屋あり

道の駅はまちの中心部、国道38号沿いにある。直売所は品数豊富で人気があり、近隣の農家から集まる野菜や、市内の商店から運ばれる肉類・加工品など、地元産の商品が並ぶ。開店直後からにぎわい、早々に売り切れになるものも多数。館内に入ると、1階は売店コーナーがメインで、芦別のこだわり商品が並ぶ。その奥にはピザ店があり、カウンター席で焼きたてピザが食べられる。2階ではレストラン「ラ・フルール」が営業し、多くの人でにぎわう。白菜やエビなどの具材をとろみのあるスープとともに味わう「ガタタンラーメン」や「滝里ダムカレー」のほか、定食や洋食、カレーに加え、期間限定メニューもある。道の駅隣にある「星の降る里百年記念館」には、炭鉱をはじめ、農業や林業など芦別の産業の歴史が展示されている。

まちの中心部、国道沿いに立地。広い駐車場があって、トラックやライダーなどいつも賑わっている

芦別のソウルフード「ガタタン」。具だくさんでとろみのあるスープ料理。炭鉱のまちであり、ヤマの男たちが好んだ具材たっぷりのアツアツなー皿。人々のお腹を満たしてきた伝統食

上. すっきり眺めがいい店内。天井の造りが印象的　下.1階のピザコーナーでは窯で丁寧に焼かれる

人気のお土産コーナー

「冷凍ガタタン」。スープだけの本来のガタタンが冷凍食品となって登場

人気No.1商品は具だくさんの「ガタタン生ラーメン」だ。3食入り1,620円

ニンニク風味のミソ味がやみつきになるという「芦別石炭ラーメン」

道の駅横には直売所の建物があり、芦別の旬の野菜や加工品などが並ぶ。自慢のミニトマト「アイコ」は甘くフルーティな味わい

\もっと知りたい!/
旬カレンダー

	5	6	7	8	9	10
山菜、アスパラ、葉物野菜						
いちご、摘果メロン						
きゅうり、トマト、なすなど夏野菜						
さくらんぼ、プラム、メロン、すいか						
かぼちゃ、じゃがいも、りんご						
大根、白菜、キャベツ、米など						

寄り道スポット

敷地内には「星の降る里百年記念館」が立っている。かつての炭鉱の展示物や、生活に根ざした懐かしいものが多数展示される。芦別の歴史、自然、文化を知ることができる

近くの道の駅	うたしないチロルの湯 (94ページ)	道道114号と国道38号経由で約19km
	たきかわ (82ページ)	道道224号と道道564号経由で約28km

うたしない チロルの湯

歌志内市字中村72番地2

📞 0125-42-5566

番号:56
登録年月日:1998年(平成10年)4月17日

|開館時間| 9:00～17:00

|休館日| 月曜定休(月曜日が祝日の時は翌日)、年末年始(12月30日～1月4日)

〈スタンプ情報〉

チロルの衣装を着た歌志内市のキャラクター「ホルンくん」。市はヨーロッパ、アルプス山脈のチロル地方のような街並みを目指しており、道の駅の建物もスイスの山小屋風。

押印＊開館時間内

|駐車場| 24時間トイレ、駐車場利用可能
普通車:65台　大型車:8台

|🍴| レストランは隣接する「チロルの湯」内／
11:30～14:00、17:30～20:00(L.O. 19時半)

|メ モ| 宿泊もできる温泉、「うたしないチロルの湯」
☎0125-42-5588がある。

　日本で最も人口が少ない「日本一小さな市」、歌志内市。かつて炭鉱で栄えたまちの一角に、道の駅がある。大きな駐車場に清潔なトイレ棟と、本館がある。本館は休憩コーナーとまちの展示物などがあるシンプルなつくり。地元の野菜をはじめ、社会福祉法人がつくった菓子類などが購入できる。案内係のスタッフは常駐。道の駅から1段高い場所に温泉宿泊施設「チロルの湯」があり、食事と日帰り入浴が楽しめる。

「歌志内線の思い出」コーナーには、かつての歌志内駅舎の姿を展示

奥にある温泉では「なんこ鍋定食」(950円)が人気

| 近くの道の駅 | ハウスヤルビ奈井江
(78 ページ) | 道道115号と
道道114号
経由で約16km |
| | スタープラザ芦別
(92 ページ) | 道道114号と
国道38号
経由で約19km |

道南

渡島・檜山管内の道の駅を紹介しています。

YOU・遊・もり（森町）

なないろ・ななえ

七飯町峠下380番2
☎ 0138-86-5195

番号:121
登録年月日:2017年(平成29年) 11月17日

開館時間 9:00～18:00
休館日 年末年始(12/31～1/3の予定)

〈スタンプ情報〉

道の駅名の下には、「西洋式農法発祥の地」と書かれている。プラウを引く馬や、サイロ、リンゴ、パンなどが描かれている。上には名峰・駒ケ岳がそびえる。

押印＊開館時間内

駐車場 普通車:148台 大型車:23台

🍴 軽食喫茶／9:00～18:00
●峠下テラス／ガラナソフト、林檎カレー、コロッケなど

🛍 館内売店／9:00～18:00
●特産品売場／道南の物産を中心に販売。
道の駅オリジナルのパウンドケーキや林檎パンなど
●農産品直売所／王様しいたけ、根菜類、きのこ類、葉野菜、切り花など

2018年の開業からわずか4年、2022年にはあっという間に来館者数が400万人を突破するなど、多くの人が訪れる道の駅。立地は函館新道の七飯藤城ICに近い国道5号沿いに面していて、道南観光の拠点として便利な場所だ。館内は「セブンスリビング」と名付けられた高い天井のロビーを中心に、左手は農産品、特産品、「はこだてわいん」のコーナーがあり、右手にはテイクアウトの飲食店3店が入っている。ユニークなのは利き酒ならぬ「ききりんご」セットがあることだ。七飯はリンゴの名産地。飲み比べして好きな品種があれば、購入もできるようになっている。館内にはキッズスペースがあるほか、中庭にはちょっとした散策路と水場があり、子どもたちには遊び場に、大人には癒しのスペースになっている。ゆったり滞在を楽しみたい。

広々とした駐車場に、黒を基調としたハイセンスな建物が目を引く。国道5号に面した峠下地区

特産の長ネギを入れた「北の匠長ネギカレー」(550円)は人気メニュー。ホットスナックとして、山川牛プレミアム熟成赤身肉を使った「山川牛熟王コロッケ」はジューシーな味わい

上.テイクアウトカウンター。手前にイートインコーナー　下.「ききりんご」セットはぜひ味わいたい

人気のお土産コーナー

国内で最初に西洋リンゴが栽培されたまちらしく、リンゴがいろいろ並ぶ、10月〜12月ごろが旬

七飯町にある「はこだてわいん」のコーナーが壁一面に展開される

「七飯のめぐみ」。七飯産のリンゴやネギを使った調味料シリーズも人気の品。4種類

必見
ポイント

ンゴの種類を紹介するミニコーナー。ディスプイがすてき。「つがる」や「レッドゴールド」などなに種類があるとはびっくり

もっと知りたい！ 旬カレンダー 👉

	5	6	7	8	9	10
ダイコン(5月中〜6月中)						
とうもろこし、アスパラ						
プルーン						
ニンジン(9月)						
じゃがいも(9月〜11月上)						
リンゴ(10月〜12月)						

寄り道スポット

THE DANSHAKU LOUNGE

道の駅の隣には「ザ・ダンシャクラウンジ」が立ち、男爵いもの生みの親・川田龍吉の紹介やレストランがある。美術館のような展示と合わせて楽しみたい。

近くの道の駅	YOU・遊・もり (98ページ)	国道5号経由で約24km
	しかべ間歇泉公園 (102ページ)	国道5号と道道43号経由で約27km

YOU・遊・もり

⑤ 国道5号沿い、森市街への入口付近　　森　町

森町上台町326-18
📞 01374-2-4886

番号:23
登録年月日:1995年(平成7年)8月3日

開館時間 9:00〜17:30(3/21〜10/20)
9:00〜17:00(10/21〜3/20)

休館日 年末年始(12/30午後〜1/3)

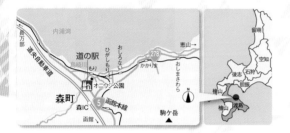

中央の「ひじかた君」は新選組副長の土方歳三のこと。土方も加わった旧幕府艦隊は1868年8月、森町鷲ノ木から上陸し、箱館戦争へと進軍した。

押印＊開館時間内

駐車場 普通車:90台　大型車:13台

❌ 食事施設なし

🧺 ㈱森町物産センター／道の駅開館時間と同じ
●特産物販売所／館内いっぱいに特産品の陳列ケース。水産加工場が多い町だけに海産物が豊富
●農畜産物も年中販売している

　道央と道南を結ぶ国道5号。森町の道の駅から黒松内町の道の駅、もしくは豊浦町の道の駅までの間は、道の駅がない「空白地帯」となっている。それぞれの距離は87キロと101キロ。札幌方面から渡島半島に来た場合、けっこうな距離と時間を要してようやくたどり着くのがここの駅だ。H字の外観に見える道の駅は売店とトイレ設備のみ。店内には森町の特産品がコンパクトに並んでい

る。ここでは名物の「いかめし」を購入していきたい。館内の階段を上った先には「展望ラウンジ」があり、晴れた日には名峰・駒ケ岳の姿が目の前に現れる。正面には「オニウシ公園」越しに内浦湾が眺められ、空気が澄んでいる時には対岸の羊蹄山や有珠山なども見えるという。この公園は春には桜の名所となる。ちなみに、森町は道内の町で唯一「ちょう」ではなく「まち」と呼ぶ自治体である。

外観は二つの建物を中二階で結ぶH型をしている。向かって右が直売所、左はトイレ

おすすめ ショップ紹介

直売所の店内。冷蔵ケースには海産物が、平台には乾きものやお菓子類などが置かれる。奥の左手はソフトクリームカウンター。周囲の緑が心地いいさわやかな空間

上.物産直売所の入り口にはまちの観光案内も　下.その入り口近くには野菜類も販売

人気のお土産コーナー

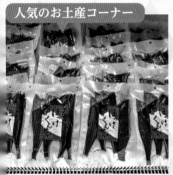

人気の「ほっけくんせい」は真ホッケを醤油とみりんで味付けし、広葉樹で燻製にしたもの

七福堂の「あんばい」(210円)は、バター香る和風テイストのパイ菓子

みんなの人気品、ソフトクリームはバニラ・チョコ・ミックス。ともに350円

必見ポイント

森といえば「いかめし」。JR森駅前に店舗がある阿部商店」のものをはじめ、「いかめしカレー」など商品も登場している

もっと知りたい！旬カレンダー

	5	6	7	8	9	10

地熱栽培トマト、いちご

赤肉メロン

青肉メロン

かぼちゃ(都かぼちゃなど)

とうもろこし(味来,恵味ゴールド)

地物プルーン

じゃがいも(男爵、メークインなど)

寄り道スポット

濁川温泉

道の駅から15キロほどのところに、直径約2キロのカルデラ地がある。北海道で唯一の地熱発電設備が建てられている。この場所には、7軒の小さな温泉宿がある。秘湯の趣きいっぱいの温泉。

近くの道の駅	つど〜る・プラザ・さわら(100ページ)	国道２７８号経由で約10ｋｍ
	なないろ・ななえ(96ページ)	国道5号経由で約24km

つど～る・プラザ・さわら

278 国道278号沿い、砂原市街の中心部

もりまち さ わら
森町砂原

森町砂原2丁目358-1

📞 **01374-8-2828**

番号:62
登録年月日:1999年(平成11年)8月27日

開館時間 9:00～17:00

休館日 年末年始(12/30午後～1/5)

道の駅 つど～る・プラザ・さわら TSUDOHRU PLAZA SAIWARA

〈スタンプ情報〉

押印＊開館時間内

砂原ではホタテの養殖がさかん。噴火湾のホタテをイメージした「ミミちゃん」と、カモメをイメージした町名ロゴを組み合わせている。

駐車場 普通車:40台　大型車:3台

🍴 食事施設なし
●館内売店で、道の駅弁として「さわらの帆立めし」販売
●バーベキュースペース／材料持ち込み自由。無煙ロースター使用の場合1台300円。休憩にも利用できる

🛍 館内売店／9:00～17:00
●物産館／ブルーベリーを使用したソフトクリーム、ジャムや、道の駅弁「さわらの帆立めし」、海鮮ようかんなど
●子っとろ、ほたて昆布きんちゃくなど地元産水産加工品も豊富

　森町の砂原地区にある道の駅。施設は「物産館」と「やすらぎプラザ」の2棟からなる。物産館では地元の水産加工品や農産物の特産品を販売。2階は広々としたフリーの休憩スペースになっている。階段を上って4階に相当する高さに展望ホールがあり、ホールからは360度のパノラマ風景が楽しめる。天気が良ければ、駒ケ岳の堂々とした姿が迫ってくるだろう。その反対側には豊饒の内浦湾(噴火湾)が見え、その先には対岸にあたる室蘭の白鳥大橋が見えるほどだ。ここからの眺めはぜひ楽しみたい。やすらぎプラザは食材を持ち込んで利用するバーベキューハウスになっている。食材の持ち込みができ、無煙ロースターを使って焼肉店のようにバーベキューが楽しめる。コーヒーなどのドリンクも販売されている。

国道278号に面した静かな環境にある。建物中央、最上部に見えるのが展望ホールだ

Recommend
おすすめ ショップ紹介

に上がる階段から見た物産館の全景。手前に工芸品などが並び、左奥にレジとテイクアウト
がある。中央には水産加工品や野菜などの特産品が売られる

上.入り口付近、POPなどでイチオシ品を確認
しよう　下.テーブル席がある休憩コーナー

人気のお土産コーナー

森町特産の「さわらの帆立めし」。地元のホタ
テを使った人気のお弁当

地元砂原の新和食品「かまぼこミック
ス」は野菜天など6種類入り。噴火湾
のスケトウダラ使用

ソフトクリーム（300円）はバニラ・ブルーベリー・ミックスの3
種類

必見ポイント

寄り道スポット

バーベキューコーナーは食材持ち込みOK
で、無煙ロースター使用料（1時間300円）
のみで利用ができる

特産品コーナーには地元の農家から季節の野菜が
並ぶほか、「ほたて昆布きんちゃく」といった海の幸の
加工品もある

森町といえばいかめし。カレー味や塩味、バ
ターしょうゆ味などもある。いろいろ試してお
気に入りを探したい

近くの道の駅		
YOU・遊・もり （98 ページ）	国道278号 経由で約10km	
しかべ間歇泉公園 （102 ページ）	国道278号と 道道43号 経由で約20km	

しかべ間歇泉公園

（かんけつせんこうえん）

鹿部町字鹿部18番地1

📞 **01372-7-5655**

番号:117
登録年月日:2015年(平成27年) 11月5日

開館時間 9:00〜17:00(月〜木)、8:30〜18:00(金〜日・祝)
冬期間は10:00〜15:00(月〜木)、9時〜18時(金〜日・祝)

休館日 なし(1月4日〜3月19日のみ毎週水曜休み)

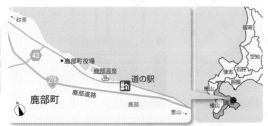

〈スタンプ情報〉

道の駅 しかべ間歇泉公園

軽石をモチーフにした鹿部町のキャラクター「カールスくん」と、100℃の温泉が約10〜15分おきに15メートル以上も噴き上がる間歇泉が描かれている(見学料が必要)。
押印＊開館時間内

🅿 **駐車場** 普通車:45台 大型車:6台

🍴 レストラン／11:00〜14:00
●浜のかあさん食堂／「鹿部プレミアムたらこ御膳」など地元の海産物を使ったメニューを、鹿部漁協女性部のかあさんたちが提供

🛍 物産館「鹿部・食とうまいもの館」／道の駅開館時間と同じ
●特産品販売コーナー 「鹿部たらこ」をはじめとする鹿部町の水産加工品や、近郊の特産品が売られている
●鮮魚店「道の駅のさかな屋」 ボタンエビやツブ貝、カレイなど地元漁港で水揚げされたばかりの魚介が並べられる
●惣菜店「こいたのおかず屋」 地元ならではのお総菜が販売されている

📝 **メモ** 道の駅の敷地内には「足湯」を楽しめるコーナーがある。次の噴き上げを待ちながら浸かってみよう。

道の駅がある一帯は「しかべ間歇泉公園」として整備され、「鹿部・食とうまいもの館」がメインの施設になっている。漁師まち・鹿部町の海産物や加工品を中心に充実の品揃えだ。館内には「浜のかあさん食堂」「こいたのおかず屋」「道の駅のさかな屋」が入っていて、食堂のイートインスペースでは海を見ながらゆっくり食事が楽しめる。敷地内には「鹿部温泉蒸し処」があ

り、温泉の蒸気を利用した蒸し料理を自分で作って味わうことができる。道内では珍しい間歇泉は、道の駅と渡り廊下でつながっている。10〜15分おきに一度、100℃の温泉が高さ15メートル以上にまで吹き上がる。大迫力の様子を間近で見学することが可能だ。有料になるが、一見の価値あり。足湯につかりながら、ゆったりとした気分でぜひ見てほしい。

道路を挟んで内浦湾に面している。天気がいい日には対岸の室蘭市や羊蹄山も見渡せる

「浜のかあさん食堂」の「プレミアムたらこ御膳」(1,100円)は一番人気のメニュー。前浜で獲れた地魚の煮付けと、たらこ1本がどーんとご飯の上にのる。鹿部を味わう定食だ

上.イートインスペースはテーブル席とカウンター席がある　下.テイクアウト品も充実している

人気のお土産コーナー

「根昆布だし」は天然白口浜真昆布使用でモンドセレクション金賞を受賞した逸品

鹿部といえばたらこが有名だ。各種いろいろあるのでPOPの説明を参考に選ぼう

ソフトクリーム

いずみちゃん ソフト （いちご/バニラ）	いずみちゃん ミックス	北海道 生乳ソフト	カールスの ソフト	カールスの ミックス
300円	300円	300円	350円	350円

ソフトクリームは町のキャラクターの名前がついた5種類を用意。ユニークだ

鹿部の軽石をつかった「軽石干し」製法で干した魚は人気商品だ。宗八かれいやほっけなどふっくらとした豊潤な風味が特徴だという

もっと知りたい！旬カレンダー

	5	6	7	8	9	10
スケソウダラ						
コンブ						
アイナメ						
ホタテ(2月～3月)						
エビ						
イカ						
カレイ、タコ						

寄り道スポット

「蒸し釜セット」が用意されているので、耐熱用手袋をはいて注意深く作業したい。ベンチもあるので屋外で味わうことができる

間歇泉のお湯を利用した足湯もあるので、温泉につかりながら迫力ある様子を眺めることもできる

近くの道の駅	縄文ロマン 南かやべ (104 ページ)	国道278号 経由で約17km
	つど～る・プラザ・さわら (100 ページ)	道道43号と 国道278号 経由で約20km

縄文ロマン 南かやべ

（じょうもん）（みなみ）

函館市臼尻町

（はこだて　しうすじりちょう）

国道278号尾札部バイパス沿い、臼尻市街裏

278

函館市臼尻町551番地1

☎ 0138-25-2030

番号:113
登録年月日:2011年(平成23年)8月25日

開館時間 9:00〜17:00(4〜10月)　9:00〜16:30(11〜3月)

休館日 毎週月曜日(月曜日が祝日の時は翌日)、
毎月最終金曜日　年末年始(12/29〜1/3)

函館市

駐車場 普通車:33台　大型車:4台

食事施設なし

館内売店／道の駅開館時間と同じ
●道の駅の入口右が売店、じょうもんクルミソフトや、どぐう駅長クッキー、がごめ昆布加工品などを販売

北海道で初めてとなる国宝が見られる道の駅。国宝が置かれる道の駅併設施設は全国でもここだけだろう。「茅空」という愛称を持つ「中空土偶」は3,500年ほど前、縄文時代後期後半につくられた国内最大級の素焼きの人形。「北の縄文ビーナス」と呼ばれる。この国宝は、道の駅近くのジャガイモ畑で農作業中の住民によって1975年に発見され、道の駅機能を併せ持った博物館「函館市縄文文化交流センター」で常設展示されている。道の駅としてはシンプルで、同センターのほかには売店と休憩コーナーがあるのみだ。売店では、この国宝にちなんだおみやげ品などが販売されている。道の駅近くにある垣ノ島、大船両遺跡を含む「北海道・北東北の縄文遺跡群」は2021年に世界文化遺産に登録された。あわせて訪問し、縄文文化の魅力に触れてみたい。

国道に面したコンクリート打ち放しの建物。道の駅と博物館がつながっている

売店内は小ぶり。南茅部地区の特産であるコンブ関連の商品などが並ぶ。正面奥にレジがあり、ソフトクリームの販売もある。もちろん、土偶関連のおみやげもあるので忘れずに

上. 各種情報が掲示される休憩コーナー。地元のランチ処も案内　下. クルミソフトが人気

人気のお土産コーナー

売れ筋No.1は「土偶クッキー」(800円)。中空土偶の形をしたクッキー

売れ筋No.2は「どぐう駅長エコバック」だ。イラストがなんともかわいい

売店おすすめは「函館縄文プリントクッキー」。来場記念に買っていきたい

pick up point
必見ポイント

「函館市縄文文化交流センター」には4つの展示室があり、土器や装飾品など約1,200点を展示。縄文の世界を知ることができる

同センターの体験学習室。縄文ペンダントづくりや縄文編みなどを体験することができる。

寄り道スポット

北海道・北東北の縄文遺跡群

近くにある史跡垣ノ島遺跡と史跡大船遺跡を含む「北海道・北東北の縄文遺跡群」の17の縄文遺跡は、人類の貴重な財産として世界文化遺産に登録された

近くの道の駅	しかべ間歇泉公園 (102ページ)	国道278号 経由で約17km
	なとわ・えさん (106ページ)	国道278号 経由で約31km

なとわ・えさん

国道278号沿い、
恵山海浜公園そば

函館市日ノ浜町 <small>はこだてしひのはまちょう</small>

函館市日ノ浜町31番地2

☎ 0138-85-4010

番号:61
登録年月日:1999年(平成11年)8月27日

開館時間 9:00〜18:00(4〜9月)　9:00〜17:00(10〜3月)

休館日 毎週月曜日(祝日の時は翌日)、

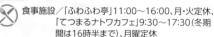

〈スタンプ情報〉

道の駅 なとわ・えさん

中央の「ほていドン」は、函館市恵山地区の冬の味覚ゴッコ(ホテイウオ)をモチーフにしたキャラクター。右下には、毎年5月から6月にかけて咲き誇るエゾヤマツツジ。

押印＊開館時間内

駐車場 普通車:109台　大型車:3台

🍴 **食事施設**／「ふわふわ亭」11:00〜16:00、月・火定休、「てつまるナトワカフェ」9:30〜17:30(冬期間は16時半まで)、月曜定休

🧺 **館内売店**／時間は季節で変動
●物産館／恵山産がごめ昆布など、様々な昆布製品が豊富に揃う

メモ 「恵山海浜公園キャンプ場」☎0138-85-4010(道の駅なとわ・えさん)があり、キャンプ場開設期間は有料シャワーもある。

　駅名の「なとわ」とは、道南地方の方言で「あなたとわたし」の意味。恵山は亀田半島の突端で今も噴煙を上げる活火山。一帯はツツジの群生地として有名で、5月中旬には山全体が紅色に染まる。その恵山に向かう国道の分岐点近く、海浜公園内に道の駅がある。館内は一部変更され、売店「ナトワショップ」がリニューアル。コーヒーやパフェ、わらび餅を提供するカフェ「てつまるナトワカフェ」と、特製ザンギやおむすびなどがある飲食店「ふわふわ亭」が新たに加わった。従来のキッズスペースはそのまま使える。2階の屋上からの景色は爽快だ。目の前は津軽海峡。天気が良ければ遠く青森の下北半島が見える。函館中心部から約40キロ。鹿部町からは約54キロ。ここまで来れば、恵山の山頂へも行ってみよう。標高300メートルまでは車で行くことができ、山頂までは登り70分ほどだ。

建物は津軽海峡を背にして建っている。木造の施設。駐車場も広い。2階がテラス

おすすめ イチオシ メニュー

ハンバーグと優しいカレーライス（1,000円）。「ふわふわ亭」特製のやさしい味のカレーとドンと大きなハンバーグの両方を味わえる一皿

上.店内からは正面に海、横にはキャンプ場が見える　下.明るく開放的な飲食店の店内

人気のお土産コーナー

函館産の真昆布を使った「だし昆布」（550円～）。清澄かつ上品なだしが出る

「極UMAMI美人」は「ごくうまみびじん」と読む。昆布出汁の万能調味料だ

函館のがごめ昆布をまるごと使った「だしつゆ」と「しょうゆ」が並ぶ

必見ポイント

クールなカフェスペースも誕生してくつろぐことができる

道の駅には「わらしゃらんど」と名付けられたファミリー向けの屋内スペースがある。幼児向けの遊具があって、雨天時などはありがたいコーナーだ

寄り道スポット

恵山海浜公園

津軽海峡に向かってテントが張れるキャンプ場。開設は5月上旬～9月末。道路をはさんでローソンがあって便利。

107

みそぎの郷 きこない

木古内町本町338番地14

📞 01392-2-3161

番号:116
登録年月日:2015年(平成27年) 11月5日

開館時間　9:00〜18:00(基本営業時間)
※施設、季節により異なる(最新情報はkikonai.jpに掲載)

休館日　年末年始、レストランとコッペん道土は不定休

〈スタンプ情報〉

寒中みそぎ祭りは江戸時代から続く木古内町の伝統行事。4人の行修者が厳しい寒さの中、御神体を抱いて海中みそぎを行う。行修者のシルエットが描かれている。

押印＊開館時間内

駐車場　普通車:143台　大型車:7台

🍴 レストラン「どうなんde's」／11:00〜14:30(L.O.14:00)、17:30〜21:00(L.O.20:45)夜は不定休

テイクアウトコーナー「キッチンキーコ」／9:00〜17:00(ソフトクリーム)、〜16:30(ソフトクリーム以外)、冬期に一部メニュー(麺類、ご飯類)の提供時間短縮あり

🛍 ●特産品販売所／道の駅開館時間と同じ
●道南西部9町の特産品を幅広く販売。新幹線開通で近くなった青森の商品もある
●塩パン専門店「コッペん道土」／10:00〜17:00(売切れ次第終了)

　函館・江差自動車道の木古内ICの供用開始で函館方面からさらにアクセスがよくなった道の駅。木古内町は北海道新幹線が本州方面から入って最初に停車するまち。加えて、函館の五稜郭駅とを結ぶ道南いさりび鉄道の発着駅でもある。道の駅はJR駅前にある。館内は周辺のまちを含めた観光案内が充実しており、専任のコンシェルジュも常駐する。いろいろ聞いて相談してみよう。館内中央には町内で190余年続く伝統行事「寒中みそぎ祭り」を紹介するコーナーがあり、迫力ある祭りの様子をパネルと映像で伝えている。売店には道南各地の特産品がにぎにぎしく置かれている。飲食店は、テイクアウトカウンターと本格的なイタリアンレストランがある。館内に月ごとの「売れ筋ベスト10」を掲示。参考にしたい。

駅前ロータリーをはさんで大きな新幹線駅からカバードウォークがかかる。横には駐車場も

本格派のレストラン「どうなんde's」の人気ランチメニューは、「パスタセット」。アマトリチャーナ（1,100円）などのパスタに、プラス300円でサラダ・スープ・ジェラートが付く

上．道南各地から届くおいしい品々が並ぶ
下．店内は明るい窓があり落ち着く雰囲気

人気のお土産コーナー

1934年（昭和9年）創業、木古内の坊孝行餅本舗「末廣庵」の餅や羊羹

木古内町産米を使用し、姉妹都市である山形県鶴岡市の酒造で醸造された純米酒「みそぎの舞」

道南一円から集められたみやげ品が並ぶ店内。いろいろあってにぎやかだ

寄り道スポット

テイクアウト品の人気は「みそぎの塩ソフト」「はこだて和牛コロッケ」「男爵いもカレーパン」など。他にもいろいろメニューあり

パン店「コッペん道土」では毎日地元素材の焼きたてのパンが並ぶ。人気は「塩パン」。カリッとした中にバターがジュワーと

みそぎガーデン

道の駅の外には「みそぎガーデン」があって子ども向けの遊具がある。時間のゆるすかぎり、遊んでいこう

近くの道の駅	しりうち（110ページ）	国道228号経由で約17km
	なないろ・ななえ（96ページ）	国道228号経由で約48km

しりうち

知内町湯ノ里48番地13

📞 **01392-6-2270**

番号:41
登録年月日:1997年(平成9年)4月11日

開館時間 8:30〜18:00(4〜10月)　9:00〜17:00(11〜3月)

休館日 無休(4〜10月)　毎週月曜日(11〜3月)
（月曜が祝日の時は翌日）

〈スタンプ情報〉

知内町が生んだスーパースターサブちゃんこと、北島三郎。道の駅にはサブちゃんの歌がメドレーで流れているほど。スタンプの主役もやはりサブちゃん。

押印＊開館時間内

駐車場 普通車:53台　大型車:2台

食事施設なし

🛍 館内売店／8:30〜18:00(4月〜10月)
　　　　 9:00〜17:00(11月〜3月)
●旧JR知内駅を利用した道の駅の物産館。水産加工品が豊富で、銘菓では「おっぱい饅頭」が人気

　タイミングが合えば、走る新幹線を間近で見ることができる道の駅。国道228号沿い、市街地から福島町方面へ約8キロの場所にある。この場所は青函トンネル出入り口から約1キロ地点で、JR湯の里知内信号場に隣接する。北海道新幹線がすぐ後ろを走っていて、道内に上陸した新幹線が最初に陸上に出てくる地点になっている。そのため、町では2016年に道の駅隣に「知内町新幹線展望塔」を建設。12.3メートルの高さから新幹線の姿をカメラに収めることができる。道の駅の1階にはまちの特産品で、生産量全道一のニラ関連の商品が置かれている。2階はフリースペースで、その一角は地元のスーパースター・北島三郎さんのコーナー。ゴールドの銅像も立っている。こちらも合わせて写真に収めていきたい。

道の駅は「知内町物産館」という名称。左は新幹線展望塔。エレベーターも付いている

一番人気は三洋食品の「トラウト燻製カマ」。
1kg入って1箱1,000円

知内産の「元気ニラ」。ハウス栽培のためほぼ通年で出荷されている

店内はご近所農家さんの採れたて野菜コーナーがメイン。季節に応じてさまざまな野菜が並ぶ。奥にはお菓子類コーナー、海産物の冷蔵ケース、加工品や飲料コーナーなどがある

人気のお土産コーナー

「ニラクッキー」は、ほのかなニラの香りがして甘いクッキー、370円。道の駅限定品

知内のニラを使った「にら醤油」と「にら焼肉のたれ」各650円。ニラの根元を使って商品化

寄り道スポット

2階のフリースペースからも新幹線の線路が見える

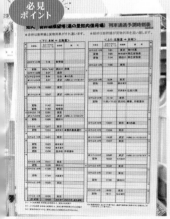

必見ポイント

新幹線展望台には上りと下りの列車通過予定時刻表が掲示されている。ちなみに新幹線と貨物列車が平面交差するシーンを見られるのは全国的にも珍しいそうだ

もっと知りたい！
旬カレンダー

	5	6	7	8	9	10

ニラ(北の華)(1月〜9月)

アスパラ、葉物野菜

きゅうり

トマト

じゃがいも、かぼちゃ

しいたけ、知内産米(ふっくりんこなど)(通年)

演歌の大御所、北島三郎さんのコーナーは神々しい。記念写真のスポットだ

道の駅の隣には「あすなろパン工房しりうち」がある。焼きたてのパンが並ぶほか、ソフトクリームもある

近くの道の駅	みそぎの郷 きこない (108 ページ)	国道228号 経由で約17km
	横綱の里ふくしま (112 ページ)	国道228号 経由で約19km

横綱の里 ふくしま
（よこづな）（さと）

福島町福島143番地1

📞 0139-47-4072

番号:42
登録年月日:1997年(平成9年)4月11日

開館時間 9:00〜17:00

休館日 無休(4〜12月)、毎週日曜日(1〜3月)
年末年始(12/30〜1/4)

福島町

〈スタンプ情報〉

千代の山、千代の富士という2人の横綱を生んだ福島町。偉大な横綱の土俵入りの様子が描かれている。道の駅のすぐ隣には足跡をたどる横綱記念道もある。

押印＊開館時間内

駐車場 普通車:32台 大型車:3台

🍴 食事施設なし

🧺 館内売店／9:00〜17:00
●特産品センター／道の駅スタンプ置き場奥が売店になっており、福島産スルメなど水産加工品が山積み
●横綱記念館売店／扇子やミニ幟、提灯などの相撲グッズいろいろ(11月中旬〜3月中旬は休館)

福島町は渡島半島の南西部に位置し、北は大千軒岳を主峰とする山々、南は津軽海峡に面して奇岩・怪岩が続く自然豊かなまち。漁業・水産加工業がさかんで、スルメの加工生産量は全国トップクラスを誇る。北海道初の横綱となる第41代横綱千代の山と、国民栄誉賞を受賞した第58代横綱千代の富士の生誕地としても知られ、「横綱の里」をうたっている。道の駅は

このまちの中心部、「横綱千代の山・千代の富士記念館」の隣にある。建物はコンパクトでコンビニほどの大きさだが、売店には地元の海産物、スルメやコンブなどが置かれ充実。外に向かってソフトクリームの販売窓口もある。訪問の際には、ぜひ隣にある両力士の記念館も立ち寄ろう。九重部屋の稽古場と土俵が再現されている。迫力ある取り組みを想像したい。

国道228号に面して道の駅と横綱千代の山千代の富士記念館が建つ。バスの待合所もある

漁業のまちらしくコンブが目を引く。横綱の里「真昆布」は前浜で採れた上質なコンブ。「やわらか昆布」は天日干しされた若いコンブで甘みが強いのが特徴。ぜひ買っていこう

イカの一番美味しい部分と言わる口部分(とんび)を干した珍味「とんび」。おやつやおつまみに

人気のお土産コーナー

「蝦夷鮑」は養殖で大切に育てられたアワビ5個が入って2,500円だ

函館の「五島軒」と福島町がコラボして開発した「あわびカレー」(1,410円)が登場する

ソフトクリームは、バニラのみの販売になっている、300円

スルメや燻製など魚介類が置かれているコーナー

横綱千代の山・千代の富士記念館の中。横綱の大きな写真に圧倒され、下にあるみやげ品が小さく見える館内

寄り道スポット

青函トンネル記念館

道の駅から車で5分ほど、国道228号沿いにある。世紀の大工事と言われ、トンネル技術を結集して完成させた海底トンネル「青函トンネル」の工事中に使用されていた設備重機や工事記録、技術情報などが展示されている。

近くの道の駅	北前船松前 (114 ページ)	国道228号 経由で約21km
	しりうち (110 ページ)	国道228号 経由で約19km

113

北前船 松前
きたまえぶね まつまえ

松前町唐津379番地

📞 0139-46-2211

番号:106
登録年月日:2009年(平成21年)3月12日

開館時間	9:00～17:00(通年)
休館日	年末年始(12/31～1/1、食堂は12/30～1/2)

〈スタンプ情報〉

松前町のキャラクター「大漁くん」が、町花の
サクラを応援旗にして、黒マグロの背に乗っ
て漁に出る様子が描かれている。

押印＊24時間

🅿️ 駐車場 ／ 普通車:77台 大型車:3台

🚫 レストラン「うみかぜ食堂」／
11:00～15:00(L.O.14:30)
●近海の海の幸を中心にしたメニュー、津軽海峡を眺めなが
ら食事ができる

🧺 館内売店／道の駅開館時間と同じ
●販売コーナー／松前産の鮮魚や海産物を使用した商品、
松前町の業者が生産しているお菓子、木工品、Tシャツなど
が人気

松前町は歴史ロマンあふれるまち。かつて最北の城下町として栄え、松前藩時代の伝統文化と歴史を今に伝える。松前城下には昔ながらの街並みが再現され、400年ほど前の江戸時代の雰囲気を感じることができる。道の駅は海沿いを走る国道の海側に建つ。日本海にせり出すテラス席が特徴だ。津軽海峡とその対岸にある竜飛岬など津軽半島が見える。館内に入ると手前は売店コーナーになっている。名物の松前漬けのほか、松前のおみやげ品が置かれる。奥側の「うみかぜ食堂」ではマグロ丼をはじめとしたメニューがある。海を眺める窓側の席や掘りごたつ式の小上がりもあって便利。休憩コーナーには北前船のミニチュアが飾られている。かつて蝦夷地と大阪・兵庫を下関経由で往来していた歴史に思いを馳せたい。

駐車場も建物も日本海に面している。国道を
挟んで反対側の小高い丘に松前城が見える

松前といえば「本まぐろ」。「うみかぜ食堂」では「松前本まぐろ丼」が味わえる。味噌汁とおしんこが付いて1,980円。これは絶対味わっていきたい

上.海に面して窓があり、眺めを楽しみながら食事ができる　下.カレーやラーメン類などもある

人気のお土産コーナー

店内全景、手前が物産販売コーナー、奥に食堂がある。北前船のディスプレイも展示

名物の松前漬けは各種置かれている。説明書きを手掛かりに好みのものを見つけたい

水産加工品では「松前産天然岩のり」が大人気。5枚入り3,500円〜4,000円

公前銘菓「お城もなか・あわびもなか」が売れている。つぶあんとごまあんの二つの味

松前城

正式名称は福山城。1854年（安政元年）に築城された国内最後にして最北の日本式城建築だ。現在の天守閣は1961年に復元されたもの。桜の名所であり、約250種類1万本が咲く。

寄り道スポット

松前藩屋敷

北前船の交易により栄華を誇った江戸時代の松前の様子を体感できるテーマパーク。武家屋敷、奉行所、廻船問屋など14棟の建物で往時の街並みを再現している。ガイドツアーがおすすめ

近くの道の駅	横綱の里ふくしま （112ページ）	国道228号 経由で約21km
	上ノ国もんじゅ （116ページ）	国道228号 経由で約53km

上ノ国もんじゅ

国道228号沿い、上ノ国町の夷王山麓 **上ノ国町**

上ノ国町原歌3番地

☎ 0139-55-3955

番号:34
登録年月日:1996年(平成8年)8月5日

開館時間 9:00〜17:00

休館日 本館は年末年始のみ、レストラン・売店は月曜(祝日の時は翌日、11月〜3月)

<スタンプ情報>

上ノ国町の中心部を流れる天の川のほとりでは、毎年8月「エゾ地の火まつり」が開催されている。上にあるのは夷王山に「天」の火文字が描かれている様子。

押印＊開館時間内

駐車場 普通車:163台　大型車:3台

レストラン／11:00〜15:00(L.O.14:30)
●グルメブティックもんじゅ／道の駅2階にあり。新鮮な地場産の魚介類をはじめ、地場産品を中心に四季折々の味覚が楽しめる
●てっくい天丼、生姜焼き定食、ラーメン、そばなど

館内売店／9:00〜17:00(4〜10月)
　　　　　10:00〜17:00(11〜3月)
●旬の新鮮野菜、水産加工品

　15世紀のころ、北海道は「夷島」と呼ばれ、その南部の日本海側は上ノ国、太平洋側は下の国と称されていた。勝山館を擁し、日本海・北方交易の拠点として栄えたこの地の名前の由来になっている。上ノ国町は「道内最古」のオンパレードで、寺社や民家など貴重な歴史が残されている。時間をとって歩いてみよう。道の駅は市街地から少し離れた「文珠浜」の高台に建つ。

　国道から入って駐車場に至る道からは、日本海の絶景が眺められる。館内1階の特産品販売所には地元の海産物や野菜、まちの郷土菓子コーナーが充実。活あわびは通年で販売されるほか、ホタテやエビの入荷もある。2階にはレストランがあり、食事をしながら窓の外の絶景が楽しめる。敷地内には海が見えるドッグランもあり、愛犬もきっと満足だろう。

海側から見た外観。半円形の部分は1階も2階も全面ガラス張り。高台にあるので眺望抜群だ

海のレストラン、「グルメブティックもんじゅ」の1番人気の定番メニューは「てっくい天丼」(1,070円)。てっくいとは大きなヒラメのこと。ちなみにもんじゅの名は前浜の文珠浜から

上.レストランの店内は眺望も抜群　下.レストランから見える絶景

人気のお土産コーナー

人気の米菓「かたこもち」。檜山南部に伝わる農家の味だ

夏は地元産の「塩水生うに」がよく売れるそうだ。新鮮で評判の味

蝦夷あわびは1個700円～。通年で販売している

勝山館跡

16世紀末頃まで、日本海の政治・軍事・北方交易の拠点であった場所。ここの資料が展示されている「勝山館跡ガイダンス施設」は必見だ。空中都市マチピチュを彷彿させる。

旧笹浪家

北海道では最古の民家として国の重要文化財に指定されている民家。18世紀初めから続いたニシン場の網元。建築年代も19世紀初頭のもの。道内に残るニシン番屋の原型とも言われている。

近くの道の駅	北前船松前 (114 ページ)	国道228号 経由で約53km
	江差 (123 ページ)	国道228号 経由で約14km

…の町と思いきや、農産物もおもいのほかたくさ…並んでいる。ぜひ購入していこう

あっさぶ

厚沢部町緑町72-1

📞 **0139-64-3738**

番号:19
登録年月日:1995年(平成7年)4月11日

開館時間 10:00～18:00(4月下旬～10月) 10:00～17:00(11月～4月下旬)

休館日 年末年始(12/29～1/3)

〈スタンプ情報〉

押印＊開館時間内

厚沢部町はメークイン発祥の地で、今も一番の特産品。同町のキャラクター、おらいも君も、メークインをモチーフにしている。

駐車場 普通車:52台 大型車:6台

🍴 軽食コーナー／道の駅開館時間と同じ
●百姓屋／人気のクリームチーズソフトほか、添加物なしの各種ソフトクリーム、ジェラート各種、かき氷、揚げいもなどの揚げ物も

🧺 館内売店／道の駅開館時間と同じ
●道の駅物産センター／名産の光黒大豆、メークイン、アスパラ等の野菜、ヒバ材などの加工品といった特産品が並んでいる。地元栽培に成功したサツマイモ(黄金千貫)の芋焼酎や乾燥野菜、雑穀も
●あっさぶの豆、黒豆茶、黒豆コーヒー、焼酎「喜多里」シリーズ、どん菓子甘吹雪など

道の駅はまちのほぼ中心部にあり、国道227号沿いに面している。2022年8月、道の駅に隣接して、新しい商業施設「ASSAN」がオープンした。グルメショップとして、チキンやパンなどを提供する3店が入り、テイクアウトオーダーにも対応する。フードコート部分には「みちのえきシアター」としてまちのプロモーション映像を含めた4作品が上映されている。新商業施設の隣には、大きなトイレ棟も新設された。従来からあるヒバの清々しい香りが漂う道の駅本館は、「あっさぶ町物産センター」として変わりなく営業。近隣住民も訪れ、にぎわっている。地元の特産品や季節の農産物、近隣町村のおみやげ品を集めた「檜山特産品コーナー」は充実している。お休み処「百姓屋」では変わらずソフトクリームやあげいもなどを販売している。

右が従来からある道の駅。左の建物が新設の商業施設だ

「味処　停車場」で提供される特選メニューが「山ごぼう飯」（800円）。特産の山ごぼうを味わえる。見た目以上にボリュームがある

新施設のフードコート部分。レジカウンターでオーダー後、テーブル席やカウンター席が利用できる。映像作品を見ながら食べることも可能だ

人気のお土産コーナー

テイクアウトのおすすめは「あっさぶメークインコロッケ」（200円）などがある

人気のジェラートはバニラやココアなど6種類。シングルは350円、ダブルは400円

地元の農家からの生産物が所せましと並べられる

必見
ポイント

町内に工場がある焼酎「喜多里」は厚沢部町のさつまいも「黄金千貫」とメークインを原料につくられた本格焼酎（乙類）

もっと知りたい！
旬カレンダー

	5	6	7	8	9	10

山菜、アスパラ

トマト、大根、なす、ほうれんそう

とうもろこし
（ピュアホワイトなど）

メロン、かぼちゃ

メークイン（9月〜通年）

長ねぎ、にんじん

寄り道スポット

土橋自然観察教育林（レクの森）
つちはし

道の駅に隣接。自生北限となるヒバや、自生南限となるトドマツなど約560種もの植物が生育する貴重な森。ヒバ爺さんの愛称で親しまれる、推定樹齢500年の木もあってその大きさに驚く。

近くの道の駅	江差 （123ページ）	国道227号 経由で約9km
	ルート229元和台 （120ページ）	国道229号 経由で約17km

ルート229 元和台
（げんなだい）

乙部町元和169
0139-62-3009

番号:25
登録年月日:1995年(平成7年)8月3日

開館時間　8:30～18:00(4～10月)　9:00～16:00(11～3月)
休館日　年末年始(12/30～1/3)

〈スタンプ情報〉

道の駅から車で3分ほど、町のシンボルである元和台海浜公園「海のプール」が描かれている。防波堤が波を防いでくれるので、安心して海水浴が楽しめる。

押印＊開館時間内

駐車場　普通車:40台　大型車:9台

食事施設なし
●近くの元和台海浜公園に「レストラン元和台」(11～15時《営業時間は変更あり》、月曜休《月曜が休日の場合は火曜休》)あり。生うにラーメン、海鮮丼、焼き魚定食などメニュー多彩。12月～3月は休業

館内売店／道の駅開館時間と同じ
●売店入り口には大きな冷凍ケース、タラコや、スルメの塩辛などが並んでいる
●中央や奥の棚は菓子類や干物。ゆり最中など黒千石大豆(加工品)、乙部のはちみつは通年販売

　海抜40メートルほどの高台に位置するため、見渡す限り日本海の絶景が広がる。道の駅から海側へ出れば、天を突き刺すモニュメント「潮笛」があり、その向こうにはっきりと奥尻島が見える。眼下に目を転じれば、海のプールとして名高い「元和台海浜公園」が見える。道の駅自体はコンパクトで売店コーナーとトイレがあるのみだが、地元乙部や檜山の海産物と菓子類が販売されている。館内に食事するところはないが、近くに運営が同じ「レストラン元和台」がある。夏季限定の名物の「生うにラーメン」のほか、海鮮丼、各種定食が味わえる。このレストランの裏手には芝生の緑地広場があり、こちらからも開放的な景色が楽しめる。「北緯42度岬」と銘打ち、子ども用の遊具も整備されている。ファミリーにはぜひ、立ち寄ってほしい岬公園だ。

売店・案内所棟とトイレ棟がある。建物の裏手にモニュメントと眺望を楽しむ場所もあり

遊具充実の緑地広場。海側の景観がみごと

道の駅からすぐ近くにある「レストラン元和台」の「海鮮丼」(2,500円)。日本海を眺めながら海の幸を味わえる幸せ。夏は「生うにらーめん」(1,500円)が人気メニュー

レストラン元和台の外観。大きく赤い三角屋根が印象的。建物の向こうは日本海

人気のお土産コーナー

乙部銘菓・富貴堂の「ゆり最中」。地元産ゆり根を100%使ったあんがぎっしり

「乙部町の美味しいしおとんこつラーメン」(594円)。あっさりとした中にコクがある

「北緯42度岬」の看板が立ち、そのむこうは日本海だ

入り口左手の冷凍ケースには乙部と檜山の海の幸が入っている

道の駅売店内。乙部町の特産品が置かれている。ドライブのお供に、乙部のおみやげにどうぞ

海のプール
(元和台海浜公園)

年間3万人近くが利用する人気の海水浴場。海水が循環するように設計され、波が荒いときでも安心して海遊びができるようになっている。7月下旬~8月下旬の開場。

近くの道の駅	江差 (123ページ)	国道229号経由で約17km
	あっさぶ (118ページ)	国道229号経由で約17km

121

てっくいランド 大成

せたな町大成区平浜378番地

📞 01398-4-6561

番号:21
登録年月日:1995年(平成7年)4月11日

開館時間	9:00〜17:00
休館日	年末年始(12/30〜1/3)

国道229号沿い、大成市街への分岐点近く

せたな町大成区

てっくい(ヒラメ)をモチーフにした「てっ平くん」が描かれている。女の子の「ひららちゃん」もおり、道の駅のシャワールームではペアで迎えてくれる。

押印＊開館時間内

 駐車場 普通車:102台 大型車:16台

 食事施設なし

 館内売店／道の駅開館時間と同じ
●観光案内所内に売店あり。せたな町の特産品や町の公式マスコット・セターナちゃんグッズなどを売っている

メモ 近隣に平浜海水浴場キャンプ場☎0137-84-6205(せたな観光協会)があり、キャンプ場開設期間は有料シャワーがある。

多くの奇岩や奥尻島の島影を見ながら快適なシーサイドドライブを楽しめる国道229号。この国道沿い、「平浜海水浴場」の近くに道の駅がポツンと建っている。駅名の「てっくい」とはヒラメのこと。毎年7月最終土曜日には、「てっくいのつかみ取り」が開催される。館内はこぢんまりとした売店がありシンプルだが、せたな町の歴代の観光ポスターが掲示され、ユーモアあふれるキャッチコピーに目を細める。品揃えは多くはないものの、地元の名品ぞろい。ぜひ吟味していきたい。

トイレと一体になった道の駅。広々としているが敷地内ではキャンプは禁止となっている

毎年、話題となるせたなをPRする観光ポスター。歴代のものが貼られている。考えた人はすごい

近くの道の駅	ルート229元和台 (120ページ)	国道229号経由で約35km
	よ ってけ!島牧 (46ページ)	国道229号経由で約72km

江差（えさし）

江差町尾山町1番地

📞 **0139-52-1177**

番号:6
登録年月日:1993年(平成5年)4月22日

開館時間 9:00～17:30(4～9月)
　　　　　 9:00～17:00(11月)　10:00～16:00(12月～3月)

休館日 無休(4月～10月)、毎週月曜日(11月～3月:祝日の時は翌日)
　　　　 年末年始(12/31～1/5)

227 国道227号沿い、
江差町郊外の繁次郎浜　**江差町**（えさしちょう）

〈スタンプ情報〉

江戸時代のとんちの名人「江差の繁次郎」が
大きく描かれている。道の駅でも繁次郎と
名の付いた関連商品が多数置かれている。
道の駅のすぐ裏の浜も「繁次郎浜」。
押印＊開館時間内

駐車場 普通車:20台　大型車:6台

🚫 食事施設なし

🧺 館内売店／道の駅開館時間中は営業
　●観光案内を兼ねた狭い館内に商品が並ぶ。不動の人気を
　　誇る五勝手屋羊羹をはじめ、海産物の干物が時々登場

　江戸後期、江差はニシンの群来(くき)で
にぎわい、「江差の五月は江戸にもない」と
までいわれた歴史ある町。市街地から北
へ約3.5キロ、「日本一小さい」と言われる
道の駅がある。ここには「小さな道の駅か
ら雄大な日本海を望む」をテーマにしたテラ
スコーナーがある。数人でいっぱいになる
売店内では五勝手屋本舗のようかんなど
地元の名物が販売され、ミニギャラリーと江
差の観光案内がある。敷地内の一角に
とんち名人の江差の繁次郎像がある。

国道と日本海に面した立地。建物右は売
店が入る駅舎で、左のトイレ棟より小さい

「笑え、わらえ
へば ええごとあ
る」という繁次
郎は庶民の人
気者

近くの道の駅		
上ノ国もんじゅ (116ページ)	国道228号 経由で約14km	
あっさぶ (118ページ)	国道227号 経由9km	

123

コラム

全国で一番道の駅が多い都道府県は?

2023年2月現在、北海道には道の駅が127カ所あり、本書ではその全てを網羅している。では、全国にはいくつの道の駅が存在しているのだろうか。国土交通省が発表している資料(2023年2月末日での集計)によれば、その数なんと1,204駅とある。ということは、道内には全国の道の駅の1割ほどが存在している計算だ。だから、というわけでもないだろうが、道内において、道の駅という存在は身近なものであり、道の駅のファンも多いように感じる。

では、都道府県別ではどうだろうか。同資料によれば、1位はダントツで北海道。2位は岐阜県で56駅。3位は長野県で53駅。4位は新潟県で42駅。5位は岩手県と和歌山県でともに36駅となっている。ちなみに道の駅がもっとも少ない都道府県は東京都。八王子市に1駅があるのみ。ついで神奈川県の4駅となっている。

道の駅は1993年(平成5年)の4月に第1回目の登録が行われた。この時、道内14カ所を含む全国103カ所の道の駅が誕生した。2023年はちょうど30年。この30年間で10倍以上に増えた計算だ。道内においても、新駅の構想が進行しているようだ。今後、ますますの発展を期待したい。

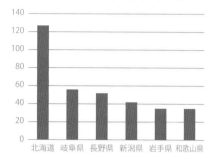

都道府県別の道の駅数(上位5位まで)

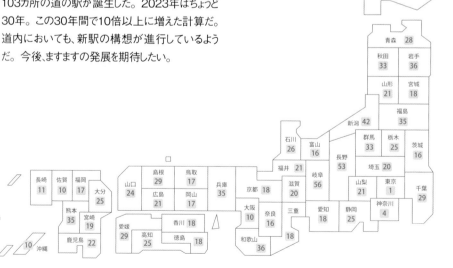

全国「道の駅」登録数:1,204 駅
(令和5年2月28日時点)　図表は国土交通省発表資料を元に作成

道北

上川・留萌・宗谷管内の道の駅を
紹介しています。

☆ロマン街道しょさんべつ（初山別村）

あさひかわ

237 国道237号沿い、旭川市街
大雪アリーナ向かい

旭川市 あさひかわし

旭川市神楽4条6丁目1-12

📞 0166-61-2283

番号:66
登録年月日:2000年(平成12年)8月18日

開館時間 9:00～21:00(時期により変更する場合あり、HPトピックスなどで確認を)

休館日 年末年始(12月30日～1月2日)

〈スタンプ情報〉

旭川市のキャラクターであるゴマフアザラシの「あさっぴー」と幼なじみでキリンの「ゆっきりん」が描かれている。

押印*開館時間内

駐車場 普通車:100台　大型車:6台

 フードコート／11:00～20:00(店舗によって異なる)
●旭川ラーメン梅光軒／醤油ラーメン、味噌ラーメン、塩ラーメン、野菜ラーメンなど
●みそラーメンのよし乃／みそラーメン、みそバター、みそ野菜、みそ見なども
●あんかけ処とろり庵／あんかけ焼そば、チャーハン
●そば処氷雪庵／もりそば、かけそばなど

 館内売店／ベーカリー&カフェ／10:00～17:00
●DAPAS／天然酵母使用のパン。旬の食材を使った食事パン多種。コーヒー、カップソフトなど

地場産品ショップ／9:00～18:00
●館内売店／旭川銘菓、地酒、工芸品、陶芸品、旭山動物園グッズなど
●農産物直売コーナー／シーズンには常設予定

　立地は都市の中心部。JR旭川駅からもクリスタル橋をわたって約1.3キロ。歩いても行ける便利な場所に道の駅がある。広い施設内には大展示場があり、キャンピングカーフェアといった催事も多数行われている。道の駅の館内で大きなスペースを占めるのは席数100席ほどのフードコートだ。旭川ラーメン店が2店。あんかけ焼きそば店にそば店と、4店舗が入りそれぞれメニュー豊富だ。地場産ショップでは旭山動物園グッズをはじめ、旭川の銘菓・特産品がいろいろ並んでいる。その隣にはベーカリー&カフェ店が入る。焼きたてのパンが販売され、イートインスペースもある。なお、道の駅の駐車場が満車の場合は、向かいの大雪アリーナの駐車場及び大雪アリーナ裏の駐車場利用をアナウンスしている。

JR旭川駅の南側、国道237号沿いに建つ。規模の割に駐車スペースが少ないのでご注意を

おすすめ
**イチオシ
メニュー**

フードコートにある「氷雪庵」の「えび天」そば（1,000円）。サクサクの大きなエビに、そばは白と黒と2種類から選べる

上.旭川ラーメン「梅光軒」　下.道産そばの実を自家製粉する「氷雪庵」の冷やしたぬき

人気のお土産コーナー

売店には旭川ラーメンの袋麺が各種並ぶ。なかでも人気は「山頭火」の「まかないラーメン」だ

旭山動物園の「なかよしクッキー」や、同動物園の関連商品がここでも販売されている

地元・旭川の「高砂酒造」の日本酒を販売。甘酒もあるので、ぜひ買っていこう

必見
ポイント
up point

寄り道スポット

地元のスイーツ店の出張販売コーナー。テレビで紹介された「ふわふわドームのチーズケーキ」が人気（不定休）

「DAPAS」では、北海道産小麦・全粒粉・ライ麦・フルーツなどの素材や製造方法にこだわったパンが並ぶ。どれもこれもおいしそうだ

正面玄関横には野菜類の販売コーナーがあって対面販売で季節の野菜が購入できる。旭川の旬をいろいろ聞いて参考にしよう（不定休）

近くの道の駅	**ひがしかわ「道草館」**（168ページ）	道道1160号経由で約16km
	とうま（166ページ）	国道39号経由で約16km

るもい

留萌市船場町2丁目114
📞 0164-43-1501

番号:126
登録年月日:2020年(令和2年)3月13日

開館時間　アンテナショップ/9:00〜17:00
チャレンジショップ/11:00〜16:00(5月〜10月)※季節によって変動有り

休館日　12月31日〜1月5日

〈スタンプ情報〉
道の駅 るもい

留萌市のゆるキャラは「KAZUMO（かずも）」ちゃん。25歳で一児の母。生産日本一の「かずの子」がモチーフだ。留萌の自然風景や魚介類・小麦など特産品に囲まれている。

押印＊開館時間内

駐車場　普通車:134台

●館内の「ふなばカフェ」ではドリンクやソフトクリームを販売
●チャレンジショップ・アンテナショップは、「むさし家」「ぷろぺら」「鈴木かまぼこ店」「北海道良水」「ルモカフェ」「おみやげ処お勝手屋萌」がある

●チャレンジショップとして4店があり、ハンバーガーやたこ焼きなどを提供
●アンテナショップで留萌管内のおみやげが買える

　JRの旧留萌駅と留萌港の間を結ぶ広い敷地が整備され、2020年7月に「るしんふれ愛パーク(船場公園)」内にオープンした道の駅。2022年の4月には新たに屋内遊戯施設「ちゃいるも」がオープンし、多くの親子連れで賑わっている。ちゃいるもはアクティブゾーンとクリエイティブゾーンの2つに分かれ、それぞれの遊具で遊べ、90分の入れ替えクール制になっている。

以前、管理棟2階にあったアンテナショップ「おみやげ処お勝手屋 萌 道の駅店」もこちらの施設に移転し、「ルモカフェ」というスイーツ類をテイクアウトできる店もオープン。新施設の正面にはチャレンジショップとして4店が並び、たこ焼きやかまぼこ、にしん親子弁当といったテイクアウトメニューを掲げる。隣にある休憩スペースを兼ねた直売所もリニューアルされた。

ちゃいるもの外観。かずの子を応援するキャラクター「KAZUMO」ちゃんが大きく描かれる

おすすめ ショップ紹介

取材時の「チャレンジショップ」は、留萌の人気の駅弁に、昔ながらの手づくりかまぼこ店などが営業していた。今後は入れ替えの予定あり

上.えび天・やさい天・たこ天いずれも450円
下.そばやざんぎも販売する「むさし家」

人気のお土産コーナー

道の駅限定品の「KAZUMOちゃんマドレーヌ」(540円)。留萌のゆるキャラ商品

留萌の小麦「ルルロッソ」を使用した「バターケーキ」。ハートの型をしたマチるもいをPR

留萌といえばかずの子だ。お気に入りを探そう

必見ポイント

管理棟入り口すぐにある「ふなばカフェ」。ソフトクリームやコーヒーなどを販売。向かいにはキッズスペースがあり遊具の貸出しも

寄り道スポット

黄金岬

道の駅から約3キロ。柱を幾重にも積み重ねたような荒々しい奇岩がいくつも並ぶ独特な景観を持つ海岸。夕日は絶景で、「日本の夕陽百選」にも選ばれる名所。ぜひ行ってみよう。

階の展望休憩室と展望テラス。晴れたはとても快適なスペーだ。港を見ながらテイアウト品を味わいたい

近くの道の駅	おびら鰊番屋 (130 ページ)	国道239号 経由で約23km
	サンフラワー北竜 (86 ページ)	国道233号 経由で約36km

129

おびら鰊番屋
にしんばんや

232 国道232号沿い、小平町
郊外の歴史公園前

小平町
おびらちょう

小平町鬼鹿広富
📞 0164-56-1828

番号:27
登録年月日:1996年(平成8年)4月16日

開館時間 観光交流センター(歴史文化保存展示ホール・特産品販売コーナー)9:00〜18:00(4〜10月)9:00〜17:00(11月〜3月) 食材供給施設(レストラン鰊番屋)9:00〜16:00(11月〜3月は15時まで)

休館日 年末年始 食材供給施設(レストラン鰊番屋)は月曜定休 旧花田家番屋は食材供給施設営業日と同じ

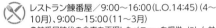

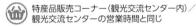

〈スタンプ情報〉 押印＊開館時間内

道の駅前の「にしん文化歴史公園」に、蝦夷地を探検した松浦武四郎の功績を称えた銅像が建っていることもあって、武四郎と旧花田家鰊番屋が描かれている。

駐車場 普通車:67台 大型車:12台

🍴 レストラン鰊番屋／9:00〜16:00(L.O.14:45)(4〜10月)、9:00〜15:00(11〜3月)
●鰊番屋時代の食事を再現したメニューを提供。にしん丼や焼きにしん定食、三平汁などのほか、海の幸を使った海鮮丼やイクラ丼、ウニ丼など

🎁 特産品販売コーナー(観光交流センター内)／観光交流センターの営業時間と同じ
館内売店(食材供給施設内)／食材供給施設の営業時間と同じ
●全国ブランドにもなっている藤田水産のたこ珍味や、鰊のくんせい、甘露煮など地元特産品を中心に販売。ソフトクリームもある

　小平の市街地を抜け、日本海沿いを走る爽快ロード、国道232号を北へ14キロほど走った先にある。道の駅隣にある木造2階建ての大きな建物は「旧花田家番屋」。道内に現存する鰊番屋としては最大級のもので、国指定の重要文化財になっている。内部は見学可能なので、ぜひ入ってみよう。道の駅本館は入口すぐに吹き抜けの交流ギャラリーがあり、大漁旗がぐるりと囲む。ここが漁師まちであることを実感する。その奥、1階は売店コーナーで、地元の水産加工品など小平の特産品が並んでいる。2階は展示室があり、まちの歴史・文化を紹介している。ここは展示物も豊富で見応え充分なコーナーになっている。隣接の食堂では、ニシンやホッケの丼や定食、30品目のメニューが味わえるほか、おみやげ品も販売されている。

敷地には観光交流センターと食材供給施設 旧花田家番屋の3棟が並んで建つ

…シンに沸いた当時に想いを馳せて味わいたい。ふっくらとしたニシンがのる「にしんそば」は
…50円。「にしん丼」(950円)や「焼きにしん定食」(1300円)もおすすめ

上.食材供給施設の店内　下.メニューは定
食や丼ものなど豊富にあって迷うほど

人気のお土産コーナー

…みやげの人気はにしん燻製の「やん衆ど
…こほい」「数の子」など

人気NO1は「こぼれ数の子燻製」(500
円)。プチプチ食感に笑みもこぼれる

店内はひろびろ。海産物がメインながら、夏は地元産
の野菜なども販売されている

道の駅2階にある「歴史
文化保存展示ホール」
は無料で見学ができる。
開拓当時の品が展示さ
れている。充実のコー
ナー

寄り道スポット

…花田家番屋の内部。
…きな吹き抜け空間に
…っていて当時は200
…近くの人が出入りして
…たという、圧巻の建築
…だ

道の駅から国道を渡れば、そこは日本海。
晴れた日には、天売・焼尻島が見える。気
持ちのいい場所

近くの道の駅	風Wとままえ (132 ページ)	国道239号 経由で約20km
	るもい (128 ページ)	国道239号 経由で約23km

風Wとままえ

ふわっと

 国道232号沿い、苫前漁港の近く

苫前町
とままえちょう

苫前町苫前119番地1

📞 0164-64-2810

番号:94
登録年月日:2006年(平成18年)8月10日

開館時間 7:00〜22:00

休館日 年中無休

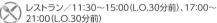

駐車場 普通車:92台　大型車:10台

🍴 レストラン／11:30〜15:00(L.O.30分前)、17:00〜21:00(L.O.30分前)
●レストラン風夢／ホテル1階にあり、地元の新鮮な海・山の幸を使った和食中心の豊富なメニューを提供
●苫前産甘エビ丼、海鮮丼、鮭親子丼、ふわっとセット(ミニ丼＋麺類)など
●喫茶ウインドミル(ラウンジ)は11:30〜20:30営業

🧺 売店／8:00〜18:00(通年)
●特産品販売店／正面入口手前にあり、名物の甘エビの塩辛や煮だこ、かぼちゃ団子などの人気商品が並ぶ
●地元銘菓では、蒸しケーキ、最中入りお吸い物、など

2022年4月から約半年間、施設の大規模改修工事のため休館をしていたが、同年10月から温泉・レストラン・宿泊部門の営業を再開した。2023年4月下旬には物販棟新設され、さらには24時間トイレ、身障用屋根付き駐車場を整備、機能の充実を図る。宿泊の部屋も和室から洋室に改修されるなど、新しくなった施設を楽しみにしたい。駅名の「風W」は「ふわっと」と読ませ、電力のワットが由来。風力発電のまちならではのネーミングである。道の駅の隣接地に「とままえ夕陽ヶ丘オートキャンプ場」があり、ファミリーやライダーが野営を楽しむ姿が見られる。道の駅からもキャンプ場からも同じだが、ここからは日本海を一望することができ、天売島・焼尻島の島影が望める絶景スポットになっている。

クールな外観。コンクリートの素材を活かし〔た〕壁と、ドーム球場を思わせる白い屋根が特徴

レストランの人気メニューは苫前産の「甘エビ丼」。味噌汁と漬物が付いて1,300円。地元で獲れるエビは雪を使った冷蔵システムで保存され、鮮度がいいものを提供（ない場合もあり）

上.明るいレストラン店内
下.「帆立天丼」はボリューミーな丼だ

人気のお土産コーナー

1919年（大正8年）創業のまるや岡田商店の「鰊番屋物語」は最中入りのお吸い物

浜のごちそう、「北の銀鱗」（830円）といった珍味も人気

苫前町産のカボチャを使った上田ファームの「かぼちゃプリン」「かぼちゃ団子」

直売所で販売されている苫前産「甘えび」。活エビは時価

寄り道スポット

新設予定の足湯コーナーからは天気が良ければ、利尻富士が見えることも

温泉の日帰り入浴は10:30〜22時（最終受付21:30）。大人500円、小人250円。タオル・バスタオルのレンタルもあり。露天・サウナ・ジャグジーあり

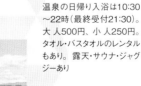

道の駅に隣接する場所に「とままえ夕陽ケ丘オートキャンプ場」がある。快適なオートキャンプができる

近くの道の駅	ほっと♡はぼろ （134ページ）	国道232号 経由で約8km
	おびら鰊番屋 （130ページ）	国道239号 経由で約20km

ほっと♡はぼろ

232 国道232号沿い、羽幌市街の中心部

羽幌町（はぼろちょう）

羽幌町北3条1丁目29

☎ 0164-62-3800

番号:50
登録年月日:1998年(平成10年)4月17日

|開館時間| 7:00～21:00
|休館日| 年中無休

〈スタンプ情報〉

豪華客船をイメージした温泉ホテル「サンセットプラザ」が道の駅となっているため、このホテルの外観とホテルのすぐ横にあるバラ園のバラが描かれている。

押印＊開館時間内

|駐車場| 普通車:224台　大型車:23台

🍴 レストラン／ランチ11:30～14:00L.O.、ディナー17:30～20:00L.O.
●二島物語／新鮮な海や山の幸を使って、和洋中の豊富なメニューが楽しめる
●えびタコ焼き餃子定食、えびしおラーメンなど

🛒 館内売店／7:00～21:00
●物産コーナー／ホテル1階にあり、糠にしん、羽幌みやげ品を多数とり揃え

　羽幌町の市街地中心部。国道にかかる羽幌橋の近くに、豪華客船をイメージしたひときわ大きな建物がある。ここが天然温泉リゾートホテル「はぼろ温泉サンセットプラザ」で、道の駅となっている。ホテルの前側にも、後ろ側にも広い駐車場がある。スタンプやおみやげ品はホテルフロント前のロビーに展開される。レストランでは特産の甘エビを使った丼やラーメンなどが人気だ。羽幌町は甘エビの漁獲高がトップクラスのまち。ぜひ、味わっていきたい。温泉は大浴場のほか、露天風呂やサウナが楽しめる。道の駅から約1キロのところには「羽幌フェリーターミナル」がある。ここから高速船やフェリーに乗って天売島・焼尻島に行ける。道の駅の温泉ホテルを滞在拠点に、2つの離島めぐりにも出かけたい。

豪華客船をイメージしてデザインされた7階建ての温泉ホテル。シングル・ツイン・和室あり

羽幌町新ご当地グルメにもなっている「はぼろえびしおラーメン」（1,100円）。甘エビのから揚げ・えびタコ餃子・生甘エビの3種類が添えられる。海鮮丼や大えび天丼も人気

上. 人気の甘えび丼のほか多彩なメニュー
下. レストラン店内は広くて快適。大漁旗が港町を演出

人気のお土産コーナー

人気の「えびしおラーメン」「えびみそラーメン」。あっさり派もこってり派も大満足

羽幌産の甘エビを使用した濃厚なコクのある「甘えびカレー」（648円）

1923年（大正12年）創業、御菓子司梅月の「金時ようかん」は伝統の羽幌銘菓

必見
ポイント

売店では海産物の加工品やスイーツ類、アクセサリーの小物なども販売されている

北海道海鳥センター

日本で唯一の海鳥の保護・研究を行う専門の施設。町のシンボルでもあるオロロン鳥について知ることができる。海鳥繁殖地の巨大ジオラマは迫力満点。天売島・焼尻島に行く前には必見の施設だ。

寄り道スポット

はぼろバラ園

ホテルの隣にあるバラ園。6月下旬から9月ごろまで花が見られる。北方系のバラ約300種類が咲き誇り、無料で散策することができる。噴水やベンチもあり。休憩にはぴったりの場所。

近くの道の駅	風Wとままえ（132ページ）	国道232号経由で約8km
	☆ロマン街道しょさんべつ（136ページ）	国道232号経由で約24km

☆ロマン街道 しょさんべつ

国道232号沿い、初山別村豊岬漁港近く **初山別村**

初山別村豊岬153番地1

📞 **0164-67-2525**

番号:98
登録年月日:2007年(平成19年)3月1日

[開館時間] 10:00～21:00(4～10月)　10:00～20:00(11～3月)

[休館日] 毎週火曜日、年末年始(12/28～1/4)

<スタンプ情報>

しょさんべつ天文台は日本海に突き出した岬近くの標高47メートルにあるため、視界が広いのが特徴の天文台。名産のフグ、タコとともに、星印の真ん中に描かれている。

押印＊開館時間内、休館日はしょさんべつ温泉ホテル岬の湯で可

[駐車場] 普通車:381台　大型車:5台

 軽食レストラン／10:00～21:00(4～10月)、10:00～20:00(11～3月)
●レストハウスともしび／ふぐだしラーメン、えび丼定食、カレーライス、フーライ棒など。営業日にはBBQハウスで焼きタコなど
●ホテル岬の湯の「レストラン花みさき」でも食事可

 館内売店／10:00～21:00(4～10月)、10:00～20:00(11～3月)
●ともしび内の特産品コーナーが充実。ふぐだしそばつゆ・ラーメンスープ醤油味、ハスカップジャム、ハスカップ果汁、しょさんべつアイスなど。花の無人販売や農産物も販売

 [メモ] 隣接して、「初山別村みさき台公園キャンプ場」☎0164-67-2211(役場経済課)、「初山別村みさき台公園オートキャンプ場」☎0164-67-2077(センターハウス)がある。道の駅の向かいには「しょさんべつ温泉 ホテル岬の湯」☎0164-67-2031がある

　通称「オロロンライン」と呼ばれる国道232号沿いには、日本海に面して見晴らしのいい道の駅があるが、その中でも「絶景中の絶景」を味わえるのがここの道の駅。国道から海側に進んだ一帯は「岬台公園」として、公園全体が道の駅の指定を受けている。スタンプやトイレがある「レストハウスともしび」がメイン駅舎となり、食堂コーナーと売店、バーベキューハウスを併設する。向かいには、しょさんべつ温泉ホテル「岬の湯」があり、特産の真ふぐ料理が味わえるほか、日帰り入浴も楽しめる。公園内の高い方へ散策しながら上がっていくと、天文台があり、開けた場所にキャンプ場と、海に面してコテージが建っている。時間がゆるせば、ぜひ階段下の海へ下りてみてほしい。海の中に鳥居があるフォトジェニックな景色が見られる。

駅舎の「レストハウスともしび」は小ぶりな建物。向かいには温泉ホテルが建っている

 Recommend おすすめ／イチオシメニュー

しょさんべつ温泉ホテルのレストラン「花みさき」では、前浜で揚がったフグ・タコ・ヒラメなどの料理が楽しめる。写真は「真ふぐ天丼」(1,450円)

上. 店内の飲食コーナー　下. 食券機で購入するセルフ方式。ソフトクリームも同じだ

人気のお土産コーナー

「初山別アイス」(300円)は初山別村産のハスカップを入れたさわやかな味

するめや燻製など、地元の海産物を加工したものが人気。海の幸をぜひ買いたい

ハスカップを使った製品も各種あり、果樹飲料のほか、ジャムやシロップも置かれる

必見ポイント

公園から階段を下った先、海岸を少し歩いたところに「金比羅神社」がある。海の中に鳥居があり、夕暮れ時には夕日を写真に収める人が集まる

寄り道スポット

しょさんべつ温泉ホテル「岬の湯」では、絶景露天風呂のほか、「天然真ふぐ照り焼き丼」やふぐ鍋、たこしゃぶなど日本海の海の幸も味わえる

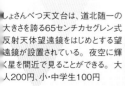

しょさんべつ天文台は、道北随一の大きさを誇る65センチカセグレン式反射天体望遠鏡をはじめとする望遠鏡が設置されている。夜空に輝く星を間近で見ることができる。大人200円、小・中学生100円

近くの道の駅	えんべつ富士見 (138 ページ)	国道232号 経由で約18km
	ほっと♡はぼろ (134 ページ)	国道232号 経由で約24km

えんべつ富士見

232 国道232号沿い、遠別町
郊外の海水浴場近く

遠別町（えんべつちょう）

遠別町富士見46-21、147-3
☎ 01632-9-7555

番号：8
登録年月日：1993年(平成5年)4月22日

開館時間 9:00～18:00(4月～10月、冬期は10時～17時)
休館日 年末年始(12月29日～1月3日)

〈スタンプ情報〉

遠別町のマスコットキャラクター「モモちん」がモチーフ。モモちんは遠別町に生息するエゾモモンガの仲間。町の特産であるもち米とタコやヒラメが描かれている。

押印＊24時間押印可能

駐車場 小型(普通)車:61台　大型車:12台

レストラン／10:00～17:00(夏期、冬期は11時～16時)

●地元の特産品、加工品、魚類が並ぶ

メモ キャンプ場は、「遠別川河川公園」☎01632-7-2146 (遠別町役場経済課商工観光係)が隣接する

2020年にリニューアルし、名称も建物も新しくなった。ここ遠別町は留萌市から約97キロ。稚内市からは約87キロと、国道232号のほぼ中間地点になっている。寒冷地気候ながら、日本海を流れる対馬暖流の影響を受けるため、内陸部に比べて極端な冷え込みも少なく、日本最北の水稲地としても知られる。もち米も生産していることから、道の駅では「もち米粉ラーメン」をはじめ、もち米デザートなども販売されている。館内は飲食店3店が並ぶ、広いフードコートがメインだ。売店コーナーには地元の特産品が並ぶ。漁業のまちらしく、魚介類が並ぶ一角もある。持ち帰り用の発泡スチール箱も売られているのでありがたい。駐車場に面したスペースでは夏季の日曜日、農産物の販売会が行われており、地元の農家から品物が集まる。

かつての「とんがりかん」をランドマークに、新しい建物で飲食・テイクアウトができる

おすすめ ショップ紹介

左から「ふじみるキッチン」はソフトクリームなどテイクアウト品が中心。「麺屋232」はもち米粉を使ったラーメン類を提供。「レストランみなくる」は定番の定食類や丼ものがある

上.人気の「かきあげうどん」(680円) 下.「米粉ラーメンの味噌味」(1,000円)はモチモチだ

人気のお土産コーナー

自慢のもち米を使った赤飯(185円)、大福(230円)が売られる。おいしそう

ヒラメやカレイ、ソイといった地元の漁港であがった魚が1枚もので売られている

「真ダコ」「ボイルホタテ」など、水産加工品もいろいろ販売されている

必見ポイント

寄り道スポット

駐車場から階段を上って振り返ると日本海が見える。海岸沿いは「遠別川河川公園」になっていて、海水浴場とキャンプ場も整備されている

えんべつ特産品コーナーには、和菓子類や町民の手芸品などが販売されている

フリースペースを使ったフレッシュ市場「花菜夢」は6月〜10月の毎週日曜日に開催。野菜や、花苗、手作りパンなどが置かれている

近くの道の駅	☆ロマン街道 しょさんべつ (136ページ)	国道232号 経由で約18km
	てしお (140ページ)	国道232号 経由で約20km

てしお

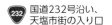

国道232号沿い、
天塩市街の入り口

天塩町（てしおちょう）

天塩町新開通4丁目7227番地2

☎ 01632-9-2155

番号:74
登録年月日:2002年(平成14年)8月13日

| 開館時間 | 9:00〜19:00(4〜10月)　9:00〜17:00(11〜3月) |
| 休 館 日 | 1/1、1/2 |

〈スタンプ情報〉

天塩町特産のシジミをモチーフにした同町のキャラクター「てしお仮面」が基幹産業である酪農のウシに乗っているデザイン。のんびりとした暮らしをイメージ。

押印＊開館時間内

駐車場 普通車:55台　大型車:6台

🍴 レストラン／11:00〜17:00(L.O.16:15)(4月〜12月)、11:00〜15:00(L.O.14:15)(1月〜3月)
●しじみ潮ラーメン、ホッキカレー、しじみ汁など。ワンコインで「ザンギ弁当」も販売（期間限定）

🧺 館内売店／開館時間と同じ
●アンテナショップにはたくさんの特産品がある

　北見山地の天塩岳に源を発し、名寄などを経てここ天塩で日本海に注ぐ天塩川。全長256キロは道内で2番目、全国でも第4位の長さの大河である。この大河の恩恵として、古くから「蝦夷の三絶」と呼ばれ、北海道の三大名物と知られた天然のシジミが採れる。道の駅では、この活シジミが青いネットに入れられ販売されている。地方への発送も可能。カップ入りの小分けされたシジミもあるほか、シジミ関連の特産品が並んでいる。館内は入り口中央に休憩スペースがあり、右側は「天塩の國」という地域のアンテナショップ。左側は売店と食堂コーナーになっており、地域の特産品がいろいろ置かれる。なお、ここ天塩から稚内までは道の駅がない。ガソリンを確認してから、大絶景ロード・道道106号のスーパーストレート道路を満喫しよう。

国道232号に面しており、わかりやすい立地。
センターハウス横には屋外にベンチもある

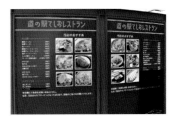

初めて立ち寄る人はぜひ「しじみ潮ラーメン」（1,200円）をオーダーしよう。すっきりとした塩味に特産のシジミがどっさり入っている。カラを取り外しながらスープも飲み干したい

上.メニューはラーメンやそばのほか、定食類もあり　下.2回目以降は「北寄カレー」も味わいたい

人気のお土産コーナー

おみやげ人気は「天塩しじみラーメン」（324円）。出汁スープとセット商品もあり

宇野牧場の生乳を使用したソフトクリームを挟んだ「どらソフト」は人気スイーツ

売店では「天塩の國」印がついた「鮭とば」「にしん燻製」などが並ぶ

寄り道スポット

天塩川歴史資料館

「赤レンガ」として親しまれてきた旧役場庁舎を整備した施設。1951年の建築以後、酷寒の歳月に耐え続けてきた堂々たる風格の建物の中で、天塩のくらしを知ることができる。

てしお温泉夕映

2018年にホテル部分を全面リニューアルした温泉ホテル。日帰り入浴も楽しめる。お湯はお肌すべすべの美肌の湯。日本海を一望でき、利尻富士がどーんと見える。貸切温泉やサウナもあり。

国産シジミのほとんどは、外国産の稚貝を放流して育てたものだが、天塩のシジミは正真正銘の天然もの。他では手に入らない貴重な品が購入できる（価格は時期により変動）

近くの道の駅	えんべつ富士見 （138ページ）	国道232号 経由で約20km
	なかがわ （152ページ）	道道855号と 国道40号 経由で約36km

わっかない

国道40号の終点、
稚内駅ビル内

わっかない し
稚内市

稚内市開運2丁目1番

☎ 0162-29-0277
（株）まちづくり稚内

番号：114
登録年月日：2012年（平成24年）3月26日

開館時間 情報コーナー／9:00～21:00　休憩コーナー／　5:00～24:00
案内コーナー／10:00～18:00

休館日 情報コーナー、案内コーナー／年末年始

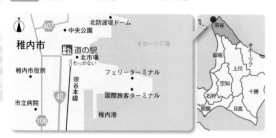

〈スタンプ情報〉

稚内市のキャラクターは、探検家・間宮林蔵をモチーフにした「りんぞうくん」。市内有数の観光地の北防波堤ドーム、利尻島とともに描かれている。

押印＊年中無休、24時間可

駐車場 普通車：88台　大型車：11台

レストラン・喫茶　営業時間は各店ごとに異なる
●セレクトカフェ モカマタリ（各種サンドイッチなど）、オレンジエッグ（カップケーキなど）、お食事処ふじ田（ラーメン、そば、丼物など）が入店

土産ショップ　9:00～18:00　季節で変動あり
●ワッカナイセレクト／スイーツやパン、珍味、ソフトクリーム、その他土産物多数。稚内市の特産物を厳選した「稚内ブランド」のコーナーもある

国道40号の終点にある国内最北の道の駅。旅情をかきたてる形容詞「国内最北」の駅は、鉄路の終着駅と一体化した「キタカラ」という複合施設になっている。施設の広場には「日本最北端の線路」というモニュメントが残され、車止めが印象的である。JRの駅と共有する待合室は明るいアトリウム。吹き抜けになった大空間が心地よい。隣にはショップコーナーがあり、テイクアウト品が多数置かれる「ワッカナイセレクト」では、宗谷ブランドのメニューが味わえる。お食事処「ふじ田」はテーブル席のほかに、立ち食い用のカウンターがある。ここはかつての旧駅時代から営業する店で、その風情を残している。このほか複合施設内には、セイコーマートや稚内市観光案内所がある。2階には映画館、多世代交流ロビーと充実している。

立地はまさにJR稚内駅。フェリーターミナルや北防波堤ドーム公園なども近い

セレクトカフェ モカマタリの人気メニューは「宗谷黒牛のハヤシライス」。ミニサラダとコーヒーがセットになって1,200円。「宗谷のホタテピラフ」もあってこちらもおすすめ

上.時間のない人にはうれしい立ち食いコーナー　下.コーヒーなどのほか、サンドイッチも

人気のお土産コーナー

売店コーナーの一角には稚内ブランドコーナーもあり水産加工品や宗谷岬牧場のハンバーグなどがある

人気商品「ほたて丸」はホタテのヒモをカラッと揚げた風味豊かな珍味

「宗谷の塩ソフト」。3種類のコーン（250円〜370円）から選べる

観光案内所には稚内のことはもちろん、利尻・礼文や宗谷管内のパンフレットが並ぶ

＼もっと知りたい！／ 旬カレンダー 👉

	5	6	7	8	9	10
毛ガニ（3月〜5月）						
ミズダコ（通年）						
ホタテ貝（4月〜11月）						
スルメイカ（7月〜11月）						
サケ（9月〜11月）						
ホッケ（通年）						
ウニ（4月〜8月）						

寄り道スポット

稚内港北防波堤ドーム

北海道遺産認定。古代ローマの柱廊を思わせる、長さ427メートル、世界でも類を見ない港湾土木史に残る傑作として知られる。旧樺太航路時代の記憶を残す歴史的遺産。道の駅から歩いても行ける。

近くの道の駅	さるふつ公園 （144 ページ）	国道238号 経由で約51km
	てしお （140 ページ）	道道106号 経由で約68km

さるふつ公園

<ruby>猿<rt>さる</rt></ruby>払村

（238）国道238号沿い、猿払村営牧場の一角

猿払村浜鬼志別214番地7

☎ 01635-2-2311

番号：54
登録年月日：1998年(平成10年)4月17日

開館時間　9:00〜17:30(通年・窓口対応、11月から3月は火曜休み)

休館日　年末年始、(各施設ごと定休日や営業時間が異なる)

〈スタンプ情報〉

さるふつ公園にある風車をかたどった「風雪の塔」は、開拓者の誇りを後世に伝えるモニュメント。風雪の塔のほか、猿払村名産のホタテと流氷の海が描かれている。

押印＊24時間押印可能

駐車場　普通車：112台　大型車：28台

　●レストラン風雪／ホテル1階、ホタテ料理が中心の豊富なメニュー
●ホタテカレー、ホタテそば、ホタテラーメンなど

　夢喰間(売店)／冬期休み
●ホタテめし、ホタテ串など、海産物の加工品も多い
さるふつまるごと館
●バーベキュー室の団体利用可能(要予約)。活ホタテや水産加工品のほか、食事もできる
ホテルさるふつ売店／ホタテ製品など土産品多数※各施設は天候などにより、営業期間、営業時間の変更や、臨時休業などあり

メモ　キャンプ場は隣接の「さるふつ公園キャンプ場」、「ホテルさるふつ」☎01635-3-4314がある。

　宗谷岬と猿払村の道の駅を結ぶ国道238号からの車窓の眺めは荘厳のひとこと。このあたりは「宗谷丘陵」と呼ばれ、標高20〜400メートルのなだらかな丘陵地帯が続いている。氷河期時代に形成されたという独特の丸みを帯びた地形は、雄大な景観だ。この風景の一端、オホーツク海に面した平らな場所に道の駅がある。付近は「さるふつ公園」として整備され、パークゴルフ場のほか「ホテルさるふつ」などが建っている。道の駅管理棟の横には売店が営業し、水揚げ日本一を誇るホタテの加工品などが販売される。その奥には「さるふつまるごと館」があり、ホタテを使った特産品や、季節限定ながらホタテを貝付きのまま焼いて食べられるBBQコーナーもある。道の駅の隣は芝生がきれいなキャンプ場になっている。

3棟がそれぞれ建ち、敷地内には「さるふつ憩いの湯」(木曜定休)もある

道の駅弁は「ホタテめし」(660円)。猿払産ホタテを使用し道産のお米を使ったお弁当。札幌ドームでのコンテストでグランプリ優勝を獲得したほど。ぜひ、味わってみて

上.ホタテのみをテイクアウトしたい場合は串焼きがある。1串500円 下.「夢喰間」の外観

人気のお土産コーナー

売店店内は広くはないが、ホタテをはじめとした地元の産品がいろいろ並ぶ

人気のソフトクリームは3品。「こけもも」「ミックス」「バニラ」味

みやげ品の人気は「ほたてカレー」と「さるふつホタテバターカレー」だ。ミミも貝柱もまるごと入る

もっと知りたい！ 旬カレンダー

| 5 | 6 | 7 | 8 | 9 | 10 |

毛がに(3月中旬〜5月中旬)

ホタテ(3月中旬〜11月中旬)

サクラマス、トキシラズ (5〜6月)

カラフトマス(8月)

サケ(9〜11月)

「さるふつまるごと館」ではホタテの貝むき体験ができ、その場で焼いて味わうことも可能(期間限定)

バーベキューコーナーでは購入したホタテを自分で焼いて味わうことが可能。隣には休憩コーナーもある

寄り道スポット

地下歩道で国道を渡ると目の前に紺碧のオホーツク海が広がる。慰霊碑などが建っている

近くの道の駅	北オホーツク はまとんべつ (146ページ)	国道238号 経由で約30km
	わっかない (142ページ)	国道238号 経由で約51km

北オホーツクはまとんべつ

(275) 国道275号沿い、
浜頓別町中心部

浜頓別町 (はまとんべつちょう)

浜頓別町中央北21番地1

📞 **01634-8-7887**

番号:123
登録年月日:2019年(平成31年)3月19日

開館時間	交流館　9:00〜19:00
	カフェ・ショップ　10:00〜18:00
休館日	年末年始

〈スタンプ情報〉

町の公式マスコットキャラクター「スワットン」がカヌーに乗る姿が大きく描かれている。クッチャロ湖に舞い降りる美しい白鳥のように、浜頓別町に幸せを運ぶ妖精。

押印＊24時間押印可

駐車場	普通車:89台　大型車:5台

🍴 飲食店などはなし
テイクアウトコーナーで、ホットコーヒーなど提供

🧺 館内売店／10:00〜18:00、パン店が入り焼きたて
パンなどを提供

　2019年に開業、場所は浜頓別町の中心部。役場の斜め向かいの角地にある。道の駅とは関係ないけれど、ここの交差点はちょっと注意が必要だ。ラウンドアバウトと呼ばれる環状交差点になっていて、一時停止や信号機がない。注意しながら通過したい。道の駅館内には「みんなの広場」と称した広い空間があり、旅の疲れを癒やしてくれる場所になっている。その奥には「あそびの広場」があり、子どもたちが年中遊べるようにとネット遊具やボルダリング施設が整備されている。カフェ・ショップコーナーにはパン店「こんがり堂」が入り、焼きたてのパンが各種並ぶ。裏手には広い芝生の公園と休憩広場がある。ここからクッチャロ湖までは約1.5キロ。散歩を兼ねて、歩いても行ける。クッチャロ湖にはキャンプ場や温泉施設、コテージもある。

国道275号の起点近くに面して建つ。建物は1階建て。駐車場は広く、前側と横側にある

町内で唯一のパン屋。明るくさわやかな店内には30種類ほどの焼きたてパンが並ぶ。有機栽培豆を使用したホットコーヒー（248円）やカフェラテ（324円）も販売されている

おすすめのひとつ、「ブリオッシュメロンパン」。フランス産発酵バターを使用したふんわり食感

人気のお土産コーナー

人気の「塩バターパン」はヨーロッパ産発酵バター入り。大粒の塩の食感がおいしい

横山ファームの「浜頓別蕎麦」は2人前で540円。そば茶もあわせてどうぞ

テイクアウトに「鮭まんじゅう」と「ホタテまんじゅう」もいい。ともに350円

必見 ポイント
check up point

クッチャロ湖

ラムサール条約登録湿地の海跡湖。日本とロシアを渡る水鳥の中継地で、春と秋には数千羽のコハクチョウとカモ類、冬には天然記念物のオジロワシやオオワシの姿が見られる。

館内にはキッズコーナーもあって小さな子どものびのび遊べるスペース。授乳室もあり

寄り道スポット

はまとんべつ温泉 ウィング

クッチャロ湖を見下ろす高台にある温泉ホテル。日帰り入浴は期間限定で朝風呂も利用できる。近くには温泉付きコテージも立っている。レストランでは「ホタテを使った料理」も味わえる。

近くの道の駅	さるふつ公園（144 ページ）	国道238号経由で約30km
	ピンネシリ（150 ページ）	国道275号経由で約35km

道北 マリーンアイランド 岡島（おかしま）

238 国道238号沿い、枝幸町
郊外の海水浴場そば

枝幸町（えさしちょう）

枝幸町岡島1978番地13

📞 **0163-62-2860**

番号:28
登録年月日:1996年(平成8年)4月16日

開館時間 9:00〜16:30(4/下〜6月、10月)、9:00〜17:00(7〜9月)、
10:00〜16:00(上記以外の期間、不定休)

休館日 年末年始(12/30〜1/4)

〈スタンプ情報〉
枝幸町は海と山に囲まれたオホーツク文化のまち。スタンプには船を思わせるユニークな道の駅の外観と、枝幸町の花ハマナスが描かれている。

押印＊トイレ通路で24時間可

駐車場 普通車:45台　大型車:13台

🍴 レストラン／道の駅開館時間と同じ
●館内にテイクアウト主体の軽食コーナーとレストラン／シーフードがメインのメニュー
●うにのおにぎり、うに丼、海の幸ラーメンなど(季節限定)

🛍 館内売店／道の駅開館時間と同じ
●特産品展示販売コーナー／冷凍ケースに毛ガニやホタテ、タコなどの海産物。棚には炊き込みごはんの素、昆布巻、干しダコなど、定番土産の加工品が並ぶ

📝 メモ 「ハマナス交流広場キャンプ場」☎0163-62-1329(枝幸町役場)が併設されている。

　道内に同じ読み方の自治体があることから、枝幸町は「北見枝幸」「道北の枝幸町」「オホーツク海側の枝幸」などとも呼ばれることがある。漁業が盛んなまちで、毛ガニ・サケ・ホタテが主力。中でも毛ガニは日本一の漁獲量を誇る。7月には「枝幸かにまつり」というイベントも開催されている。道の駅は市街地中心部から南へ約8キロ。岡島地区にある。オホーツク海に面して

「枝幸町特産物直売所」と表示された船のフォルムが道の駅。館内にはその名のとおり、枝幸の特産品が所狭しと並んでいる。海産物コーナーをメインに、カニやホタテ関連の商品が売れていく。直売所の奥、海側に面してレストラン＆喫茶コーナーがある。席ではブルーに輝くオホーツク海を眺めながら食事ができる。屋上からはさらに美しいオホーツク海の眺めが広がる。

道の駅の外観は海を航行する船の形をしている。客船に乗った気分で買物や食事も楽しも

おすすめ イチオシ メニュー

レストランの席からは海が見える

レストランの人気メニューは「特製シーフードカレー」(1,320円)。毛ガニ・イカ・アサリ・エビ・ホタテといった海のオールスターが入り、サラダ付き。ご飯大盛りはプラス100円だ

人気のお土産コーナー

ホテテ関連商品も充実していて「ほたて干し貝柱」は540円から、お買い得の大袋もあり

海の幸関連の加工品類はもちろん、近隣からの山の幸関連の商品も多数ある

「はちみつ」も近年人気の枝幸おみやげだ。各種タイプが並ぶ

必見 ポイント

道の駅オリジナルの「カニ飯の素」「帆立のり」は店長おすすめの品

もっと知りたい！
旬カレンダー

	5	6	7	8	9	10
毛がに						
たこ						
うに(えぞばふんうに)(3〜6月)						
銀鮭、メジカ鮭(10月〜12月)						

寄り道スポット

外階段を上った屋上はデッキのようになっていて、船の甲板にいるような気分になれる

近くの道の駅	北オホーツクはまとんべつ(146ページ)	国道238号経由で約39km
	おうむ(224ページ)	国道238号経由で約44km

ピンネシリ

中頓別町敏音知72番7

📞 01634-7-8510

番号:32
登録年月日:1996年(平成8年)4月16日

国道275号沿い、中頓別町郊外の敏音知岳登山口

中頓別町（なかとんべつちょう）

開館時間 9:00～17:00

休館日 年末年始(12/30～1/3)

〈スタンプ情報〉

道の駅 ピンネシリ
Route 275
PINNESHIRI
SINCE 1996

豊かな緑に囲まれた敏音知岳のふもとにある道の駅。スタンプにもこの山の姿が描かれていてローマ字と合わせてデザインされている。

押印＊開館時間内

駐車場 普通車:10台　大型車:6台

🍴 なし

🛍 館内売店／道の駅開館時間と同じ
●自由にくつろげるロビーがある
●売店には、砂金関連食品や中頓別産の商品など

メモ 併設されているキャンプ場は「ピンネシリオートキャンプ場」。道の駅向かいにある、「ピンネシリ温泉ホテル望岳荘」で日帰り入浴や宿泊もできる。

　この地にはかつて国鉄天北線が走っていた。音威子府から分岐して中頓別・浜頓別・猿払を経由して稚内へと結ぶ148.9キロ。現在、道の駅がある場所は、天北線敏音知駅があった場所。1989年に駅は廃止となったが、今も模擬のホームがモニュメントとして残されている。この地域は明治時代後期に砂金採りに沸いた場所。道の駅ではこの砂金にちなんだ商品も販売される。　多くはないものの町の特産品も置かれている。道の駅はオートキャンプ場と一体となっていて、敷地内には電源などが使えるカーサイトやトレーラー型のキャンピングボックス、別荘タイプのコテージがある。国道を挟んで向かいにはピンネシリ温泉もあって、日帰り入浴や食事が楽しめる。道北の名峰・ピンネシリ岳(標高703メートル)の登山口にもなっている。

三角屋根が印象的な大きなログハウス風の外観。向かって左手側はオートキャンプ場

「彩北の滴はちみつ」は中頓別町内で採れた100％純粋な味をつめている。キハダ・チシマアザミ・シナノキなど、中頓別を感じる一品

ハチミツは試食用のものが用意されている。気に入った味を購入していこう

人気のお土産コーナー

「砂金ラーメン」は金箔入りのラーメンだ。塩味スープが付いて麺は竹炭黒麺

間伐材を活用したエシカルな箸「宗谷利休八寸箸」

「なかとん牛乳」は牛乳本来の味にこだわっている。200ミリリットルで200円

Pick up point

必見

ポイント

インテリアやクラフト製作に使える「鹿角」が販売されている。50センチほどで4,000円から

もっと知りたい！

旬カレンダー

	5	6	7	8	9	10

行者にんにく、うど、たらの芽など

レタス、トマト、キャベツなど葉物野菜

なす、きゅうり、玉ねぎ、食用ほおずきなど

じゃがいも、かぼちゃ、とうもろこし、豆

キャンプ場側にあるコテージ。1階と2階建があり、備品類も揃っていて手ぶらで利用が可能だ。

寄り道スポット

「ピンネシリ温泉ホテル望岳荘」。日帰り温泉も利用できる。

近くの道の駅	おといねっぷ （154 ページ）	国道275号 経由で約26km
	北オホーツク はまとんべつ （146 ページ）	国道275号 経由で約35km

なかがわ

国道40号沿い、市街地入口の天塩川誉大橋そば

中川町誉498番地1

📞 01656-7-2683

番号:72
登録年月日:2002年(平成14年)8月13日

開館時間 9:00〜17:00

休館日 年末年始(12/30〜1/4)、臨時休館日あり

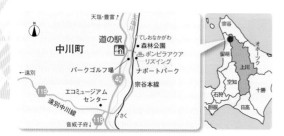

中川町ではクビナガリュウの化石が2度発見されるなど貴重な化石が多く発見されてきた。「化石のまち」の道の駅だけに、ハンドルを握った恐竜が描かれている。

押印＊24時間押印可能

🅿 駐車場　普通車:40台　大型車:10台

 レストラン／11:00〜14:00、L.O.30分前
●肉厚のカツとボリュームが評判、窓からの見晴らしもいい
●カツ丼やカツカレー、味噌ラーメン、チャーシュー麺、スタミナ焼きカツカレーなど

 館内売店／道の駅開館時間と同じ
●地場産品コーナー／地場産の農産物が並ぶ。匠舎の行者にんにく入りウインナー、行者にんにく入りパウダー、行者にんにく入りたれ、ハスカップジャムなど
●テイクアウトコーナー／ハスカップソフト、からあげ棒、串カツなど

　国道40号は名寄あたりから北へは道北の大河・天塩川と並行している部分が多い。この川と何度も交差しながら山あいの道を進んだ先にあるのが中川の道の駅だ。館内に入ると天井から吊り下がる大きな円柱の鉄製フードが目に入る。ここは休憩コーナーになっていて、夏季は円形テーブルが設置され、冬季は暖炉となる自慢の設備になっている。隣には中川の特産品などが並ぶグッズコーナー。数はそう多くはないものの、パッケージなど洗練されたデザインの商品に目がとまる。その奥はレストランだ。アピールされているのは「スタミナ」。カレー・ラーメン・丼ものにスタミナという文字がついたメニューが多々あり、ボリューム満点なのがうれしい。館内一角には「神社」コーナーもあって、ユニークだ。夏場には地元の野菜も販売されている。

国道に面して平屋の道の駅。駐車場は広い。建物横にはドッグラン設備もあり

おすすめ
イチオシ
メニュー

大ボリュームの「スタミナ中川ステーキ丼」（1,300円）。切ったステーキとウィンナーの下にご飯がかくれるほど

上.店内は気軽に入れる食堂風　下.テイクアウトとして「中川フランク」や「放牧牛ソフト」も人気品

人気のお土産コーナー

売店コーナーの「なかがわの特産品」棚には、すてきなパッケージの製品が並ぶ

地元の窯元「誉平焼」から中川の土をブレンドした作品を展示販売

行者ニンニクを入れた「エゾネギラーメン」は450円

必見
ポイント

寄り道スポット

ポンピラ・アクア・リズイング

道の駅から天塩川を渡ってすぐのところにある温泉宿泊施設。日帰り入浴も楽しめる。その隣はオートキャンプ場になっていて、近くからカヌーも漕ぎ出せる。

館内の一角に神社コーナーが設置されている。開運成就・招福祈願。賽銭箱とおみくじもある

入り口近くには地元の「だいちゃんファーム」生産の季節の野菜も販売されている

近くの道の駅	おといねっぷ（154 ページ）	国道40号経由で約31km
	てしお（140 ページ）	国道40号と道道855号経由で約36km

おといねっぷ

40 275 国道40号と
国道275号の分岐点

音威子府村音威子府155番地

📞 01656-5-3111

番号:12
登録年月日:1993年(平成5年)4月22日

開館時間 9:30～17:00、9:30～16:00(10月～3月)

休館日 毎週火曜日、毎月第2・4週の月曜日(10月～3月)、年末年始

〈スタンプ情報〉

「森と匠の村」をキャッチフレーズにまちづくりを進める音威子府。木彫りタッチで描かれたシンボルのふくろうが描かれている。

押印＊24時間可(休館日も可)

駐車場 普通車:27台　大型車:15台
駐車場とトイレは24時間利用可能

🍴 ●天北龍／ラーメン

🛒 館内売店／9:30～17:00(10月～3月は16時まで)
●売店／木工芸品や道の駅グッズ

音威子府村は道内で一番人口が少ない自治体である。その数600人あまり。交通の要衝に位置し、天北線と宗谷本線をつなぐ鉄道のまちとして発展してきた。市街地の外れ、中頓別方面への国道275号と中川方面の同40号の分岐点に、道の駅がある。館内は入り口横に休憩コーナーがあり、おみやげ品など音威子府の特産品がワゴンに並ぶ。その奥はゆったりスペースのお食事処「天北龍」が営業する。開店は11時からで、なくなりしだい終了する。取材時は、12時半ごろに到着するも、ラーメン類はすべて「売り切れました」の表示になっていた。早めの訪問をおすすめしたい。なお、製造元の畠山製麺が廃業により姿を消した黒いそばの後継商品となる「マルシチ」は、売店で販売されている。ぜひ購入していきたい。

取材時の外観。2019年5月から売店が再開され、飲食店が開業している

天北龍ではぜひ旧村名を冠した「常盤ラーメン」を味わおう。写真は「醤油ラーメン」。味噌ラーメンには地元で製造されている味噌が使用されている

店内の様子

人気のお土産コーナー

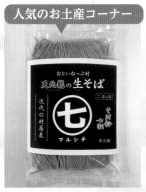

「マルシチ」は風味豊かな生そば。1袋756円

「音威子府羊羹」はよもぎやハスカップなど全部で5種類。大594円、小302円

音威子府のおすすめ品が並べられたワゴン。「そばせんべい」などドライブのおともに

必見ポイント

寄り道スポット

2階のフリースペース。写真展や地元高校生の展覧会などが開催される時もある

JR 音威子府駅 交通ターミナル

道の駅から400メートルほどのところにある。駅舎内には「天北線資料室」があり、駅名のプレートなどが掲示される。中でも「昭和30年代の駅構内」というジオラマは必見だ。当時の賑わいがよくわかる。

北海道命名之地

道の駅から国道40号を中川方面へ7キロほど走って右側に入り、少し歩いた天塩川のほとりにある。「北海道」と命名した松浦武四郎の碑が建立されている。なにか感慨深い場所。

近くの道の駅	ピンネシリ (150 ページ)	国道275号経由で約26km
	びふか (156 ページ)	国道40号経由で約22km

びふか

美深町大手307番地1

📞 **01656-2-1000**

番号:5
登録年月日:1993年(平成5年)4月22日

開館時間	9:00〜17:30(11〜4月)　9:00〜19:00(7/下〜8/中の土日祝)、9:00〜18:00(5〜10月)※上記日を除く
休館日	年末年始(12/31〜1/2)

40 国道40号沿い、美深町郊外

美深町(びふかちょう)

〈スタンプ情報〉

世界三大珍味キャビアで有名なチョウザメとカボチャが特産の町。チョウザメ養殖事業を重点施策に掲げる美深町だけに、チョウザメが描かれている。

押印*開館時間内

 駐車場　普通車:200台　大型車:18台

 レストラン/10:30〜18:00(5〜10月)、10:30〜17:30(11〜4月)
●レストハウスあうる/インド人コック直伝カレーが有名。セットメニューも
●インドカレー、ジャンボあんかけ焼きそば、双子座セットなど

物産展示コーナー/道の駅開館時間と同じ
●物産売場/季節の野菜直売や加工食品など。ファストフードも豊富
●美深牛肉まん、かぼちゃコロッケ、くりじゃがコロッケ、メリーさんのアイス、森の雫、トマトジュース太陽の水

メ モ	キャンプ場は「森林公園びふかアイランド」☎01656-2-3688(管理棟)、「びふか温泉」☎01656-2-2900は宿泊もできる。

　高級食材のキャビアで知られるチョウザメの養殖がさかんな美深町。まちの中心市街地から北へ約8キロ。「森林公園美深アイランド」が整備され、道の駅・宿泊温泉施設・キャンプ場などがある。館内に入って正面にテイクアウトコーナーとレジがあり、道の駅名物の「くりじゃがコロッケ」が販売される。冷蔵ケースには「美深銘菓」コーナーがあり、地元の菓子店から選りすぐりのスイーツが届く。目を引くのは「美深白樺ブルワリー」の商品だ。2019年に製造を開始した日本最北のクラフトビール工場。人気商品や新作が置かれている。2階にはレストラン「あうる」が入る。ラーメン・そば・うどんのほか、自慢のインド風カレーなどが味わえる。建物は中世ヨーロッパの城壁をイメージした造りになっていて、展望台となる屋上に出ればその様子がよくわかるだろう。

国道40号に面して立地。建物はコンクリート打ちっ放しで横に長い。駅舎の裏手に温泉などがある

おすすめ イチオシ メニュー

レストハウス「あうる」は本場インド人シェフ直伝のインド風カレーが人気のメニュー。写真の「キーマカレー」（900円）はひき肉に14種類のスパイスをブレンドした本格派

上.カジュアルな雰囲気の店内　下.美深産の北あかりとカボチャを使った「くりじゃがコロッケ」

人気のお土産コーナー

物産の人気NO.1は「かぼちゃパイ」（130円）。早々に売り切れる日も

人気NO.2は「ピウカ・ボッチャ」（155円）だ。美深産小麦とかぼちゃのスティックタルト

「美深牛乳」も人気だ。ビンの開け方にちょっとコツがいるそう、ご注意

必見ポイント

「美深産チーズ」と「美深銘菓」コーナーが充実している。チーズ工房が作るナチュラルヨーグルトは希少品、お早めに

もっと知りたい！ 旬カレンダー

5	6	7	8	9	10

アスパラ（グリーン、ホワイト）

美深メロン、とうもろこし

じゃがいも、かぼちゃ

雪中キャベツ（11月〜2月）

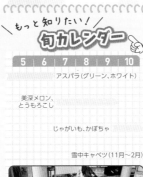

寄り道スポット

びふか温泉

泉質はなめらかな湯ざわりで湯冷めしにくく、入浴後はすべすべ肌になると評判の温泉。サウナとジェットバスもあり。レストランでは珍しい「チョウザメ料理」が味わえる。温泉向かいには人気のキャンプ場もあって長期滞在のキャンパーで賑わう。

近くの道の駅	おといねっぷ（154 ページ）	国道40号経由で約22km
	もち米の里☆なよろ（160 ページ）	国道40号経由で約36km

森と湖の里 ほろかない

275 国道275号沿い、
幌加内町郊外の山間地 **幌加内町**

幌加内町政和第一

📞 **0165-37-2070**

番号:55
登録年月日:1998年(平成10年)4月17日

開館時間 10:00〜21:00 せいわ温泉ルオント(入浴者は20:30まで受付)
10:00〜17:00 物産館(冬期休業)

休館日 温泉ルオント:毎週水曜日　物産館:毎週火曜日

〈スタンプ情報〉

日本一のそばの里をアピールするキャラクターが全面に。顔は「そばの実」を。頭に「そばの花」をつけ、そばをおいしそうにする。幌加内はそばの作付面積、生産量ともに日本一だ。

押印*押印場所は2カ所でさわやかトイレは24時間可。営業時間内ならルオント·物産館でも押印可

駐車場 普通車:37台　大型車:5台

🍴 そばダイニング そばの里(せいわ温泉ルオント内)/
昼の部　11:30〜14:00、夜の部　17:00〜20:30(L.O.20:00)
●もりそば、天丼、カレーなど
蕎麦処まる店(物産館内)/11:30〜14:30(L.O.14:00)
●石臼挽きの手打ちそば提供(夏季の水曜のみ)
●かけそば、もりそばなど

🛒 物産館/10:00〜17:00(火曜定休·冬期休業)
●熊笹ソフトクリームやおからドーナツなどファストフード
●「そば饅頭」など土産物もあり
温泉内売店/10:00〜21:00(水曜定休)
●そば関連の加工食品など

メモ 隣接するバンガローがあり宿泊もできる。(冬季は休業)

　以前から営業していた「せいわ温泉ルオント」が2020年にリニューアル。こちらが道の駅のメイン施設となった。ルオントとはフィンランド語で「自然」という意味。温泉とレストランがある館内ロビーはホテルのような雰囲気。道北らしく旭川家具が置かれ、なんと源泉を使った足湯があり無料で利用できる。レストランでは毎日手打ちする自慢の幌加内そばが人気。幌加内町はそばの作付面積、生産量ともに日本一のまちである。冷涼な気候がもたらすそばをとくと堪能していこう。冬は豪雪地帯となり、そのすごさを実感できる「豪雪露天風呂」に入ることができる。高い雪壁に驚きながら浸かる、気持ちいい露天風呂である。建物は別になるが物産館でも、おみやげ品が買える。こちらにもユニークな品が並んでいる。

三角屋根に時計塔がついた北欧風の外観は以前と同じ。内部は大きくリニューアルされた

ルオントの幌加内そばは、製粉から自社で行い手打ちにこだわった本格派。「もり」をはじめ、丼物や定食などがある。写真は「鴨せいろ」

上.陽光さし込む明るい店内　下.そば職人が毎日手打ちで作る。手際いい様子を見学できる

人気のお土産コーナー

おすすめのおみやげ品は「雪蔵蕎麦」。雪で低温熟成された寒ざらしそば

高級感あふれる箱に入る「そば茶」は、幌加内町産そばの実100%使用

「極上そば団子」は幌加内産のそば粉が入った香りいい後味

国道に面した「物産館」にも食堂があり、もりそば、かけそばなどが味わえる。大盛りの食券もある

泉質はしっとり肌に仕上げてくれる「美人の仕上げ湯」と呼ばれる塩化物泉。露天風呂や香料の湯、サウナなどがある

寄り道スポット

朱鞠内湖

北欧を思わせる美しい湖。湖畔から観光船も出て湖上からも楽しむことができる。湖周辺にはキャンプ場がありログキャビンも利用が可能。釣りの聖地としても知られる。

近くの道の駅	羊のまち 侍・しべつ （162ページ）	国道275号と国道239号経由で約37km
	絵本の里けんぶち （164ページ）	国道275号と国道239号経由で約43km

もち米の里☆なよろ
（ごめ）（さと）

国道40号沿い、風連地区
の市街地入り口

名寄市
（なよろし）

名寄市風連町西町334番地1

📞 01655-7-8686

番号:102
登録年月日:2008年(平成20年)4月17日

|開館時間| 9:00〜18:00

|休館日| 元日

〈スタンプ情報〉

杵を振り上げて餅をついているのは、名寄市のまちの鳥「アカゲラ」。合併で名寄市となった風連町は餅米の産地で、道の駅の主力商品となっている。

押印＊開館時間内

🅿️ |駐車場| 普通車:67台　大型車:13台

🍴 レストラン／11:00〜17:00、L.O.16:30
●お食事「風の寄り道」／名寄名産の「もち」と「そば」を使ったメニュー
●十割そばの天ざる、チキン野菜スープカレーなど

テイクアウトコーナー／9:00〜18:00
●ソフトクリーム、もち入りすりみコロッケなど

🧺 館内売店／9:00〜18:00
●地場産品展示即売コーナー／名産のもち米やソフト大福、クリーム大福など販売

農産物直売コーナー／9:00〜17:00(6月上旬〜11月上旬)
●トマト、とうもろこしなど季節の野菜を取り揃え直売している

　名寄のもち米栽培は1970年に始まり、市内の水田の9割ほどがもち米という日本一の産地になっている。内陸部の盆地地形が昼夜の寒暖差を生み、おいしいもち米になるという。この自慢のもち米をとくと味わうことができるのが、国道40号沿い、風連地区にある道の駅である。ここはもち米生産農家が株式会社を設立して経営している。館内売店コーナーで人気を誇るのは「ソフト大福」コーナーで、バイキングコーナーと銘打たれている。名寄産もち米「はくちょうもち」を使用した大福が全部で18種類から選べる。館内奥にはレストランがあり、「できるだけ地元食材を使った」というメニューが並ぶ。名寄の食材を味わっていきたい。テイクアウトコーナーやキッチンカーが出店、直売所コーナーには、名寄の農産物が集まっている。

国道に面して、広い駐車場。エントランス近くにはお花がディスプレイされていて気持ちがいい

1日10食限定で人気の「もち入チキン野菜スープカレー」（1,300円）。大きなチキンはやわらかい。季節の野菜に加えて、名寄の「おもち」が入っている。ご飯のおかわりは1回無料

上.店内はひろびろ60席。小上がりもある
下.そばやうどんのほか、定食類も充実

人気のお土産コーナー

「切りもち」は5枚入り421円。各種セットになった商品もある。「もちのたれ」なる商品も

ひときわ人気なのは「いちご大福」。あかやミルクなど250円〜260円で販売されている

名寄といえば「煮込みジンギスカン」だ。鍋で煮込んで豪快に食べたい

必見ポイント

イクアウトコーナー。カレーパン、ハムカツ、ソフトクリームなどが販売されている

もっと知りたい！
旬カレンダー

	5	6	7	8	9	10
山菜（山わさび、ギョウジャニンニク）						
アスパラ、ほうれんそうなど葉物野菜						
トマト、すいか、きゅうり、なす、切り花						
メロン、とうもろこし、ピーマン						
じゃがいも、かぼちゃ						
米、豆類（通年）						

寄り道スポット

すっきり白いキッチンカーでは、プレミアム生クリームソフトが販売されている（不定期出店）

敷地外のそば店では「野菜天そば」や「ミニ天丼」が食べられる

近くの道の駅	羊のまち 侍・しべつ （162ページ）	国道239号／国道40号経由で約13km
	びふか （156ページ）	国道40号経由で約36km

羊のまち 侍・しべつ（ひつじ さむらい しべつ）

40 国道40号沿い、士別市街の中心部

士別市（しべつし）

士別市大通東5丁目440番地23

📞 0165-26-7353

番号:129
登録年月日:2021年(令和3年)3月30日

| 開館時間 | 9:00〜18:00(11月〜4月は10時〜17時) |
| 休館日 | 年末年始(12月31日〜1月3日) |

〈スタンプ情報〉

風光明媚な丘「羊と雲の丘」ですくすくと育つサフォーク種。士別市はサフォークのまちとして知られている。スタンプはこれをイメージし、道の駅の外観と組み合わせている。

押印＊売店の開館時間と同じ

🅿 駐車場 普通車:64台

🍴 レストラン武士／11:00〜20:30
士別産の地域ブランド羊肉「士別サフォークラム」を使用したメニューを提供するレストラン。おすすめメニューは、牛肉のジューシーバーグ鉄板焼き。

🛒 売店／9:00〜18:00(5〜10月)、10:00〜17:00(11〜4月)
士別市の特産品・名産品を販売するアンテナショップ。「士別サフォークラム」や近郊でとれた新鮮野菜などを取り扱う。

　2021年5月、士別市の中心市街地に誕生した道の駅。道内では129番目の道の駅となった。国道に面していて、大きな看板があるのでわかりやすい。館内入ってすぐに士別の特産品・名産品を販売するアンテナショップがある。道内では流通量の少ない「士別サフォークラム」のほか、近郊でとれた新鮮野菜なども多彩だ。隣接する和寒町・剣淵町・幌加内町の特産品や、友好都市で愛知県みよし市などの特産品も取りそろえている。奥にあるレストラン「武士」では、士別サフォークラムを使用したメニューが提供されている。ラム以外にも、牛肉のジューシーバーグ鉄板焼き、道産牛肉を使用したハンバーグなどのメニューがあり、アツアツの鉄板で提供されている。駐車場側に面してカフェ・交流コーナーがあり、フードコートのようになっている。

黒い外観が印象的。バス停も併設され、地域の交流拠点にもなっている

貴重な「士別産サフォークラムチョップ」は時価ながら3～4千円で味わうことができる

上. 明るい店内はテーブル席とカウンターがある　下. テイクアウト用のお弁当も対応

人気のお土産コーナー

羊の革を使ったキーホルダーなどの小物もいろいろある

「サフォークラーメン」(378円)は3日間じっくり乾燥させたコシが自慢

トマトジュースも各種販売されている

必見
ポイント

up point

陽光射し込む明るいカフェ・交流コーナーには、キッズコーナーもあって便利だ

寄り道スポット

つくも水郷公園

道の駅から車で約6分。水遊びができる「つくもビーチ」があったり、ボートやゴーカート、バッテリカーの有料遊具がある大きな公園。アスレチックやパークゴルフ場、キャンプ場も整備されている。

敷地内には屋外販売もあって、「羊のおやき」などをテイクアウトすることができる

近くの道の駅	絵本の里けんぶち (164 ページ)	国道40号 経由で約10km
	もち米の里☆なよろ (160 ページ)	国道239号/ 国道40号 経由で約13km

絵本の里（えほんのさと） けんぶち

国道40号沿い、郊外の田園地帯

剣淵町東町2420番地

📞 0165-34-3811

番号:93
登録年月日:2006年(平成18年)8月10日

| 開館時間 | 9:00～17:00(5月～9月)　9:00～16:00(10月～4月) |
| 休館日 | 年末年始 |

〈スタンプ情報〉

絵本を通してまちおこしを進める剣淵町だけあって、絵本を開いた状態のデザイン。上には絵本を集めた図書館「絵本の館」が描かれている。

押印＊開館時間内

駐車場　普通車:42台　大型車:12台

🍴 レストラン／11:00～14:30
●焼きカレー、野菜カレー、あんかけ焼きそば、みそラーメン、天丼そばセット、定食など
●テイクアウトコーナー／肉じゃがコロッケなど

🛍 館内売店／道の駅開館時間と同じ
●パン工房「ムーニャ」／焼きたてパン約40種を提供、限定販売の特製パンも
●バターメロンパン、限定販売の「ムーニャのデニッシュ」「天使のかぼちゃ」など
●地場産品コーナー／食品
●農産物直売所／新鮮な農産物、花など

　まちの東西を丘陵地帯に挟まれた盆地地帯に広々とした田園・畑作風景が広がる。低い山と森に囲まれた桜岡湖などの一帯が欧州の風景に似ていることなどから、剣淵町では絵本を中心としたまちづくりが進められている。市街地の中心部にある「絵本の館」には絵本が約4万冊もあって、誰でも自由に読むことができる。道の駅はまちの郊外、国道40号沿いにある。入り口正面は明るい吹き抜けがある空間。もちろん絵本のコーナーもある。左手にはテイクアウトコーナーと特産品がジャンル別に並ぶ。焼きたてパンコーナーを経て、奥には地場産レストランが入る。建物の隣には、農産物直売所があり、珍しい品種も並ぶことからか、開店前には行列ができている。敷地内には遊具や広いドッグランも備えられている。

国道に面して広い駐車場がある。右側がオ館、左側に農産物の直売所が廊下でつなが ている

あんかけ焼きそば（950円）は地元製麺所の麺を使用。剣淵産の白菜・チンゲン菜又は小松菜・にんじんが入っている。ボリューム満点の一皿だ

上.ファミリーレストランのようなカジュアルな雰囲気　下.館内で焼かれるパンコーナーも充実

人気のお土産コーナー

人気1位は「夢みるトマト」ジュース。しそジュースの「しそしそ話」もいい

剣淵町の特産品コーナー。韃靼そば、玄米うどん、えごまそばなど麺が各種ある

中央ホールで試食販売されている「スモークド・エッグ」。24時間の燻煙を10日間ほど続けた品

大忙しのテイクアウトコーナーでは、バニラソフトクリームのほか、地元野菜のジュース（330円）があってお持ち帰りができる

\もっと知りたい!/
旬カレンダー

5	6	7	8	9	10

花苗、鉢花、切り花など

アスパラ

ブロッコリー、ズッキーニ

とうもろこし
（ゴールドラッシュなど）

じゃがいも、かぼちゃ、にんじん、キャベツ

長ねぎ、玉ねぎ、大根

寄り道スポット

ビバアルパカ牧場

スキー場跡地を利用した牧場。南米ペルー産のアルパカを間近で見られる。ビバハウス（ロッジ）ではみやげ品の販売やコーヒーなども味わえる。通年で営業。

近くの道の駅	羊のまち 侍・しべつ（162ページ）	国道40号経由で約10km
	とうま（166ページ）	国道40号経由で約33km

とうま

当麻町宇園別2区

📞 **0166-58-8639**

番号:48
登録年月日:1998年(平成10年)4月17日

開館時間	9:00〜18:00
休館日	年末年始(12/31〜1/3)

〈スタンプ情報〉

押印＊開館時間内

「でんすけさんの家」というのは道の駅の別名で、当麻町特産の「でんすけすいか」から付けられた。丸い頭と黒く塗った鼻をした喜劇俳優の大宮デン助さんが由来。

 駐車場　普通車:40台　大型車:10台

 レストラン／11:00〜19:00(11月〜3月は18時まで)
●物産館御食事処／冷たいそば(もり、ざる、おろし、納豆、冷やしたぬき)、温かいそば(かけ、玉とじ、親子、かしわ、天ぷらなど)
●醤油ラーメン、しょうがラーメン、かつ丼、天丼、角煮丼、ランチセット

館内・屋外売店／9:00〜18:00
●特産品販売コーナー／シーズンには入り口で「でんすけすいか」山積み販売
●今摺米(ほしのゆめ)やアスパラ、あづまメロン、スイカソフトクリーム、日本酒「龍乃泉」など
●JA当麻直営直売所／地域農家の皆さんが育てた季節の朝採り野菜大集合。値段も安い

　日本農業賞の大賞を受賞している高級ブランドスイカ「でんすけすいか」。果重は6〜8kgとサイズや味ともに一級品のこの黒いスイカの生産地が、当麻町である。市街地から約3キロ。国道沿いにある道の駅には当麻の特産品が集まっている。館内入り口にはまちの農産物が並べられ、敷地内にある「とうまの農産物」販売店でも色鮮やかな野菜類と当麻米などが販売される。特産品販売コーナーでは、でんすけすいか関連の商品「すいかせんべい」「でんすけゼリー」「すいかサイダー」といったユニークな商品があっておもしろい。観光名所でもある「当麻鐘乳洞」内で熟成された日本酒「龍乃泉」も目を引く。道の駅に隣接して「御食事処」があり、そばをメインにラーメンや丼ものが味わえる。その横には「コーヒーとカレーの店」も並ぶ。

雄大な大雪連峰を背景に、アトリウムとなるガラス張りとんがり屋根が目印の道の駅

おすすめ イチオシ メニュー

敷地内にある、コーヒーとカレーの店「MERB」（マーブ）のビーフカレー（1,200円）。旭川の名店の味を継承する味わい深い一皿

上.そば店では「角煮そば」が美味　下.メニューは34種類ほど、券売機で選んで購入する

人気のお土産コーナー

おすすめの「でんすけすいかピュアゼリー」、1パック3個入りで540円

人気の「すいかサイダー」などすいかにちなんだ商品が豊富に揃う。ぜひ買っていこう

アイスクリームのほか、ソフトクリームには「すいか味」（400円）もある

必見 ポイント

JA当麻の直売所も敷地内にあって盛況。売り場は広くはないものの、品数は豊富

もっと知りたい！ 旬カレンダー

5	6	7	8	9	10
		トマト、キャベツ			
			きゅうり、なす		
	今摺米（ほしのゆめ、ゆめぴりか）（通年）				
			でんすけすいか、ブルーベリー、メロン		
			とうもろこし		
			じゃがいも、かぼちゃ、玉ねぎ、にんじん		

スイカやメロン、葉物野菜にトマトやきゅうりなどが並ぶ館内入り口前の直売コーナー

寄り道スポット

道の駅から車で約7分に「とうまスポーツランド」があり、キャンプ場や充実のフィールドアスレチックがある。温泉もその向かいに立地

近くの道の駅	あさひかわ（126ページ）	国道39号経由で約16km
	絵本の里けんぶち（164ページ）	国道40号経由で約33km

ひがしかわ「道草館」<ruby>道草館<rt>みちくさかん</rt></ruby>

道道1160号沿い、
東川市街の中心部

<ruby>東川町<rt>ひがしかわちょう</rt></ruby>
東川町

東川町東町1丁目1番15号

📞 **0166-68-4777**

番号:86
登録年月日:2004年(平成16年)8月9日

| 開館時間 | 9:00〜18:00(4月〜9月)、9:00〜17:00(10月〜3月) |
| 休館日 | 年末年始(12/31〜1/4) |

〈スタンプ情報〉

押印＊開館時間内

北海道のほぼ中央に位置する東川町。スタンプには道の駅の建物のほか、大雪山連峰の旭岳やナキウサギ、エゾモモンガが描かれている。

駐車場 普通車:67台　大型車:2台

🍴 食事施設なし
●周辺におしゃれなカフェや食事処も多く、ランチの時間帯はどこも賑わっている

🛍 館内売店／道の駅開館時間と同じ
●サンドイッチやパン、おにぎりなど
●シフォンケーキ「絹の淡雪」、寄せどうふ、仙年味噌、ソフトクリームきらり、東川米「ゆめぴりか」、ミネラルウォーター「大雪旭岳源水」など

東川町は3つの「道」がない町として知られる。「鉄道」「国道」「上水道」。水は東川町域に所在する北海道で一番高い旭岳(標高2,291メートル)の雪解け水の恩恵を受ける。上の写真はその旭岳の姿見の池。上水道がないまちは道内では、東川が唯一である。1985年からは「写真文化首都」を宣言して、写真甲子園といった写真に関するイベントも行われている。こうした環境や取り組みが、移住者を惹きつけている。道の駅は町内の中心部に位置する。館内は売店コーナーとテイクアウトコーナー、催事スペースのみとなっているが、置かれた品々は興味深いものが多々ある。道の駅隣には「モンベル大雪ひがしかわ店」が並ぶ。周囲の商店街には徒歩圏内にカフェやギャラリー、クラフトショップなどもある。道草を楽しんでいきたい。

東川町の中心部。手前に道の駅、奥にモンベルショップがある。駐車場はその奥にある

特産品展示販売コーナー。東川産の米粉で作ったパンが置かれていて人気。町内在住の工芸家の陶器や木工クラフトなどのアートな品も販売されている。屋外テントでは野菜の販売も

上.ソフトクリームやコーヒーを販売　下.米どころ東川米のブランド米も各種並んでいる

人気のお土産コーナー

東川町公設酒蔵・三千櫻酒造の日本酒が並ぶ

地元のパン店からの各種パンはおいしそう　店の外でも農産物が販売されている

「モンベル大雪ひがしかわ店」。登山用品を中心にスキーウエア、防寒服、サイクリング用品、カヌー、カヤック用品、農業用衣類などが販売される

もっと知りたい！ 旬カレンダー

	5	6	7	8	9	10
アスパラ						
トマト						
とうもろこし（ゴールドラッシュ）						
じゃがいも、かぼちゃ						
しいたけ、東川米（ゆめぴりか）（9月中旬から）						

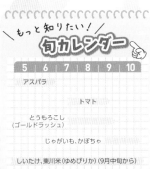

寄り道スポット

大雪山旭岳ロープウェイ

道の駅から30キロほど。旭岳の麓から100人乗りのロープウェイが約10分で7号目まで連れていってくれる。標高1,600メートルの姿見駅周辺の散策が楽しめる。旭岳の山頂までは、2時間ほどだ。

近くの道の駅	あさひかわ（126ページ）	道道1160号経由で約16km
	びえい「丘のくら」（170ページ）	国道237号経由で約17km

びえい「丘のくら」

 道道213号沿い、美瑛駅前

美瑛町（びえいちょう）

美瑛町本町1丁目9番21号

📞 0166-92-0920

番号:97
登録年月日:2007年(平成19年)3月1日

開館時間 9:00～18:00(6、7、8月)　9:00～17:00(9月～5月)

休館日 年末年始(12/31～1/3)

駐車場 普通車:36台　大型車:2台

🍴 レストラン「テラス・ド・セゾン」／11:30～14:30(L.O.13:30)
●ホテル1階のレストラン、ランチあり(不定休)

香麦食堂／11:00～15:00(L.O.14:30)
●1階奥の食、美瑛カレーうどん、美瑛ラーメンつけ麺など

丘のくらファストフード／道の駅開館時間と同じ、L.O.は閉館時間30分前
●美瑛産じゃがいもを使用したコロッケや、美瑛牛乳ソフト、あげいも、じゃがチュロスなど

🛍 丘のくら販売コーナー／道の駅開館時間と同じ
●特産品販売コーナー／美瑛産の農産物を原料にした菓子類や美瑛サイダー、道の駅オリジナルのどらやき「丘どら」、手作り味噌、牛乳など
●町内工房からの工芸品も多数展示

メモ 通路で接続している「ホテルラヴニール」は2005年に開業

　JR美瑛駅の近く、まちの中心部にある道の駅は、大正初期に建てられた美瑛軟石を使った石倉庫を改装したもの。がっしりとした外観に、内部は美瑛産カラマツをふんだんに使った木のぬくもりあふれる店内になっている。館内は特産品販売コーナーと、軽食・レストランコーナーがメイン。町内在住の作家の作品や農産加工品など美瑛ならではのみやげものが並ぶ。お昼時ならば、「美瑛カレーうどん」を味わいたい。美瑛の魅力の一端を感じることができるであろう。テイクアウトならば、美瑛産素材をふんだんに使ったソフトクリームやコロッケなどの軽食が楽しめる。2階部分は多目的スペースになっていて、写真展や個展などが開催される。道の駅はホテル「ラヴニール」とつながっている。そちらのレストランも利用できて便利である。

がっしりとした石倉が道の駅で、その奥にあるホテル「ラヴニール」とつながる

「美瑛カレーうどん」は2種類あり。写真の「焼き麺」(990円)はグラタン風味。「つけ麺」(930円)はアツアツのスープにつけて味わう。ともに美瑛牛乳がセットになっている

上.セルフサービスの店内。カジュアルな雰囲気　下.ソフトクリームのカウンター

人気のお土産コーナー

人気NO.1は「美瑛カレーかりんとう」(486円)。美瑛カレーうどん研究会公認だ

美瑛産の手作りお菓子類とパンなどが置かれる一角

美瑛はどこを撮影しても「絵になる」風景。アートな風景をポストカードでも

必見ポイント

寄り道スポット

通路でつながるホテル「ラヴニール」。自転車のレンタルもやっているので借りてみよう。レストランでは美瑛産の食材を使ったピザやパスタが人気

bi.yell (ビ・エール)

道の駅から歩いてすぐの場所に誕生した、丘のまち交流館。ギャラリーやカフェ&バー、子ども遊びコーナーがある。町民や観光客が交流できる施設。

美瑛選果

道の駅から約1.2キロ。国道237号沿いにあり、JA美瑛が運営する食のショールーム。充実の直売所と人気レストラン「アスペルジュ」が入る。

近くの道の駅	びえい「白金ビルケ」(172ページ)	道道966号経由で約15km
	ひがしかわ「道草館」(168ページ)	国道237号経由で約17km

びえい「白金ビルケ」
しろがね

道道966号沿い、しろがねダム近く

上川郡美瑛町字白金

📞 0166-94-3355

番号:122
登録年月日:2018年(平成30年)4月25日

開館時間 9:00〜18:00(6、7、8月)9:00〜17:00(9〜5月)

休館日 年末年始(12/31〜1/3) ※12/30は午前中のみ営業

〈スタンプ情報〉

押印＊開館時間内

ビルケとはドイツ語で白樺のこと。大雪山系のふもと、白樺の森に囲まれた道の駅。道道966号、約4キロの白樺林が続く通称「白樺街道」では、四季折々の風景を楽しめる。

駐車場 普通車:229台　大型車:5台

🍴 軽食喫茶／9:00〜18:00(冬季営業は変更あり)
●BETWEEN THE BREAD ／ハンバーガー、フレッシュジュース、フライドポテト、ソフトクリーム、牛乳など

🛍 館内売店／道の駅開館時間と同じ(屋外店は店舗によって異なる)
●館内売店／地元特産品、青い池の関連商品
●「からまつ」／パフェ、スイーツ
●「小麦畑と青い池」／コーヒー、ソーセージ、カレー
●「美瑛白金ビルケTHE NORTH FACE コーナー」／アウトドア商品

メモ 「キャンピングカーサイト」☎0166-94-3355が併設されている

　美瑛の市街地から白金温泉方面へ緩やかに上っていく通称白樺街道。畑の風景から森の様相に変わったあたりから正面に十勝岳(標高2,077メートル)の勇姿が見えてくる。その先に3つの建物と広い駐車場を有す道の駅がある。ここは2018年に、旧インフォメーションセンターをリニューアルしてオープン。北海道の一大観光名所として知られる「青い池」とあわせて楽しめ

る施設になっている。　名前のビルケとは、シラカバのドイツ語名。シラカバは美瑛町の町木でもある。道の駅のメイン施設には観光案内と青い池関連の商品が買える物販コーナーがある。　連絡通路を通って塔がある建物にはハンバーガーショップが入る。隣にはアウトドアブランドショップが並んでいる。　中庭はすてきな空間になっている。

道道の十勝岳温泉美瑛線に面して、瀟洒な建物が道の駅。美瑛の市街地から車で20分ほど

おすすめ
イチオシ
メニュー

ハンバーガー店「ビトウィーン ザ ブレッド」は「森のピクニック」がテーマのお店。食べ応えある
ボリュームが自慢だ。オリジナルバーガーに加え、チーズバーガーやテリヤキなどもある

上.カウンターで注文してテイクアウトする　下.
緑が鮮やかな飲食可能なフリースペースもある

人気のお土産コーナー

人気NO.1のおみやげは「びえいのラスク」(12枚入り)
845円)。初冬の池のパッケージ

「美瑛サイダー」は「青い池」と、「夕焼
けの丘」、「小麦畑」の3種類がある

売店店内には「青い池」関連の商品を中心に
美瑛の製品が並ぶ

必見
ポイント

館内には「ザ・ノース・
フェイス」のショップが入
る。高品質、高機能な
ウェアやグッズを中心に
取り揃えたラインナップ
が光る

寄り道スポット

中庭のような芝生広場
こは卓球台やブランコな
どが置かれ、大人も子ど
ちも自由に使える。それ
ぞれが思い思いの時間
をすごすことができるす
きな広場

敷地内には、カフェ「小麦畑と青い池」があ
り、ソフトクリームなどを販売。移動キッチン
カーも出ている

近くの道の駅	びえい「丘のくら」(170 ページ)	道道966号経由で約15km
	スタープラザ芦別(92 ページ)	国道38号経由で約51km

南ふらの
みなみ

南富良野町幾寅687-1

📞 0167-52-2100

番号:3
登録年月日:1993年(平成5年)4月22日

開館時間 9:00〜17:00(4〜5月、10〜3月) 9:00〜19:00(6〜9月)

休館日 年末年始12/31〜1/2、秋期臨時休業の場合あり

🛡 38 国道38号沿い、
かなやま湖への分岐点 **南富良野町**
みなみ ふら の ちょう

〈スタンプ情報〉

道の駅の建物の外観が描かれている。四季を通してアクティビティを楽しめる「かなやま湖」の玄関口に位置する道の駅だけに、建物もカヌーの舳先をイメージしたものだという。

押印＊開館時間内

🅿 駐車場 普通車:74台 大型車:10台

🍴 ●レストランメープル／定食など
●フードコートには6店舗が営業／営業時間、定休日は各店で異なる

🛍 館内売店／道の駅開館時間と同じ
●特産品販売コーナー／「南ふらのチップス」、レトルト食品の「バタじゃが」「スイートコーン」やくまささ茶など

従来からある道の駅の隣に、2022年4月に新しく複合商業施設が誕生した。建物は南富良野町産の木材が使われ、ショップとレストラン、6店舗が入るフードコートの3つの棟から構成されている。左側はアウトドア用品の「モンベル南富良野店」。モンベルショップとしては道内最大級の店舗で、高さ8メートルのクライミング施設が目玉だ。中央には洋風レストラン。右側にはカフェやトンカツ店、精肉店が営む飲食店があり、地元・南富良野町出身の料理研究家・星澤幸子さん監修の店などが並ぶ。各店の営業時間と定休日は店舗ごとに異なるので注意したい。スタンプが置かれている道の駅本館には、「かなやま湖の魚たち」が泳ぐ大きな水槽が出迎え、特産品の売店がある。駐車場の横にはパン店があり、国道を越えてホテルもできた。

目を引くユニークな外観は、カヌーの軸先をイメージ。広い駐車場が国道に面している

元ホテルシェフがつくる洋風レストラン「メープル」の「ハンバーク定食」(1,080円)。ナポリタンやラーメンもある

上.洋風レストランの店内、広くて明るい
下.おもちカフェ「もちはもち屋」の店内

人気のお土産コーナー

上田精肉店が営む「肉どころ燈」はボリューム満点

星澤先生の愛情弁当は前日までの予約制

「Cafeよりみち」ではハンバーガーやパスタもある

従来からある南富良野町物産センターでは特産品を販売

モンベルストア内では土日祝限定ながらクライミング体験(20分1,500円)もできる。利用は小学生以上、チャレンジしてみたい

寄り道スポット

大きな水槽にはイトウ・アメマス・ニジマス・ウグイがいてゆうゆうと泳ぐ姿が観察できる

幾寅駅

映画「鉄道員」ロケセット。木造の駅舎内には高倉健さんが主演した映画のロケセットが残され、見学できるようになっている。入場は無料。

近くの道の駅	自然体感 しむかっぷ (176ページ)	道道465号と 国道237号 経由で約40km
	しかおい (188ページ)	国道38号 経由で約50km

自然体感 しむかっぷ

（しぜんたいかん）

〈237〉 国道237号沿い、占冠村中心部

占冠村（しむかっぷむら）

占冠村中央

📞 0167-39-8010

番号:67
登録年月日:2000年(平成12年)8月18日

開館時間 9:00〜18:00(11月〜3月は17時まで)

休館日 年末年始(12/31〜1/3予定) 売店・レストラン不定休

〈スタンプ情報〉

ご当地キャラクター
しむかっぴー
道の駅
自然体感しむかっぷ
Shizen Taikan shim-Kappu

占冠村のご当地キャラクター「しむかっぴー」がスタンプに。北海道に生息する「エゾクロテン」がモデルの女の子。趣味はスキー、スノーボード、アウトドアだ。

押印＊開館時間内

駐車場 普通車:123台 大型車:5台

🍴 レストラン・軽食／時間は店舗により異なる
●ミルクキッチンふらいぱん／11:30〜15:00、月曜・火曜休
●青岩峡そば／10:00〜(4〜9月)、11:00〜(10〜3月)、不定休
●八百熊カフェ／9:00〜17:00、不定休
●てくてく／11:00〜、月火定休

🛒 食品などの売店／時間は店舗により異なる
●エムアイ企画(山菜加工品)／10:00〜17:00、不定休
●中華とおむすび厨房RONRON

　道央圏と十勝圏をつなぐ道東自動車道のほぼ中間地点となる占冠村は、人口1,300人あまりの静かな村。村の中心部から西へ30キロほどの場所にリゾート施設「トマムリゾート」があり、夏は雲海テラスが、冬はスキー＆スノーボードと幻想的な氷の街「アイスビレッジ」が人気を博している。村内を流れる鵡川はラフティングで有名な川。「赤岩青巌狭」はロッククライミングの聖地として知られる。このような大自然に恵まれた村の中心部に道の駅がある。館内は「占冠ショッピングモール」になっていて、飲食店4店と特産品や地元の商品などを売るショップが入る。「しむかっぷ市場」という広場にはかわいいグッズやおしゃれなクラフトなど、センスのいいものが置かれている。じっくりと品定めして購入していきたい。

駐車場側から見た外観。駐車場は本館の裏側と横に2カ所に分かれてある。コミュニティプラザもある

「ミルクキッチンふらいぱん」は、興部町のノースプレインファームで育てられた牛肉を使う。おすすめはみんな大好きな「ハンバーグカレー」（1,380円）

上.「青巌峡そば」は十割そば　下.中華とおむすび厨房RONRON

人気のお土産コーナー

珍しいエゾシカ・ヒグマの缶詰各種は人気がある。加工技術が高くて美味だそう

占冠のシナから採れた天然の「はちみつ」（80g650円）はおすすめ商品

生キャラメル入りの「しむかっぴーどら焼き」（160円）

必見
ポイント

「八百熊カフェ」では、焼きたてのパンやコーヒー、ジェラートなどを販売するお店

野菜たちもおしゃれに見える「八百熊野菜」

もっと知りたい！ 旬カレンダー

5	6	7	8	9	10

山菜（行者にんにく、こごみ山わさび）

山菜（うど、わらび、ふき）

トマト、ピーマン、なす、ズッキーニ

とうもろこし

じゃがいも、かぼちゃ、にんじん、大根

寄り道スポット

星野リゾート　トマム

道の駅から車で30分ほど。北海道を代表するリゾート地。ゴンドラで山頂へ上がって、早朝に見られる天空の奇跡「雲海テラス」は、一度は見たい絶景だ。

近くの道の駅	樹海ロード日高 （66ページ）	国道237号 経由で約15km
	南ふらの （174ページ）	国道237号と 道道465号 経由で約40km

コラム　エゾシカにご注意!

　道内各地をドライブしていると、「動物注意」の黄色い交通標識を見かけることが多い。その多くはシカのシルエットが描かれている。でも、よく見るとエゾシカには見えないと、違和感をいだく人もいるにちがいない。実は、わたしもそうであった。体格はシカなのだが、角がシカとは違うような気がするのだ。標識のシカは角が太く前向きに生えている。これはシカではなく「トナカイ」ではないか。クリスマスにそりを引く、あのトナカイである。そんな"もやもや"をずっと心の奥底に秘めながらいた。

　先日、偶然にも「エゾシカ」の交通標識を発見してしまった。場所は道東の国道。足寄国道と呼ばれる国道241号である。ふと見た黄色い看板には、角が細く後ろに傾いたエゾシカが跳躍する姿が描かれていた。思わず車を停車させシャッターを切った。写真を見るに、このエゾシカの標識は新しいものに見える。今後はトナカイからエゾシカへと随時、置き換わるのかもしれない。

　エゾシカは道内にはどれくらい生息しているのだろうか。70万頭近くが生息しているとの推計がある。その多くは道東地区にいたが、近年は道南の方まで生息域を拡大しているという。シ

苫小牧で見かけた雄のエゾシカ

カによる農業被害額は全道で約40億円。牧草やジャガイモ・トウモロコシなどが狙われる。単純に被害額を生息数で割り戻せば、シカ1頭が年間5,700円ほどを食べている計算になる。農家にとっては、甚大な被害だろう。エゾシカは良質なジビエ肉として流通やメニュー化も進みつつある。なんとか人間と共存してほしいと思ってはいるが、突然、道路に現れることだけはやめてもらいたい。「動物注意」の標識がある場所では、いつエゾシカが飛び出してくるか分からない。スピードダウンや早めのヘッドライト点灯など安全運転を心がけたい。

道東の国道にて。悠々と歩くエゾシカ

角がトナカイに見える「動物注意」の交通標識

「これぞエゾシカ!」と思える「動物注意」の標識

十勝

十勝管内の道の駅を紹介しています。

さらべつ（更別村）

かみしほろ

国道241号・274号
沿い、市街地近接

かみ し ほろちょう
上士幌町

上士幌町字士幌東3線227番地1

☎ 01564-7-7722

番号:127
登録年月日:2020年(令和2年)3月13日

|開館時間| 9:00〜17:00(4月下旬〜10月上旬は18時まで)
|休館日| 年末年始

〈スタンプ情報〉

上士幌町は熱気球のまち。毎年8月にカラフルな熱気球が飛行するイベント「北海道バルーンフェスティバル」が開催されている。スタンプはそのバルーンがデザイン。

押印＊開館時間内

駐車場｜普通車:265台　大型車:12台

レストラン／8:30〜10:00(モーニング)、10:30〜15:00
(ランチタイム)、15:00〜18:00

テイクアウトコーナー／道の駅開館時間と同じ
●THE SANDO ／モダンサンド専門店
●トカトカ／地元で人気のパン店

売店／9:00〜17:00(4月上旬〜10月上旬は18時まで)

　上士幌町は十勝地方の北端に位置し、大雪山国立公園の東山麓にあたるまち。道内の国道で一番標高が高い「三国峠」や、国内の公共牧場で一番面積が広い「ナイタイ高原牧場」など人気の観光スポットがある。このまちの玄関口とも言える場所に道の駅がある。オープンは2020年。まだ新しい館内は黒色を基調としたクールな空間だ。サンダルや長靴では気後れするほど、格調高い雰囲気を放っている。実際、本格的なフレンチレストラン「La Table de KAMISHIHORO」が館内奥に鎮座し、十勝ハーブ牛を使ったメニューが味わえる。フードコートとして利用ができる休憩スペースのまわりには4店の飲食物販店が並び、地元の気軽な商品をテイクアウトできるようになっている。総合案内所にはやさしいスタッフも常駐している。

国道241号に面して、大きな駐車場と黒を基調としたスタイリッシュな建物が十勝の山々に映える

「十勝ハーブ牛ステーキ」はハーブを与えながら育てたブランド牛で、赤身の旨味が特徴だ。サラダ・スープにライスかパン、ドリンクがつく

上.レストラン店内　下.鉄板ハンバーグステーキも人気メニュー

人気のお土産コーナー

「トカトカ」のパン。店内では80種類ほどが毎日焼かれ並んでいる。人気のコーナー

道の駅オリジナルの「上士幌フレッシュミルク」(226円)。パンのお供にも

館内のパン屋で販売されている「十勝ナイタイ和牛カレーパン」(480円)

必見ポイント

ドッグラン

敷地の一角に用意されたドッグラン。広くて快適だ

イチゴがのった「ストロベリーカスタードサンド」がテイクアウトで480円。3種のソフトクリームと合わせて人気の品

芝生広場には築山があり、その近くに熱気球を模した遊具が設置されている。中に入って、飛んでいる気分を味わおう

近くの道の駅	ピア21しほろ (184ページ)	国道274号 経由で約11km
	しほろ温泉 (182ページ)	道道316号と 道道134号 経由で約15km

しほろ温泉

おんせん

温泉134 北海道 道道134号沿い、士幌町郊外の温泉 **士幌町下居辺**

しほろちょうしもおりべ

士幌町下居辺西2線134番地

📞 **01564-5-3630**

番号:95
登録年月日:2006年(平成18年)8月10日

開館時間	10:00〜21:00　温泉11:00〜23:00(受付22:00まで)
休館日	年中無休(施設メンテのため臨時休館あり)

〈スタンプ情報〉

モール温泉を堪能できる「温泉ホテルプラザ緑風」に併設されている道の駅。町の木である柏とエゾリスが描かれている。

押印＊開館時間内

🅿️ 駐車場　普通車:104台　大型車:9台

🍴 レストラン／11:30〜14:30(LO.14:00)
※冬期は毎週水曜休み

軽食コーナー／11:00〜20:00(LO.19:30)
●日帰り入浴場入り口にあり、食券をまず購入

🛍️ 館内売場／軽食コーナーと同じ時間
●地場産品販売コーナー／地元産ハスカップのジャムやハスカップサンデーなど
●地元産小豆や大豆の量り売りも

　しほろ温泉は、十勝平野の中にあって平野ではない、どこか山あいの里の雰囲気が漂う下居辺地区にある。ここはかつて、大正時代に駅てい所が開設されていた場所。十勝のモール泉をぜいたくにかけ流す「しほろ温泉プラザ緑風」という温泉宿泊施設が、道の駅になっている。館内に入ると広いロビーにホテルフロントがある。奥はレストラン「ベリオーレ」。緑鮮やか

なパークゴルフ場の景色を見ながら、ブランド牛である「しほろ牛」が味わえる。ロビー左側は売店コーナー。奥には温泉施設がある。風呂上がりに休憩室が利用でき、軽食コーナーでラーメンやそば類が気軽に味わえる。裏庭は国際公認パークゴルフ場4コース36ホールがある。道具一式をレンタルして楽しみたい。駐車場近くには足湯があって無料だ。

広い駐車場に瀟洒な建物が立つ。駐車場脇に24時間利用可能なトイレ棟がある

Recommend

おすすめ イチオシ メニュー

上.スキップフロアになった店内。パークゴルフ場を見ながら食事を　下.温泉手前の軽食コーナーも充実

人気の「しほろ牛ロースすき焼定食」（1,530円）。とろけるようなしほろ牛のロース肉を使用し、やや甘めの割下であっさりと仕上げている。ご飯が進みすぎる味わいだ

人気のお土産コーナー

お豆の量り売りコーナーがある。大豆、黒豆、十勝あずきなど4種類から選べる

手作りの「ハスカップジャム」は800円

「とか蜜」（590円）とはビート（てん菜）を使った甘味商品。カロリーは砂糖の半分だ

up point

必見 ポイント

屋外の足湯では、湯量豊富な源泉かけ流しのモールの湯が常時注がれている。9時〜17時、4月下旬から10月末まで

2本の自家源泉から湧出する豊富な湯量のおかげで、循環濾過を一切せず、男女湯すべての浴槽で源泉をかけ流している

寄り道スポット

しほろ高原ヌプカの里

道の駅から車で約30分。雄大な十勝平野を一望できる高原。標高600メートルの高原に展望台、軽食レストラン、コテージなどが立つ。澄んだ空気と風を全身で感じることができるロケーション。

近くの道の駅	ピア21しほろ（184ページ）	道道134号と国道274号経由で約13km
	かみしほろ（180ページ）	道道134号と道道316号経由で約15km

ピア21しほろ

国道241号と274号の結節点、士幌町郊外の畑作地帯

士幌町（しほろちょう）

士幌町士幌西2線134番地1

📞 **01564-5-3940**

番号:44
登録年月日:1997年(平成9年) 4月11日

開館時間 9:00〜17:00
休館日 年末年始

駐車場 普通車:151台　大型車:11台

にじいろ食堂／11:00〜15:00
●しほろ牛を使った「しほろ牛剣先ステーキ」や「剣先ハンバーグ」、「しほろ牛丼定食」、「しほろ牛カレー」などのほか、「パクチー丼定食」、日替わり定食もある

CAFE KANICHI 寛一／道の駅開館時間と同じ
●しほろ牛100%のハンバーガーや、フライドポテト、コーヒーなど

PIA21SHOP／道の駅開館時間と同じ
●地元の新鮮野菜や、加工品、手作り雑貨、ソフトクリーム、しほろ牛肉まんなど

　天井が高く、開放感いっぱいの館内は士幌町の魅力を存分に楽しめる。館内全体を通して、商品のディスプレイや説明を書いたポップ広告などが充実していて、地元の人の想いが伝わってくる。担当者をはじめ、スタッフの皆さんの地元愛がすごいのである。商品のコーディネート力、アピール力、いずれもレベルが高い。「士幌高校生プロデュースコーナー」があったり、「士幌農家のおすそわけ野菜市」というコーナーがあったり、地域の一体感で満載なのだ。各ワゴンを堪能して進んだ先には「CAFE KANICHI 寛一」があり、しほろ牛100%のハンバーガーや本格派のコーヒーを提供。隣にあるのは「にじいろ食堂」だ。一頭買いしたしほろ牛を贅沢に使ったメニューを展開している。ぜひその味わいを楽しんでほしい。

外観は農村風景に合うマンサード型屋根の牛舎がモチーフ。左側がレストランで屋外テラスも

おすすめ イチオシ メニュー

名物「しほろ牛剣先ステーキ」(2,750円)。剣先スコップを鉄板皿にした見た目もインパクトのある一品。ライス・サラダ・スープ付き。ハーフサイズや、「剣先ハンバーグ」(1,380円)も

上.「にじいろ食堂」の店内。 下.ピザも充実。「4種のチーズ」や「マルゲリータ」など

人気のお土産コーナー

人気の「じゃがいも大福」コーナー。ほっこりとしたクリーミーな甘さ、2個入りで330円

「CAFE寛一」ではハンバーガーや本格的なコーヒーなどをテイクアウトできる

おしゃれなスイーツコーナーも充実。ノンアルコールのソーダシリーズもある

必見 ポイント

物販ショップの会計カウンターでは、ソフトクリームや中華まんなどのテイクアウト品も販売。「じゃがりこ」も忘れず買っていこう

もっと知りたい！ 旬カレンダー

	4	5	6	7	8	9	10	11
パクチー								
行者にんにく								
ミニトマト								
スイカ・メロン								
とうもろこし								
新じゃがいも								
ロマネスコ								
アスパラガス								
玉ねぎ、ごぼう								
ブロッコリー								

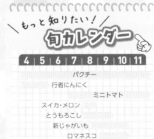

寄り道スポット

敷地内にも店舗があり、テイクアウトできる。焼き鳥やフランクフルトのほかに、塩バニラのソフトクリームやかき氷なども販売されている

近くの道の駅	しほろ温泉 (182ページ)	国道274号と 道道134号 経由で約13km
	かみしほろ (180ページ)	国道274号 経由で約11km

うりまく

鹿追町瓜幕西3丁目1番地外

0156-67-2626

番号:92
登録年月日:2005年(平成17年)8月10日

開館時間 9:00～17:00
休館日 年末年始(12/28～1/5)

〈スタンプ情報〉 押印*開館時間内

本格的な乗馬施設が整備された道の駅ということもあり、描かれているのも馬の親子。背景には、十勝の山並みや町花のシャクナゲも添えられている。

駐車場 普通車:81台 大型車:3台

喫茶／9:00～17:00(4月下旬～10月中旬)
●肉じゃがまんじゅう、アイスクリーム、コーヒーなど

館内売店／9:00～17:00(4月中旬～10月)、9:00～16:00(11月～4月中旬)
●うりまく直売所／地元生産者の農畜産物や食品加工品などを販売
●いちごサンデー、牧場アイス、鹿肉ジンギスカンなど

乗馬体験ができる珍しい道の駅。もともとあった乗馬公園ライディングパークの施設に、休憩所と物販スペースを設けて道の駅として登録された。乗馬体験は道の駅館内で受け付けている。「1人乗り」(630円)は4歳以上で身長100センチ以上。「2人乗り」(840円)は3歳以下の子どもとその保護者が対象だ。「ふれあいブラシ体験」(1,050円)では、ちょっとしたお世話をする体験で馬とのふれあいが楽しめる。道の駅館内は、物販コーナーがメイン。鹿追産や十勝産の品物が置かれている。馬に関わるグッズが充実し、ウエスタンハットも販売されている。テイクアウトコーナーには、ソフトクリームや肉じゃがまんなどがある。館内の一角にさりげなく置かれた乗馬練習機には、ぜひ乗っていこう。

いかにも厩舎といった趣の外観。駐車場挟んでトイレ近くの施設は道の駅ではないのでご注意を

館内はコンビニほどの広さで、いろいろなグッズが販売されている。一角には冷蔵ケースもあり、ジンギスカンやソーセージなども置かれている。ソフトクリーム、アイスの販売もあり

上.乗馬体験の受付は館内。パークゴルフも同じ　下.館内の一角、馬場を眺められる休憩コーナー

人気のお土産コーナー

「肉じゃがまんじゅう」は鹿追産の肉じゃがが入った中華まん

「さくさくキャンディ」(1袋260円)はオリジナルデザインロゴ入りで5種類の味がある

「ナキウサギ サーモボトル」(2,860円)は、道の駅うりまくの限定商品

珍しい乗馬の「ライディングシミュレーター」が館内の一角に置かれる。1回90秒で200円。ぜひ乗ってみよう

もっと知りたい！
旬カレンダー

	5	6	7	8	9	10
氷室じゃがいも(北アカリなど)(春～通年)						
山菜(行者にんにく、こごみなど)						
トマト(アイコ、中玉など)						
夏野菜(きゅうり、水菜など)						
とうもろこし、かぼちゃ						
キャベツ、大根、白菜						

寄り道スポット

然別湖

道の駅から北へ約18キロ。標高810メートルほどと、道内ではもっとも標高の高いところにある湖。温泉ホテルのほか、ネイチャーセンターがあってカヌー体験などアクティビティも充実している。

近くの道の駅	しかおい (188ページ)	国道274号経由で約10km
	ピア21しほろ (184ページ)	国道274号経由で約19km

しかおい

鹿追町東町3丁目2番地

📞 0156-66-1125

番号:82
登録年月日:2003年(平成15年)8月8日

開館時間 9:00～17:00(4月～10月) 10:00～16:00(11月～3月)

休館日 不定休

〈スタンプ情報〉

町名でもある鹿がマスコット。かわいい鹿のカップルとフラワーロードの組み合わせが描かれ、町の花シャクナゲが周りを囲む。

押印＊開館時間内
＊町民ホールは22:00まで可

駐車場 普通車:150台 大型車:5台

 フードコーナー／9:00～17:00(季節変動あり)
●直売所フードコーナー／アイスやソフトクリーム、ドリンクなど

 館内売店／9:00～17:00(季節変動あり)
●直売所ブース／地元生産者の農畜産物や加工食品、手工芸品などを直売
●季節野菜、山菜、いちご、鹿追そば、ダチョウのジャーキー、ソーセージ、ナキウサギクッキー、玉子など

鹿追町は十勝平野の北西部に位置し、農業と酪農がさかんなまち。グリーンツーリズムの先進地として、農業者が営む雰囲気のいいレストランなどがある。近年は「とかち鹿追ジオパーク」に認定されたこともあり、「火山と凍れが育む命の物語」をアピールしている。火山を巡るストーリー、然別湖周辺の山々にある国内最大級の風穴、氷河時代から生き残るナキウサギなどがその魅力

である。道の駅は、このまちの中心部に立地する。一帯は役場や町民ホール、美術館などが立つ公共空間。広い駐車場には植栽がちょうどいい日陰をもたらし、カリヨンの鐘の音色がメロディーを奏でる。館内は小規模。売店と農産物の直売コーナー、テイクアウトコーナーがある。名物のそば関係の商品はぜひ購入していきたい。裏手にはドッグランも設置されている。

手前のコンクリート打ち放しの建物はトイレ棟。奥の木造の建物が道の駅。駐車スペースは広い

店内入って左側はテイクアウトコーナーと休憩スペース。壁面には各種パンフレット類がきれいに並べられた情報コーナーがある。右側は売店で鹿追や十勝エリアの商品が置かれる

上.手づくりのクッキー類
下.農産物やら手作り品やら鹿追のものが多彩

人気のお土産コーナー

鹿追名産のそば。「蕎麦しかおい人」は350円。3袋入りもあり

道の駅限定の「焼きさつまいも大福」は人気の品。「大福」コーナーは充実している

充実のそばコーナー。そば粉、打ち粉、そばの実、切干大根などが人気だ

必見
ポイント

もっと知りたい！
旬カレンダー

5	6	7	8	9	10
山菜、花苗、アスパラ					
		夏野菜			
			とうもろこし		
			じゃがいも、かぼちゃ		

入り口近くに置かれる水槽には、チョウザメが展示されている。町ではバイオガスプラントの熱を利用した養殖が行われているからだ

町民ホール前には植物の植栽オブジェがある。写真映えするポイントだ

寄り道スポット

神田日勝記念美術館

道の駅の隣には、開拓農民画家として活躍した神田日勝の美術館が立つ。その才能を惜しまれながら32歳の若さで病没した。鮮烈でリアルな画法をぜひ、感じてみよう。月曜休館（祝日の場合は翌日休み）。

近くの道の駅		
うりまく （186 ページ）	国道274号 経由で約10km	
おとふけ （192 ページ）	道道133号と 道道214号 経由で約26km	

ガーデンスパ十勝川温泉
（とかちがわおんせん）

道道73号沿い、十勝川温泉街近く

音更町十勝川温泉北14丁目1番地

📞 0155-46-2447

番号:128
登録年月日:2020年(令和2年)7月1日

開館時間 9:00～19:00(5月～10月の金土日祝は21時まで)
※飲食店の営業時間は各店異なる

休館日 毎月第2火曜日
※8月は第4火曜日、11月～4月は毎週火曜日

〈スタンプ情報〉

押印＊開館時間内

日高の山々を背景に、十勝川のほとり、ふりそそぐ太陽、湧き出るモール温泉を主役に、豊かな大地の恩恵をうけた施設をイメージ。音更町出身のデザイナーの作。

駐車場 普通車:88台　大型車:3台

🍴 レストラン・テイクアウト／営業時間は各店異なる
●ターブル・ベジ／十勝のピザ&パスタ
●からあげハウス／中札内田舎どり
●よりみちベーカリー／揚げたての十勝のカレーパン
●木かげのカフェ／カフェ&バー

🛒 マルシェ／十勝の特産品のほか、モール温泉に関する品あり

体験工房／事前予約制でアイスやチーズづくり体験を提供

　水着を着用してモール温泉を楽しむ「ガーデンスパ十勝川温泉」は2016年に開業し、その後、2020年7月に道の駅に登録された。館内は三角屋根の吹き抜け空間「からまつコリドー」になっていて、明るく開放感いっぱいの雰囲気だ。この中に4つの飲食店が入る。揚げたての十勝カレーパンを販売するのは「よりみちベーカリー」。「木かげのカフェ」では中札内の十勝野フロマージュのジェラートや十勝ラクレットチーズなどを堪能。「ターブル・ベジ」は十勝の食材をピザやパスタで味わう店。中札内田舎どりをテイクアウトできるのは「からあげハウス」だ。物販では十勝の商品を集めた「ひなたのマルシェ」が営業し、「そそ風テラス」では無料の足湯が利用できる。有料のドッグランも併設され、なんと「いぬのあし湯」も誕生した。

立地は十勝川温泉の入り口にあたる場所。帯広駅から車で約20分。三角屋根がクールな外観

「ターブル・ベジ」の人気NO.1メニューは「マルゲリータ」（950円）。道内のテレビ番組で紹介された一品。迷ったらコレがお薦め。ほかにもペスカトーレやカルボナーラもある

上.カウンター席もあってお一人さまでもOK　下.「からあげハウス」では「田舎揚げ」などを販売

人気のお土産コーナー

「よりみちベーカリー」では十勝和牛や十勝産の野菜が入った揚げたてカレーパンが人気

売店コーナーには、モール温泉化粧品や地元農家から届く農産物、特産品を販売している

味付き卵「奇跡のゆでたまご」は1個100円

寄り道スポット

スパは手ぶらでもOK。湯浴み着やバスタオルのレンタルがある。ファミリーやカップルでの利用ができる。ホットヨガのレッスンも好評

官内を出て突き当たりに「モール温泉の磐座」がある。アイヌの人たちは、お湯がわくこの場所を「薬の湯」として言い伝えたそう

体験工房では全メニュー事前予約制だが、「モッツァレラチーズ作り」や「アイスクリーム作り」などが開催されている

| 近くの道の駅 | おとふけ（192ページ） | 道道73号経由で約14km |
| | なかさつない（194ページ） | 国道236号経由で約36km |

おとふけ

 国道241号沿い、
音更町郊外の田園地帯

音更町 ^{おとふけちょう}

音更町なつぞら2番地

📞 0155-65-0822

番号:31
登録年月日:1996年(平成8年)4月16日

開館時間 9:00〜18:00　※24時間トイレコーナー、
駐車場は年中無休24時間開館

休館日 11月から3月は毎週月曜日(月曜日が祝日の場合は翌日)、
年末年始(12月31日〜1月3日)

〈スタンプ情報〉

「とかち晴れ」と呼ばれる爽やかな青空がメインイメージ。小麦の収穫量日本一を誇る音更町にある道の駅ということもあり、左右に小麦の穂が描かれている。

押印＊開館時間に同じ
（レストラン営業中は押印可能）

駐車場 普通車:244台　大型車:22台

 飲食各店　10:00〜18:00(ラストオーダー17:30)、
ただし以下を除く
●満寿屋商店みちます　7:30〜18:00(4月〜10月)、
9:00〜18:00(11月〜3月)

🧺 ●農畜産物等販売所　なつぞら市場　9:00〜18:00
●なつぞらエリア　9:00〜18:00(冬期間休業)

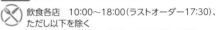

　本書で紹介する道の駅の中でも、特に注目されているのがこの駅である。2022年4月に移転オープン。移転開業して半年たらずで来場者数100万人を達成するという人気ぶりだ。場所は道東自動車道音更帯広ICの南側、柳月スイートピア・ガーデンの東隣に新設された。地元の食材を使用したメニューが味わえる9つの飲食店とフードコートが大きな面積を占める。新鮮野菜や特産品を販売する農畜産物販売所「なつぞら市場」も隣に並ぶ。最大の目玉は、NHK連続テレビ小説「なつぞら」のセットを模した「なつぞらエリア」だ。牛舎やサイロなどが展示され、ドラマの世界観が体感できるテーマパークのようになっている。館内には2カ所のキッズコーナーがあり、年齢で分かれて遊ぶことができる。イベントも各種企画されている。

本館は平屋建て。駐車場は広く、車中泊専用スペースもある

十勝帯広名物の豚丼は単品でもオーダーできるほか、写真は「オトプケとん汁と豚丼」のセット。豚肉6枚盛りで1,680円

上.フードコートは広くテーブル席とカウンターがある　下.十勝産小麦100%を使うパン店

人気のお土産コーナー

音更産を中心に十勝の野菜類が並ぶなつぞら市場

十勝ブランドのお肉を集めたBBQセレクション

大豆を中心とした音更の加工品セレクション

必見
ポイント

ラマのセットを模した「柴田家の母屋・サイロ・牛舎」は見どころ満載。ここでしか買えないおみや〜も販売されている

〜地内には「農産物直売所」があり、旬の野菜〜販売されている。朝もぎのトウモロコシや豆類〜どが並び、地元客にも人気がある

もっと知りたい！
旬カレンダー

	5	6	7	8	9	10
アスパラ						
トマト、ナス、キュウリ						
かぼちゃ、じゃがいも (8月〜12月)						
とうもろこし						
玉ねぎ、長いも (10月〜12月)						

寄り道スポット

柳月スイートピア・ガーデン

隣にある大きなお菓子製造工場兼ショップ。製造工程を見学でき、柳月商品を購入できるショップもある。体験工房ではお菓子作りの体験もできる。

近くの道の駅	ガーデンスパ 十勝川温泉 (190ページ)	道道73号 経由で約14km
	ピア21しほろ (184ページ)	国道241号 経由で約22km

なかさつない

国道236号沿い、道道清水大樹線との分岐点

なかさつないむら
中札内村

中札内村大通南7丁目14

📞 **0155-67-2811**

番号:36
登録年月日:1996年(平成8年)8月5日

|開館時間| 9:00～18:00(4～10月)　9:00～17:00(11～3月)

|休館日| 無休(4～11月)　毎週月曜日(12～3月)
年末年始(12/29～1/3)

〈スタンプ情報〉

中札内村は養鶏がさかんなまちで、「中札内田舎どり」は全国ブランドになっている。スタンプには村のシンボルであるひよこ「ピータン」が描かれている。

押印＊開館時間内

|駐車場| 普通車:155台　大型車:5台

🍴 洋食レストランやそば店などがある。営業時間や定休日は各店によって異なる

🧺 館内売店／道の駅開館時間と同じ
●カントリーショップてんとうむし／人気の枝豆大福、黒豆大福など
花水山物産コーナー(冬季休館)
●とれたて卵の自動販売機(年中無休)、豆類、枝豆、かぼちゃなどの季節野菜。十勝野フロマージュでジェラート各種(ジェラート、大福は価格変更の可能性あり)

　中札内村は、花と緑とアートの村。村でありながら、人口は3,900人あまりを擁し、道内の村の中で最も人口が多い。その中心部、国道に面して道の駅が立っている。グルメな道の駅として知られ、道の駅の人気ランキングでは上位に入る常連駅でもある。お昼どきには平日にもかかわらず、あちこちに行列が見られる。館内には本格的な洋食レストランが入り、中札内の食材を堪能できる。一番奥はフリースペースとして休憩ができる。敷地内の旧開拓農家住宅を利用したそば店では「開拓蕎麦」を。テイクアウト店では十勝名物の豚丼が手軽な料金でテイクアウトできる。本館の売店「てんとうむし」では村の特産品をメインに十勝のみやげ品を所狭しと並べている。隣接する「豆資料館・ビーンズ邸」は、十勝の豆の魅力を知らせる無料の施設。

国道に面して平屋の建物が並ぶ。平日は大型車の駐車スペースが分けられている

おすすめ イチオシ メニュー

レストラン「ウェザーコックカフェ」の「ポークソテー」(1,680円)は十勝産ポークの甘み感あふれるジューシーな豚肉をデミソースで味わう一皿

上.3店並ぶテイクアウトコーナーは、どれも魅力的　下.開拓記念館を利用したそば店

人気のお土産コーナー

十勝名物の「豚丼のたれ」(450円)。「畑のキッチンあんてぃー」の手づくり品

「てんとうむし」のおすすめは各種「大福」。黒豆、えだ豆はいずれも中札内産の豆を使用

懐かしい「手焼きせんべい」。職人の柿本さんが昔ながらの製法で焼く品

必見 ポイント

物産直売所「あんてぃー」の店内では中札内や十勝の製品がたくさん並ぶ。ドレッシングや味噌、チーズなども人気

しい「卵の自動販売機」が店先に置かれている。商品を選んで、お金を入れて商品ボタンを押して取り出す

もっと知りたい！ 旬カレンダー

	5	6	7	8	9	10
山菜、越冬じゃがいも						
葉物野菜						
大根、とうもろこし						
枝豆						
かぼちゃ・じゃがいも各種						
豆類、漬物野菜						

寄り道スポット

豆資料館・ビーンズ邸

旧馬鈴薯原種農場事務所を移築した資料館。架空の人物「Mr.ビーンズ」の邸宅という設定で、キッチンでは豆を使うレシピ、居間では豆をつかった遊びの紹介などがある。いろいろと楽しい。

近くの道の駅	さらべつ (196 ページ)	国道236号と道道238号経由で約16km
	ガーデンスパ十勝川温泉 (190 ページ)	国道236号経由で約36km

さらべつ

更別村弘和464番地1

☎ 0155-53-3663

番号:64
登録年月日:1999年(平成11年)8月27日

開館時間	9:00〜18:00
休館日	年末年始(12/29〜1/3)

道道238号沿い、更別村郊外の田園地帯

更別村（さらべつむら）

〈スタンプ情報〉

更別村では、品質基準をクリアした村の特産品に「どんぐりマーク」をつけて推奨している。上の建物は道の駅。館内で、どんぐりマーク付き製品を探してみよう。

押印＊開館時間内

駐車場／普通車:67台　大型車:7台

🍴 **レストラン**／9:30〜17:00
●レストラン「ポテト」／麺類や定食をはじめ、テイクアウトができるファストフードなど
●さらべつむらのなまうどん、親豚セット、ビーフカレー、ジンギスカン定食、トッピングソフト(チョコ、すももジャム、キャラメルなど希望のものをトッピングできる)

🏪 **館内売店**／9:00〜18:00
●特産品販売コーナー／「つぶつぶでんぷん」「どんぐりのむらポテトチップス」「イオンたまご」更別産「すもも」の特産品や、さらべつチーズ工房のゴーダチーズ「酪佳」、「さらべつ和牛」の加工品など
●新鮮野菜の土日市／6月中旬〜10月下旬の土・日曜日、地元野菜の直売

　南十勝のメイン国道236号から1本入った道道に面して、ポツンと一軒あるのが更別村の道の駅。FIA公認サーキットの「十勝スピードウェイ」やキャンプ場「さらべつカントリーパーク」の玄関口にもあたる。駅の愛称は「ピポパ」。電話のプッシュ音から着想を得て、ここを更別の情報発信基地にという想いが込められている。館内は大きな吹き抜けで、裏手の樹木がガラスいっぱいに映り、緑鮮やかである。森の中にいるような気分でレストランとショッピングが楽しめる。まちの特産品はスモモ。国道236号線沿いのどんぐり公園内には約1,000本のスモモの木が植えられている。道の駅でも、村内にある「すももの里」で採れるスモモを使った菓子や飲料がそろい、収穫時期の8月には新鮮なスモモそのものも販売している。

「PiPOPA」のサインが大きく掲げられる外観
三角屋根が美しい。駐車場も広くて快適だ

おすすめ
イチオシ
メニュー

上.「ジンギスカン定食」(1,500円)のほかにメニュー多数
下.すももジャムソフト

「親豚セット」(1,000円)は十勝名物の豚丼とミニしょうゆラーメンがセットになったもの。豚丼のたれは半日近く煮詰めたこだわりの自家製。「子豚セット」(850円)はミニ豚丼だ

人気のお土産コーナー

人気NO.1は「どんぐりのむらポテトチップス」(140円)。薄めの塩味、うまいべさー

「すももジャムクッキー」や「すもものむヨーグルト」も売れ筋。すももは更別の特産品だ

更別産小麦の「さらべつむらのなまうどん」もおすすめ

必見
ポイント

物産販売コーナーと、奥にレストラン。季節によっては地元の野菜類も並ぶ

もっと知りたい！
旬カレンダー

5	6	7	8	9	10

山菜や葉物野菜

なす、大根、ごぼう

生食用キャベツ

かぼちゃ、とうもろこし、すもも

新いも(メークインなど)

豆類

ヤーコン、シュンギク

6月～10月の土日のみ「新鮮野菜市」が開催される

寄り道スポット

さらべつカントリーパーク

道の駅から車で約5分。貸別荘タイプのコテージやトレーラーハウスなどがあるキャンプ場。水遊びができるほか、パークゴルフ場もある。夏はファミリーで大賑わい。人気の施設だ。

近くの道の駅	忠類 (198ページ)	道道238号と 国道236号 経由で約11km
	なかさつない (194ページ)	道道238号と 国道236号 経由で約16km

忠類
ちゅう るい

幕別町忠類白銀町384番地12

📞 **01558-8-3236**

番号:9
登録年月日:1993年(平成5年)4月22日

開館時間 9:00〜18:00(12月〜3月は17時まで)

休館日 年末年始(12/31〜1/3)※11月に臨時休館あり

〈スタンプ情報〉

かつてナウマンゾウの化石が発見された忠類町のキャラクターは、ナウマンゾウをモデルにしたパオくん。パオくんが牛にまたがる姿が描かれている。

押印＊開館時間内(休館日はナウマン温泉7:00〜23:00)

駐車場 普通車:271台 大型車:14台

🍴 レストラン／ランチ11:30〜14:00(L.O.13:30)、ディナー17:30〜20:30(L.O.19:45)
●レストラン／ホテル1階、特産物のゆり根を使った料理が人気。
●アルコ丼、ナウマンバーグだぞ〜定食など

🧺 ファストフード／道の駅開館時間と同じ
●道の駅売店／パン工房があり、金時豆入り食パンはすぐ売り切れる大人気。ファストフードの種類も豊富
●ゆり根コロッケ、ゆり根の素揚げ、どろぶたメンチカツなど

菜の館ベジタ／10:00〜17:00(平日は15時まで)
●野菜直売

　帯広広尾自動車道の忠類ICを降りてすぐ、国道沿いにある。道の駅を中心に、隣には「十勝ナウマン温泉アルコ」が営業し、コンクリートの躯体に地元の石を張り付けた印象的な外観の温泉ホテルとレストランが立っている。敷地の中央には「忠類ナウマン象記念館」があり、横は「ナウマン公園」になっている。公園の芝生広場には遊具が点在し、水遊びができる上、ウォーター滑り台が人気だ。道の駅は売店とテイクアウトコーナーがメイン。館内裏手にはガーデニングが施され、庭には「愛と幸せの鐘」も設置され鳴らすことができる。その奥はパークゴルフ場とキャンプ場になっていて、キャンプ場は夏場を中心ににぎわいを見せている。敷地内にはJAの直売所もあり、特産のゆり根をはじめとした地元の農産物や加工品が置かれている。

売店とテイクアウトコーナー、休憩コーナーか〔…〕なる平屋の建物が道の駅

道の駅隣にある温泉ホテルのレストランでは、忠類産の「ゆり根のかき揚げ定食」(1,200円)が味わえる。ほくほくとした食感が味わい深い

上.「十勝ナウマン温泉アルコ」のロビー　下.テイクアウトコーナーではコロッケやナウマンボールも

人気のお土産コーナー

プレミアムの名を冠した「純白ゆり根シュークリーム」(210円)は上品な味わい

パン工房「パオパオ」で焼かれるパン類は地元の人にも人気。午前中からどんどん売れていく

売店コーナーの全景。さほど広くはないが、地元のものを含めていろいろ置かれている

必見ポイント

JA忠類直売所の「菜の館ベジタ」。館内は広く、ソフトクリームも販売。忠類特産のゆり根を大きくアピール。ぜひ買っていこう

もっと知りたい！ 旬カレンダー

5	6	7	8	9	10

山菜(わらびなど)、アスパラ

食用ゆり根(越冬物は通年、新物は9月下旬〜)

レタスなど葉物野菜

とうもろこし、かぼちゃ

プラムなど

キャベツ、大根、白菜、ごぼう

寄り道スポット

忠類ナウマン象記念館

道の駅の敷地内にあって、歩いて行ける。近くで化石が発見され「世界的発見」となったナウマン象や、発掘に関わった人々について学べる施設。パネル類や、復元模型などがある。

近くの道の駅	コスモール大樹 (200ページ)	国道236号 経由で約8km
	さらべつ (196ページ)	国道236号と 道道238号 経由で約11km

コスモール大樹

国道236号沿い、
大樹市街の中心部

大樹町

大樹町西本通98番地

☎ 01558-6-5220

番号:75
登録年月日:2002年(平成14年)8月13日

|開館時間| 特産品コーナー9:00〜17:30
ショッピングセンター9:00〜20:00(通年)

|休 館 日| 特産品コーナー12/31〜1/3、ショッピングセンター1/1

〈スタンプ情報〉

大樹町は宇宙産業の拠点となるべく「北海道スペースポート(宇宙港)構想」を掲げる。宇宙ロケットの周りを囲むコスモスは町の花。

押印＊特産品コーナー開館時間内

|駐 車 場| 普通車:160台　大型車:4台

🍴 家系ラーメン堀江家／ホリエモンこと実業家の堀江貴文さんがプロデュースしたラーメンを提供

🛍 館内売店／特産品コーナーと同じ、ショッピングセンターは9:00〜20:00
●特産品売場／大樹物語、酪農家の手作りチーズ、ISTロケットオリジナルグッズ、宇宙食、ししゃも、イクラなど
●ショッピングセンター／食品スーパーや薬局、衣料品店など

　近年、「ロケットのまち」としてすっかり名を上げた大樹町。太平洋に面して東と南方向が開けている地理的な優位性や気象条件の良さなどから、30年ほど前から宇宙産業の誘致を始めた。インターステラテクノロジズ社(IST)による宇宙観測用小型ロケット「MOMO」の打ち上げ実験成功などでますます注目が集まっている。発射実験場は太平洋の近く、「浜大樹」と呼ばれ

るところにある。そこから約16キロほど離れた道の駅はまちの中心部に位置する。道の駅はショッピングセンターコスモールと経済センターに分かれていて、経済センター1階の売店には大樹の特産品コーナーがあり、水産品・農産物・加工品が置かれている。一角には、「宇宙食」など宇宙に関する商品が置かれている。遥か彼方の遠い世界に思いを馳せてみたい。

国道に面した3階建の建物。奥はコープさっぽろが入るショッピングセンターとつながっている

Recommend

おすすめショップ紹介

道の駅館内は売店コーナーがメイン。広い売場に大樹町や十勝のものがいろいろ売られている。奥にあるレジカウンターでは、夏期間はソフトクリームのメニューもあってオーダーできる

上.ホッケや鮭とばといった珍味各種、550円
下.シカの角などクラフト工芸品コーナー

人気のお土産コーナー

人気の「八巻牧場」産の「ローストビーフ」(2,680円)、「ハンバーグ」(580円)

おすすめは大樹漁業協同組合の「つぶ貝」(540円)。燻製風味とガーリック味がある

「香りをはさんだカマンベールチーズ」(680円)は当駅限定品だ

up point

必見ポイント

フリーズドライの宇宙食や、キーホルダー、各種宇宙関連のグッズが並ぶコーナー

IST社のスタッフが民間ロケットに関して熱いメッセージを送るムービーが大きなモニターで流されている。力をもらえる映像

寄り道スポット

ランチタイムは道の駅近くのまちの飲食店を利用しよう。ご当地グルメ「大樹チーズサーモン丼」は5店舗で食べられる

近くの道の駅		
	忠類 (198 ページ)	国道236号 経由で約8km
	さらべつ (196 ページ)	国道236号と 道道238号 経由で約19km

うらほろ

国道38号沿い、
浦幌町郊外の丘の中腹

浦幌町

浦幌町北町16番地3

☎ 015-576-5678

番号:109
登録年月日:2009年(平成21年)7月31日

開館時間	9:00〜17:00
休館日	年末年始(12/30〜1/5)

駐車場	普通車:74台　大型車:5台

❌ レストラン・軽食販売コーナー／道の駅の開館時間と同じ
●ホットドッグやソフトなど

🧺 物産販売コーナー／道の駅開館時間と同じ
●生産者の直売所で、農産物や海産物、加工食品など多数展示販売
●行者ニンニク入りソーセージやドリンク、ジンギスカン肉、キムチなど。厚内昆布や鮭とば、白花豆甘納豆など

　建物はコンパクトだが、内部はカラマツ材を使用した温かみのある空間だ。地元の物産販売コーナー、軽食販売コーナー、休憩コーナーになっている。畑作王国十勝のまちであることから、大豆や小豆を代表とする畑のものはもちろん、浦幌町は太平洋に面しているため、海の恵みも並ぶ。手作りの「鮭とば」は人気商品の一つでもある。道の駅隣には「レストランURATIE」が営業している。2019年に閉店したまちの洋食店の想いを受け継ぎ、名物の「スパカツ」はそのままの味を継承する。ボリューミーな味を堪能していこう。道の駅の周辺には「うらほろ森林公園」があり、アスレチックを楽しんだり、キャンプをすることもできる。ちなみに道の駅から車で約25分のところに「うらほろ留真温泉」がある。明治時代に開湯の知られざる名湯だ。

駐車場は2カ所、国道側と店舗奥にもある。左にはレストランの建物が立っている

Recommend
おすすめ イチオシ メニュー

名物「スパカツ」は、浦幌町民なら1度は食べたことがある名物を受け継ぐ。ミートスパゲッティとカツレツはボリューム満点だ

上.明るく落ち着いたレストランの店内、営業はランチとディナーも行う　下.レストランの外観

人気のお土産コーナー

太平洋に面した山本商店手作りの「鮭とば」。スライスとスティックがある

やさしい味の「草大福」は160円。「白大福」もあって人気商品

ソフトクリームは「きなこ」味や「きなこミックス」もある

「シュークリーム」(260円)は浦幌産牛乳を使用

pick up point
必見 ポイント

「手作り工房 虹」のコーナーがあり、エコクラフトのかごやコイン入れなどの小物が並んでいる

もっと知りたい！
旬カレンダー

	5	6	7	8	9	10
山菜・キノコ						
葉物野菜、トマト				なす、レタス、きゅうりなど夏物野菜		
とうもろこし						
じゃがいも(8月～翌5月)						
かぼちゃ(10月～12月)						
豆類(通年)						

お豆の産地なので、各種豆類が並んでいる

寄り道スポット

ザ・ベジタブルショップ 21

道の駅から国道挟んで反対側にも、道の駅のような物産販売所とトイレがある。こちらでもポテトピザなど軽食や地元産品が販売されている。

近くの道の駅	ステラ★ほんべつ(204 ページ)	道道56号経由で約41km
	ガーデンスパ十勝川温泉(190 ページ)	国道38号経由で約43km

ステラ★ほんべつ

国道242号沿い、本別市街の中心部

〈ほんべつちょう〉
本別町

本別町北3丁目1番地

📞 0156-22-5819

番号:107
登録年月日:2009年(平成21年)3月12日

開館時間 9:00～18:00(5～10月)、 9:00～17:00(11～4月)、郵便局9:00～16:00(土・日・祝日休業)

休館日 年末年始

<スタンプ情報>

道の駅の建物の上に描かれているのは、豆の形に顔や手足を付けた本別町のキャラクター「元気くん」。左右を飾っているのは、町の花エゾムラサキツツジ。

押印＊開館時間内

🅿 駐車場 普通車:97台　大型車:5台

🍴 レストラン／昼の部　11:30～14:00、夜の部　17:00～20:00、定休日は火曜
●レストラン秀華／中華料理がメインで、本別産黒豆味噌を使ったラーメンやランチメニューも提供
パン工房アリコヴェール／道の駅開館時間と同じ
●香り豊かな本別産小麦の食パン・豆パン、もっちりトーストなど

🧺 館内売店／道の駅開館時間と同じ
●特産品販売コーナー／ご当地ブランド「キレイマメ」やどん菓子各種、くり豆羊羹、ハスカップソフト、黒蜜入り黒豆きなこソフト、町キャラの元気くんストラップなど
●野菜コーナー／朝採りの野菜や切り花など

もとは1991年オープンの、本別駅を兼ねた「コミュニティセンターステラ・プラザ」。ステラプラザとは、星の広場の意味。その後、ふるさと銀河線が廃止となり、2009年にリニューアルを経て、道の駅として開業した。敷地内には、跨線橋と28メートルほどのレールが残され、鉄道の記憶として往時の面影を伝えている。道の駅館内はまちの中心部で駅舎だった機能を継承している。郵便局が入り、十勝バスのきっぷ売り場と待合所も併設され、地元の人が行き交っている。本別町は小豆など多くの種類の豆類を生産する「豆のまち」として知られる。昼夜の寒暖差が糖分を蓄え、高品質の豆を生産できるという。売店でも「豆コーナー」が充実しているほか、「豆アート」の作品も展示販売されている。館内の中華レストラン「秀華」は昼も夜も営業する。

建築賞を受賞した建物。7つのトップライトが印象的。駐車場は裏手

Recommend
おすすめ イチオシ メニュー

札幌のホテルで腕を磨いたシェフが、マーボー豆腐やホイコーローなどの本格中華に腕をふるう。「中華ちらし」や本別産の食材「キレイマメ」を使ったラーメンやチャーハンも人気だ

上.日替ランチは900円　下.店内は広く席数は35。座敷もあり、ゆったり

人気のお土産コーナー

壁一面の本別のお豆コーナー。金時豆・とら豆・黄大豆・青大豆…、いろいろ並んでいる

本別産コーナーの「うどん」。黒豆と小麦を使用したもの350円。地元の人も買っていく

道の駅限定品の「黒豆大福」は2ケ入り360円

必見ポイント

駅のパン店「アリコヴェール」にはひっきりなしに客が訪れる。本別産小麦100%の食パンや豆食パンが人気だそう

もっと知りたい！
旬カレンダー

	5	6	7	8	9	10
花苗、山菜類						
アスパラ						
葉物野菜						
とうもろこし						
じゃがいも、長いも (10月～12月)						
各種豆類 (11月～通年)						

寄り道スポット

多目的ホールに飾られるバット製品。道産アオダモ材などを使ったイチローや松井秀喜選手のバットが展示されている

近くの道の駅	あしょろ銀河ホール21 (208 ページ)	国道242号経由で約15km
	しほろ温泉 (182 ページ)	国道242号と道道134号経由で約27km

オーロラタウン93 りくべつ

242 国道242号沿い、
陸別市街の中心部

<ruby>陸別町<rt>りくべつちょう</rt></ruby>

陸別町大通

📞 **0156-27-2012**

番号:69
登録年月日:2000年(平成12年)8月18日

開館時間 8:00〜18:00(4〜10月)　9:00〜17:00(11〜3月)
休館日 年末年始(12/30〜1/3)

〈スタンプ情報〉

夜になると美しい星空が広がる陸別町では、北斗七星が一層輝いて見える。寒暖計を持っているのはご当地キャラ「しばれ君」。アムール川から流氷に乗ってきたという。

押印＊開館時間内

駐車場 普通車:75台　大型車:8台

🍴 喫茶コーナー／夏季のみ9:30〜15:00(不定休)
ソフトクリームやシェイク、コーヒーなども提供

🏬 館内売店／道の駅の開館時間と同じ
●物産館／特産の山菜加工品の数々が売場中央に
●陸別産の特産品などが多数

　道内の道の駅には、かつての鉄道駅だった場所を利用するところも多い。ここ陸別では実際の車両が構内を走る郷愁あふれる駅になっている。駅構内では、ふるさと銀河線で活躍した列車の「乗車体験」や、自分が運転できる「運転体験」、足こぎ式の「トロッコ」に乗ることができる。なかでもすごいのは80分程度の分線コース。陸別駅から分線駅までの全長5.7キロを運転

でき、ファンならば垂涎の体験であろう。道の駅は鉄道駅そのもので、待合室はそのままの状態。かつての往来が偲ばれる。一角には売店があり、陸別の特産品が並ぶ。夏季のみ喫茶コーナーがオープンする。隣には陸別の開拓功労者である関寛斎氏の資料館があって見応え充分だ。2階には研修宿泊施設があって、一般のホテルのように利用ができる。

レンガをベースとした重厚な駅舎が道の駅。駅前の雰囲気がどことなく感じられる

物産館には陸別町の特産品として、時期によってヤマイモや原木からのシイタケもある。値札やPOP説明文が手書きで書かれ、スタッフの丁寧な仕事ぶりが伝わってくる

上.物産館となりのソフトクリーム工房
下.陸別開拓の祖である関寛斎の資料館

人気のお土産コーナー

一番人気は「りくべつミルクのおあずけプリン」。新感覚のプリン

「りくべつ鹿ラグーソース」は陸別町内で捕獲されたエゾシカの粗挽き肉を100%使用

しゃれたパッケージでちょっとしたおみやげにぴったりの「りくべつ鹿ジャーキー」

必見ポイント
up point

寄り道スポット

足で自転車をこぐように走るトロッコ体験は小学生200円、中学生以上300円

駅構内を実際に走っている車両。1両編成の車両には乗車することも可能だ

駅構内を実際に走っている車両。1両編成の車両には乗車することも可能だ

近くの道の駅	あしょろ 銀河ホール21 (208ページ)	国道242号 経由で約33km
	あいおい (244ページ)	道道51号と 国道240号 経由で約43km

あしょろ銀河ホール21

241 242 足寄市街の中心部 足寄町（あしょろちょう）

足寄町北1条1丁目

📞 0156-25-6131

番号:84
登録年月日:2004年(平成16年)8月9日

開館時間 8:00〜18:00
休館日 年末年始

〈スタンプ情報〉

足寄町の特産品である大きなラワンぶきの間から見えるのは、神秘の湖オンネトーと雄大な雌阿寒岳、阿寒富士。この町ならではの美しい景観が描かれている。

押印＊24時間可(トイレに設置)

駐車場 普通車:55台　大型車:4台

✗ レストラン／11:00〜15:00
●レストランあしょろ／ラワンブキ入りの足寄弁当、カツカレー、スパカツミートなど

🛒 ショップ、ベーカリー、テイクアウトコーナー／9:00〜18:00(4月下旬〜10月)9:00〜17:00(11月〜4月下旬)
●ベーカリー／焼きたてパン提供
●テイクアウトコーナー／ソフトクリームやコロッケなど
●ショップ／足寄産のチーズやチーズケーキ、ラワンブキを使った加工品など

　足寄町は国道241号と242号が市街地で交差し、十勝と釧路・網走を結ぶ交通の要衝である。この地にもかつては鉄道が通り、池田・網走間を結んでいた。後に池田と北見間の「池北線」と改称され、第三セクターとして北海道ちほく高原鉄道ふるさと銀河線として再出発。同路線の足寄駅として1995年に「足寄銀河ホール21」が開館した。道の駅の登録は2004年。その2年後に鉄道が廃止されたが、95年間にわたって地域の足として親しまれた歴史を伝えるため、館内中央では駅構内を再現している。館内には売店コーナーとテイクアウトコーナー、レストランが入る。足寄出身の歌手、松山千春さんの展示コーナーがあり、関連グッズが販売されている。ファンには必見のコーナーとなっている。道の駅を出ると旧足寄駅舎もありこちらも必見だ。

足寄町の中心部、阿寒・陸別・上士幌につながるУ字交差点にある。高さ34メートルの高い塔が目立つ

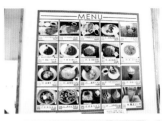

レストラン一番人気のメニューは「足寄弁当」(1,100円)。ラワンブキと大豆の炊き込みご飯に地元の店でつくられた豆腐に三升漬、天ぷらなどの小鉢がつく。小鉢は日によって変わる

上.メニューは20種類近くが揃う　下.店内はテーブル席をメインに一人用の席もある

人気のお土産コーナー

地元の「ありがとう牧場」からの「放牧ソフト」(180円)はふんわりやわらかいソフト

足寄名物「ラワンぶき」。水煮や漬物が販売されている。食感がよく、アクが少ないのが特徴

ユニークな「らわんぶきソフト」(400円)。さわやかな甘さが引き立つ一品

\もっと知りたい!/
旬カレンダー

5	6	7	8	9	10

ハウス野菜(ほうれんそう、キャベツなど)、山菜

ラワンブキ、露地野菜(ほうれんそうほか多種類)

とうもろこし、メロンなど

じゃがいも、枝豆、にんじんなど

かぼちゃ、大根、ごぼうなど

入り口すぐにある松山千春さんコーナーにはレコードジャケットや衣装などが展示される

松山千春さんのグッズコーナー。キーホルダーやシャツ、マフラータオルなどが置かれる。ファン必見のコーナーだ

寄り道スポット

敷地内の直売所では野菜やチーズなど足寄の旬が並ぶほか、テイクアウト品も豊富にある

近くの道の駅	ステラ★ほんべつ (204ページ)	国道242号 経由で約15km
	オーロラタウン93 りくべつ (206ページ)	国道242号 経由で約33km

コラム　魅力的な北海道の道

本書は道内にある道の駅を紹介するもので、「道の駅」にスポットを当てている。しかし、道の駅に至るまでの「道」にも魅力的なものが多い。北海道には真っ直ぐな道路も多く、直線道路は普通だろう。日常的にはあたりまえの風景に見える直線道路だが、道外の特にライダーの人たちからは「あこがれの道」であることも多い。時に絶景として紹介される北海道のストレートロード。有名な道のいくつかをご紹介したい。

道内外のライダーに人気なのは「最北の二大直線路」と称される**道道106号**と**猿払村道エサヌカ線**である。宗谷岬・稚内を目指す際、西海岸と東海岸にあたるこの2つの直線道路は、「必ず走破するべし」として紹介されることもある。よく「何もない」と形容されるが、この何もないことこそが魅力である。大きな風景の中をひたすら真っ直ぐに進む直線道路。雄大な景観の中で、ちっぽけな自分を感じられるところが、旅情を誘うところであろう。

国道334号をウトロから斜里町へ行く際にちょっとだけ寄り道したい道がある。畑の中から天に延びるように見えるのは、**天に続く道**である。全長28.1キロメートルの直線道路は絶景道路として観光ガイドブックで紹介される。

上富良野町の丘の中を通るジェットコースターの路は、その名のとおり、まるでジェットコー

天に続く道

スターに乗ってアップダウンするかのような真っ直ぐな道路。この約4.5キロのストレート道は、映画やドラマのロケ地にもなっている。

直線道路日本一の長さを誇るのは、**国道12号**の美唄市光珠内町から滝川市新町までの、29.2キロだ。札幌から旭川を結ぶ主要国道の一部なのでご存知の人も多いだろう。

最後に紹介したいのは、十勝の広尾町から根室市の納沙布岬までを結ぶ道のうち、厚岸町＝浜中町間はゆるやかなカーブを描きながらダイナミックな海岸を見下ろすように走る爽快ルートである。断崖絶壁や湿原風景、原野の中を通り抜ける。こちらもやや遠回りになるが、走破したい道のひとつだ。

北太平洋シーサイドライン

猿払村道エサヌカ線

オホーツク

オホーツク管内の道の駅を紹介しています。

かみゆうべつ温泉チューリップの湯（湧別町）近くのかみゆうべつチューリップ公園では毎年春に満開のチューリップが彩る

おんねゆ温泉

北見市留辺蘂町松山1-4

📞 0157-45-3373

番号:24
登録年月日:1995年(平成7年)8月3日

開館時間 8:30〜17:00(4月〜10月) 9:00〜16:30(11月〜3月)

休館日 12月26日〜1月1日、4月1日〜4月7日(水族館のみ営業)、4月8日〜4月14日

国道39号沿い、留辺蘂町郊外の山間部

北見市留辺蘂町

〈スタンプ情報〉

高さ20メートルの鳩時計から毎正時(午前8時〜午後6時)に、翼の長さ2メートルのハト人形「ポッポちゃん」が登場する。周りにはツツジの群落も描かれている。

押印＊開館時間内

駐車場 普通車:100台 大型車:20台

🍴 **軽食喫茶**
●道の駅敷地外に「からくり王国」がある。／地元業者出店のショッピングゾーン、軽食や特産品販売など

🛍 **館内売店／道の駅開館時間と同じ**
●果夢林ショップ／果夢林館内の特産品売場、木工クラフトや地元銘菓など
●白花美人、ハト時計クッキー、ハッカ製品、ソフトクリーム、白花豆など

　北見市街地と石北峠を結ぶ国道39号。そのちょうど中間地点に温根湯温泉街があり、温泉街の近く、国道沿いに道の駅がある。広い駐車場の中央部に「クリーンプラザ・おんねゆ」があり、観光案内所(4月下旬〜11月上旬)が入る情報館となっている。その奥にシンボルタワーとして、からくりハト時計塔「果夢林」が構える。高さ約20メートルで、世界最大級とのこと。この塔には1時間おきに人が集まる。塔の中央部から森の妖精たちが現れ、音楽とともに時を告げるパフォーマンスが見られるからだ。塔の後ろには「果夢林の館」があり、特産品などを販売するショップと、木の遊園地「果夢林ワールド」「クラフト体験工房」が並ぶ。隣には「山の水族館」として名をはせる「北の大地の水族館」がある。数々のアイデアに脱帽だ。

「果夢林」とは、果てしなく、夢が広がる、林(木のまちでありたいとの願いが込められる

「北の大地の水族館」は日本で初めて下から見上げる「滝つぼの水槽」があったり、世界初の「川が凍る水槽」がある。50種類、3,000匹ほどの魚類が飼育・展示されている

上．道の駅敷地内にある、水族館の外観　下．「館長が出てくるボタン」はすごい

人気のお土産コーナー

「果夢林ショップ」は広いので、じっくり見て回りたい。スイーツ類や小物などたくさん

人気のおみやげ品は「白花美人」。生産日本一の「白花豆」で作り上げた甘納豆だ

隣の「山の水族館グッズ」も大人気の品。木製の魚キーホルダーなど各種ある

寄り道スポット

「クラフト体験工房」ではショップで「工作キット」580円）を買えば無料で使用できる

「木のゆうえんち」は有料だが、「木の砂場」や「木の宮殿」、「木のすべり台」があって子どもたちに大人気の屋内施設だ

つつじ公園キャンプ場

温根湯の市街地を経由して、道の駅から約2キロ。公園の中に無料のキャンプサイトがある。トイレも炊事場も立派な施設が利用できる。

近くの道の駅	遠軽 森のオホーツク （218ページ）	国道242号 経由で約44km
	オーロラタウン 93りくべつ （206ページ）	道道247号と 国道242号 経由で約48km

しらたき

遠軽町奥白滝

国道450号（旭川紋別自動車道）の白滝PA

遠軽町奥白滝（えんがるちょうおくしらたき）

☎ 0158-48-2175

番号:83
登録年月日:2003年(平成15年)8月8日

| 開館時間 | 9:00〜18:00 |
| 休館日 | 年中無休(12/31〜1/3は営業時間に変更あり) |

〈スタンプ情報〉

旭川紋別自動車道の奥白滝ICに隣接する道の駅。スタンプには建物の外観が描かれている。近くには、黒曜石を展示した「遠軽町埋蔵文化財センター」がある。

押印＊開館時間内

駐車場　普通車:25台　大型車:9台

 レストラン／10:00〜17:00
●食堂コーナー／売店の奥にある窓際の明るいスペース、メニューが豊富だ
●うどん、そば、カレーなど

 館内売店／道の駅と同じ
●売店コーナー／地元特産品の缶詰類や黒曜石の工芸品など販売
●たけのこ御飯の素、舞茸御飯の素、ホタテご飯の素、鹿肉と熊肉の缶詰
●屋外プレハブに農産物直売所あり(期間限定)

黒曜石で有名な白滝の道の駅。高規格幹線道路である旭川紋別自動車道の「白滝パーキングエリア（PA）」内にある。従来の高速道路にあるサービスエリアと同じような感覚で立ち寄ることができる。違うのは、一般国道333号からも入れるところ。道の駅は小規模だが、売店コーナー、食堂コーナー、休憩スペースと基本機能を備える。ランチのメニューはラーメンやそばに加え、オリジナルのスパイスカレーなどがラインナップ。あんこたっぷりの揚げドーナツといったテイクアウトメニューも人気だ。店内は窓に向かったカウンター席とテーブル席を選べる。売店には白滝の特産品のほか、町民の手作りによる雑貨も置かれ、好評だという。その作品をよく見ると、素朴な風合いが伝わってくる。思わぬお気に入りと出会えるかも。

右側の茶色の建物が売店と食堂になっている。左側はトイレ。授乳室が増設された

イチオシメニュー

食堂コーナーでのおすすめは「ソーセージカレー」(1,100円)。ルーはオリジナルのスパイスカレー。ソーセージは鹿肉を使用

上.ソフトクリームは300円　下.窓に向かってカウンターがある店内

人気のお土産コーナー

竹の子ご飯の素

「竹の子ご飯の素」(420円)は、三代続く伝統のたれを使った品。手抜きできるおかず

売店コーナーはコンパクトだが、見慣れないユニークな品がある。探してみよう

必見ポイント

道の駅向かいには農産物直売所があり、地元農家の有志数人で運営する。季節の野菜のほか、手づくりジャムなどもある

もっと知りたい！ 旬カレンダー

| 5 | 6 | 7 | 8 | 9 | 10 |

山菜(行者にんにくなど)、アスパラ

越冬じゃがいも、竹の子、山わさび

山菜、きのこ、豆類

新じゃが、いちご等の手作りジャム

きのこ、玉ねぎ、手作りジャム

じゃがいも、かぼちゃ、大根

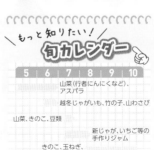

寄り道スポット

遠軽町白滝ジオパーク交流センター

道の駅から11キロほど遠軽方面へ向かった「白滝IC」近くにある。日本一の黒曜石原産地「白滝ジオパーク」を解説する施設。体験ゾーンでは黒曜石の石器やアクセサリーも作ることができる。

近くの道の駅	まるせっぷ (216ページ)	国道333号 経由で約28km
	香りの里たきのうえ (220ページ)	国道273号 経由で約53km

まるせっぷ

(333) 国道333号沿い、
丸瀬布市街の入り口

えんがるちょうまるせっぷ
遠軽町丸瀬布

遠軽町丸瀬布元町42-2

☎ **0158-47-2010**

番号:15
登録年月日:1994年(平成6年)4月26日

|開館時間| 9:00〜17:00(GW、夏休み〜18:00)

|休館日| 毎週月曜日(祝日の時は翌日)　年末年始(12/31〜1/5)

森林鉄道として活躍した蒸気機関車「雨宮21号」をモチーフにしたキャラクターが描かれている。森林公園いこいの森では、「雨宮21号」の走る姿を見ることができる。

押印＊開館時間内

|駐車場| 普通車:62台　大型車:7台

食事施設なし
●木芸館に喫茶室(コーヒー、紅茶、オレンジジュースなど)

館内売場／9:00〜17:00(GW、夏休み〜18:00)
●木芸館／木工芸品などを展示販売
●ウッディピクチャー、経木(うすかわ)、じゅんさい、遠軽産はちみつなど

　旭川紋別自動車道が比布北ICから遠軽ICまで延び、当面はこの間100キロ近くを無料で走ることができる。札幌や旭川からオホーツク海側がかなり近くなった。丸瀬布ICから1キロほどの国道沿いに道の駅がある。広い駐車場に面して建物が3棟。緑の壁面の八角錐の建物は「木芸館」。館内は木であふれている。高い天井の吹き抜け空間は音響効果も高く、ピアノなどの演奏会も開催される。「木」に関連した商品も豊富なので品定めしたい。トイレ棟を挟んで、丸瀬布活性化施設「ふるさと」は休業中となっており、以前あった飲食店は撤退している。テイクアウト品などは、敷地内で営業するプレハブ小屋の直売所が利用できる。道の駅から車で10分ほどの場所にある丸瀬布森林公園いこいの森は、北海道遺産の森林鉄道・SL雨宮21号が観光客を乗せて走り、夏は多くの人で賑わう。

「木のまち」の歴史を伝える「木芸館」。内部に
地元産の木材がふんだんに使われている

おすすめ チェックポイント

道の駅近くにある北見木材（株）が製造するピアノの鍵盤や響板などの部品一式が展示されている。世界が認めるピアノの製造過程がよくわかるようになっている

北見木材のピアノは、国内シェアは70％を超え、世界シェアも16％を確保するほどの品質

人気のお土産コーナー

ヤナギやバッコヤナギ、カツラなどの「まな板」が各種販売されている。人気の品だ

人気なのは道産の「シナ材」を使った「うすかわ」。おにぎりを包むのに最適な品とのこと

地元の女性たちが作る生活雑貨製作所の製品コーナーもあって暖かそう

必見ポイント

木芸館の一角には喫茶「VILLA」があり、ホットコーヒーやアイスコーヒー、紅茶などが飲めるようになっている

もっと知りたい！旬カレンダー

3月中旬	5	6	7	8	9	10	11	12

遠軽産は ちみつ

木芸館 じゅんさい

木芸館 経木、竹炭（通年）

寄り道スポット

道の駅から約10kmに「丸瀬布いこいの森オートキャンプ場」がある。場内では北海道遺産にもなっている蒸気機関車「雨宮21号」が走る。乗車することができる楽しい場所

近くの道の駅	遠軽 森のオホーツク（218 ページ）	国道333号経由で約17km
	しらたき（214 ページ）	国道333号経由で約28km

遠軽 森のオホーツク

450 国道450号、遠軽ICに隣接

遠軽町（えんがるちょう）

遠軽町野上150番地1

☎ 0158-42-4536

番号:125
登録年月日:2019年(令和元年)6月19日

開館時間 1階トイレ・休憩スペース(24時間)、足湯 9:00〜18:00
休館日 年中無休※メンテナンス等臨時休館日あり

〈スタンプ情報〉

道の駅遠軽 森のオホーツク SINCE 2019

森の緑色をベースに5円玉の形で「ご縁がある」→「えんがある」→「遠軽」と連想させる。白い枝葉のモチーフは、木やオホーツクのイメージを強調している。

押印＊24時間押印可能

駐車場 普通車:267台 大型車:9台

🍴 フードコート／9:00〜18:00(L.O.17:00)
フードコート「ENGARU TERRACE」
●遠軽の食材を活かしたメニューあり

🛒 ショップ／9:00〜18:00
●特産品や加工品、おみやげ品など多数あり

　これまでありそうでなかった、道内で初めてのスキー場を併設した道の駅である。2019年12月にオープン。もとからあった「えんがるロックバレースキー場」のロッジを新装開店した。この道の駅の誕生により、遠軽町は3つの道の駅を有するまちとなった。冬のスキーゲレンデももちろんいいが、夏もサマースキーが楽しめる。そしてなんといってもここは、ジップラインが魅力だ。スキー場の斜面を利用したワイヤーで滑走するコースが2ラインある。加えて、ツリートレッキングコースもすごい。一般コースとキッズコースが用意され、29のアトラクションをクリアする楽しさ。このアクティビティのためだけでも訪問したい。道の駅館内は、特産品が並ぶ売店コーナーと、その奥には広いフードコート。2階にはカフェと広い休憩席、奥にクラフト体験コーナーがあって充実している。

旭川とオホーツク圏を結ぶ旭川紋別自動車道の遠軽ICに隣接。スキー場が目の前にある

フードコート「ENGARU TERRACE」にはステーキ丼やビーフハンバーグといったボリューミーなメニューがある。写真はカツカレー(1,080円)

上.フードコート店内。入り口の券売機でチケットを購入 下.2階のカフェコーナー、テイクアウト可

人気のお土産コーナー

人気の雪塩餡ペースト(680円)はほんのり塩味の甘さ控えめ

大豆と白身魚と玉ねぎをすりこんだ「遠軽おとうふかまぼこ(230円)」も人気の品

「遠軽町産ビーツを使ったコスモス色のチキンカレー」と「さくら色のホタテカレー」

寄り道スポット

全長1,135メートル、高低差250メートルの「ジップライン」は迫力いっぱいのアクティビティだ

森を利用したアクティビティ「ツリートレッキング」も楽しめる。一般コースとキッズコースがある

なんと敷地内には足湯の専用建物があり、無料で利用ができる。疲労回復効果の高い高濃度炭酸泉。タオルは売店で購入可能

近くの道の駅			
	まるせっぷ (216 ページ)	国道333号 経由で約17km	
	かみゆうべつ **温泉チューリップの湯** (230 ページ)	国道242号 経由で約21km	

香りの里 たきのうえ

香（かお）りの里（さと）

273 国道273号沿い、
滝上町郊外の山間地

滝上町（たきのうえちょう）

滝上町旭町

☎ 0158-29-3300

番号：45
登録年月日：1997年（平成9年）4月11日

| 開館時間 | 9:00〜17:30 |
| 休館日 | 年末年始、3月と9月の棚卸日 |

〈スタンプ情報〉

滝上町は童話村構想の下、町づくりが進められている。スタンプにも西洋のお城をイメージした道の駅の建物が描かれている。

押印＊開館時間内

駐車場 普通車：57台　大型車：6台

❌ 道の駅喫茶／9:00〜17:00
●喫茶／ちょい食べコーナーのイートイン、5月〜10月まで
●「月のチーズ」シリーズやチョコ、ぜんざいなど

🛍 館内売店／道の駅開館時間と同じ
●物産販売所／ハーブ製品や香りグッズ、木工品など特産品
●ハッカオイル、ハッカ飴、ハーブティー、ポプリ、ハーブ石けん、木工まな板など
●屋外ログハウス／ソフトクリーム

滝上町といえばシバザクラである。町内の丘「芝ざくら滝上公園」では毎年5月下旬から6月上旬にかけて斜面一面をピンク色に染める。国内最大規模のシバザクラスポットとして、圧巻の景色が見られる。滝上町は、昔からのハッカの産地である。現在は6ヘクタールほどの畑でしか栽培していないものの、ほかに生産する地区がないこともあり、国内生産量の約9割を占めており、貴重なハッカとなっている。館内は物産販売所がメインの施設。滝上の特産品800種類ほどが販売される。チーズやハッカをメインに、「香りの里」をうたっていることから、各種ハーブ製品などが売られている。売店奥には、木工製品も豊富に並び林業のまちを実感する。レジの横には「ちょい食べ」コーナーがあり、軽食がテイクアウトできる。

赤色のシンボル塔がメルヘンチックな印象を与える外観。滝上は「童話村」のまちづくりをしている

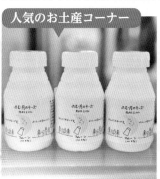

おすすめ ショップ 紹介

売店部分を入ると「ハッカ生産日本一！たきのうえ」の文字と天然ハッカ製品が整然とディスプレイされている。いい香りが漂ってきて近くにいるだけで癒される

上．テイクアウト用のシフォンケーキ各種　下．ちょい食べコーナーの手書きスタンドメニュー

人気のお土産コーナー

「のむ月のチーズ」（257円）。よく振って飲もう。ほんのり甘く、脂肪分ゼロ%

生地に滝上産のミントを練りこんだチーズケーキ「ミントプレーン」は240円

滝上産ミントを使用した「ハッカアメ」は必須のおみやげだ。のどにすっきり

必見ポイント

もっと知りたい！

旬カレンダー

5	6	7	8	9	10

とうもろこし

かぼちゃ、じゃがいも各種（9月〜11月上旬）

大根ほか野菜

売店奥には木工製品がずらりと並ぶ。その一角に「柳のまな板」コーナーがある。料理人が愛用する高級素材だ

芝生広場に立つソフトクリーム店。ピンクの「芝ざくら」味をぜひ。バニラ、ミックス味もある

寄り道スポット

香りの里ハーブガーデン

道の駅から渚滑川を渡ってすぐにある。斜面を利用した広い園内には300種類ほどのハーブが植えられ6月〜9月には色とりどりの花が咲く癒しのガーデン。ハーブティーやパスタやピザなどの軽食も味わえる。

近くの道の駅	オホーツク紋別 （228 ページ）	国道273号 経由で約32km
	にしおこっぺ花夢 （222 ページ）	道道137号 経由で約33km

にしおこっぺ花夢（かむ）

239 国道239号沿い、
西興部郊外の山間地

西興部村（にしおこっぺ むら）

西興部村上興部37番地

📞 0158-87-2333

番号:68
登録年月日:2000年(平成12年)8月18日

開館時間	9:00～17:00(12月～3月は16時まで)
休館日	毎週火曜日(祝日の時は翌日) 年末年始(12/31～1/5)

〈スタンプ情報〉

館内には、木製の笛が数十本組み込まれたからくりオルガン「音・木・林（おとぎばやし）」が置かれている。フラワーパークの花々に囲まれて、オルガンの小人たちが、演奏する。

押印＊開館時間内

🅿 駐車場　普通車:66台　大型車:2台

🚫 軽食喫茶はなし

🛒 館内売店／道の駅開館時間と同じ
●特産品コーナー／村の特産品に特化したコーナー、工芸品も多い
●鹿肉・熊肉の缶詰、花工房で製作のリース、木工芸品など
●花工房／ドライフラワーでのリース作り、押し花でのハガキ、しおり作り(要予約)

地図：行者の滝、西興部村、道の駅、IT夢、ホテル、森夢、木夢、森林公園キャンプ場、↓名寄、滝上、興部、239、上川、オホーツク、十勝、釧路、根室、日高

西興部村を通る国道239号は、名寄・下川側は「下川国道」と呼ばれ、興部側は「天北国道」と呼ばれる。かつてはこの国道と並行するように国鉄の名寄本線が通っていた。西興部の道の駅は、このローカル線の「上興部駅」があった集落近くにある。名称にも付けられているように、ここの魅力はガーデンである。建物の横には約6ヘクタールのフラワーパーク「花夢」が

あり、4月から10月の間、約500種類もの花が途切れることなく咲き誇る。「万葉の丘」「こもれびの広場」といった12のエリアからなるナチュラルガーデンである。道の駅館内には珍しいからくりオルガンが置かれ、58体の木の人形が音楽にあわせて動く。30分おきの演奏なのでぜひ見ていってほしい。売店は小ぶりながら西興部の産品が並ぶ。テイクアウトコーナーは廃止された。

国道沿いに立ちオレンジ色が目立つ外観。手前はトイレ棟、左は温室がある

館内入ってすぐのロビーから見た様子。手前にからくりオルガンがあり、奥が売店になっている

人気のお土産コーナー

地元の「鹿研」が製造する「えぞ鹿大和煮」缶。高タンパク、低脂肪。鉄分が豊富

こちらは「ひぐま大和煮」缶、550円。軟らかい口あたりに仕上げた絶品ジビエ

フラワーパークのお花を使ったリース類が販売される。大小さまざまな作品が並んでいる

必見ポイント
up point

森のオーケストラは9時〜16時30分のあいだ、30分毎に3〜5分間、アンパンマンなどの曲が演奏される。音量が大きく迫力あり

館内には陽光射し込む温室が併設され、散策して楽しむことができる。冬季はうれしいコーナーとなっている

寄り道スポット

上興部鉄道資料館

道の駅からすぐ近くにある。旧名寄本線の上興部駅がそのままの形で保存されている。「乗って残そう名寄本線」といった貼り紙など、当時の想いを残す施設。郷愁がただようスポットだ。

近くの道の駅	おこっぺ（226 ページ）	国道239号経由で約30km
	香りの里たきのうえ（220 ページ）	道道137号経由で約33km

おうむ

 国道238号沿い、
雄武市街の中心部

雄武町

雄武町雄武1885番地14

📞 0158-84-2403

番号:53
登録年月日:1998年(平成10年)4月17日

開館時間 8:00〜21:00(5〜10月)　8:00〜20:00(11〜4月)、
売店・喫茶・軽食は10:00〜16:00(4〜10月)のみ営業

休館日 年中無休

〈スタンプ情報〉

道の駅の建物は飛行船をかたどったという町のランドマーク。建物内にある地上24メートルの展望タワーと特産物の毛ガニ、鮭が描かれている。

押印＊開館時間内

駐車場 普通車:46台　大型車:2台

 軽食／9:30〜17:00(4〜10月)
●いっぷく家おうむ／売店内でコロッケやダッタンそばなど販売
●ダッタンそば(冷・温)、月見ダッタンそば、コロッケ(ダッタンそば、ホタテ)、ソフトクリーム、サンデーなど
※11月〜3月は休み

館内売店／9:30〜17:00(4〜10月)
●いっぷく家おうむ／「雄武の食卓」シリーズの特産品をメインに、各種みやげ品販売
●ダッタンそば、オホーツク海鮮ふりかけ、ダッタン蕎麦焼酎 神門のしずく、雄武帆立ふりかけ、ダッタンそば茶など
※11月〜3月は休み

　オホーツク海に面した、漁業と酪農のまち雄武町。町名の由来はアイヌ語の「オムイ(＝オムペッ)」であり、河口が塞がるの意味からと考えられている。人口4千人あまり。この中心市街地に道の駅がある。遠くからでもよく目立つ、高さ24メートル、7階建のビルに相当する展望台「スカイキャビン」が自慢だ。エレベーターを使って上れば雄武の市街地を眼下に、どこまでも果てしなく

続くオホーツク海が目に飛び込んでくる。おもわず「おおーっ」と声が出るほどの迫力である。ここは、かつて国鉄の終着駅があったところ。興浜南線の「雄武」駅として、オホーツク海を南下し興部町と結んでいた。館内は吹き抜けのアトリウムになっていて売店と軽食コーナーがある。施設はさほど大きくはないものの地元の特産品が並ぶ。テイクアウトも可能だ。

空中に浮かぶような展望台はホタテに見える
が、実は飛行船をイメージしているそうだ

おすすめ イチオシ メニュー

「いっぷく家おうむ」の人気メニューは「昆布うどん」(670円)。丁寧に茹でて作るあったかい味。作付面積全国No.1のダッタンそばを使った「ダッタンそば」も人気

上.人気の「ダッタンそばコロッケ」と「雄武のホタテ入りコロッケ」　下.開放感あるアトリウム

人気のお土産コーナー

新品種「満天きらり」商品を使った「韃靼そば」。乾麺(324円)は人気。ぜひ購入したい

雄武産の鮭節を使用した「神門のつゆ」は540円。ダシ香る甘みと旨味が特徴のひと品

利尻昆布を練り入れた「利尻昆布うどん乾麺」(370円)もおすすめだ

必見ポイント

館内の一角には「終着駅おむ」のパネル展示コーナーがある。今はなき駅舎や列車などの写真が飾られて人々の記憶をつないでいる

道の駅向かいには漁協直売店「海鮮丸」があり新鮮な魚介類が浜値で買える

もっと知りたい！ 旬カレンダー

	5	6	7	8	9	10
毛がに (3月下旬～7月中旬)						
ほたて (3月下旬～11月下旬)						
たこ (5月上旬～12月上旬)						
昆布(利尻系) (7月中旬～9月上旬) 雄宝						
さけ (9月上旬～11月中旬)						

加工品では山漬鮭、ホタテ玉冷、うに一夜漬など

寄り道スポット

出塚食品本店

道の駅横には、雄武名産「ほたてかまぼこ」で有名な「出塚食品本店」が店を構える。1934年(昭和9年)に創業の老舗。日本橋三越にも並ぶ一級品。お弁当などもあり。

近くの道の駅	おこっぺ (226ページ)	国道238号 経由で約21km
	マリーンアイランド 岡島 (148ページ)	国道238号 経由で約44km

おこっぺ

(239) 国道239号沿い、興部市街の中心部

<ruby>興部町<rt>おこっぺちょう</rt></ruby>

興部町

興部町幸町

📞 **0158-82-2385**

番号:29
登録年月日:1996年(平成8年)4月16日

〈スタンプ情報〉

酪農がさかんな興部町だけあって、元気な牛が描かれている。上に「ハマナス香る牛乳の里」のフレーズ。なお、興部町はホタテ、毛ガニなど漁業もさかん。

押印＊開館時間内

| 開館時間 | 9:00～18:00(5月～10月、17時までの場合もあり)　9:00～17:00(11月～4月) |
| 休館日 | 年末年始(12/31～1/5) |

🅿 駐車場　普通車:73台　大型車:20台

✖ 本館売店／道の駅開館時間と同じ
●特産品売場／冨田ファーム、ノースプレインファーム、アドナイなどのチーズやヨーグルト

🧺 別棟売店／9:00～17:00(4月下旬～10月上旬営業、日曜定休)
●特産品販売所／酪農王国らしい乳製品や海産物の加工品が並ぶ
●JA北オホーツクのアイス&ソフトクリーム、アドナイやノースプレインファームのチーズ、オホーツククリーンミートのハム・ベーコンなど

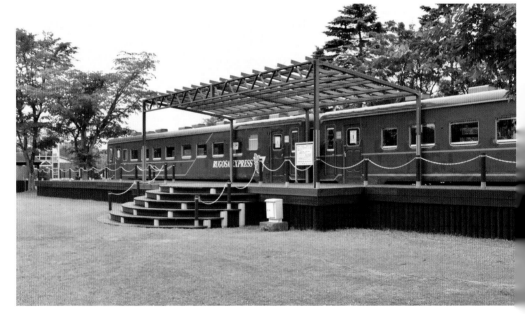

興部町はオホーツク海に面していながら海のまちというイメージよりも、酪農の印象が強いまち。道の駅もオホーツク国道と呼ばれる国道238号には面しておらず、700メートルほど内陸、まちの中に入ったところにある。その理由は、この地が旧国鉄名寄本線の興部駅の跡地だからだ。そう聞かされれば、周囲の市街地はどこか駅前通りといった風情を感じるだろう。敷地内には実際にここを走っていた列車が2両が保存されている。その車内は簡易休憩所として無料で利用できる。交通広場として整備された部分には車輪が置かれ、遠い記憶をとどめている。バスターミナルを兼ねた交通記念館には「鉄道コーナー」があり、歴史資料が大切に保管されている。「イベント館」では興部の自慢の品々を販売。ぜひ味わっていきたい。

水場などが整備され子どもたちが遊ぶ姿も見られる広場。奥の建物で物産が販売されている

「イベント館」では「ようこそ！おこっぺ」と歓迎。乳製品やチーズ、1912年（大正元年）創業という地元の老舗洋菓子店のお菓子、ハム・ソーセージなどが販売されている

上.ソフトクリームは300円、本日の味がある
下.「おこっぺアイス」は各種の味あり

人気のお土産コーナー

牛乳はぜひ飲みたい。「香のしずく」（210円）、「オホーツクおこっぺ有機牛乳」（300円）

取材時のチーズ製品のコーナー。スモークチーズ、白カビタイプなどがありお好みを探そう

ハム・ソーセージ、ベーコンなども興部産。1,700円のお買得セットもある

「交通記念館」に掲げられる鉄道記念コーナー。名寄本線の興浜南線は1921年（大正10年）に敷かれ、1985年に廃止された

道の駅では「おこっぺレンタサイクル」として自転車を借りることができる。9時〜16時、最大4時間まで、300円

寄り道スポット

交通記念広場に置かれる車輪と線路のモニュメント。鉄道の記憶を今に伝えている

近くの道の駅		
おうむ（224ページ）	国道238号 経由で約21km	
オホーツク紋別（228ページ）	国道239号 経由で約29km	

227

オホーツク紋別

紋別市元紋別11番地

📞 **0158-23-5400**

番号:22
登録年月日:1995年(平成7年)4月11日

開館時間 9:00〜17:00

休館日 祝日を除く毎週月曜日、祝日の翌日、年末年始
但し1/4〜3/31は無休

〈スタンプ情報〉

道の駅そばにある氷海展望塔オホーツクタワーはオホーツク海が一望できる観光スポット。特産物のカニとホタテもデザインされている。

押印＊トイレ内にあり24時間押印可能

駐車場 普通車:120台　大型車:10台

🍴 喫茶軽食／9:00〜16:00(食事は10:00〜15:30)
●北海道オホーツク村／入り口右手にある軽食喫茶。ご飯物もある
●おすすめは「ホワイトカレー」。見た目のインパクトも大

🧺 館内売店／9:00〜17:00
●土産品／地元の銘菓や流氷、クリオネ関連のグッズなど
●おこっぺアイス
●かに海苔、ほたて海苔、たこしお、ほやしお、ズワイガニみそなど

　紋別市の郊外、ガリヤゾーンと呼ばれる一帯にはオホーツクタワーがあり、取材時にはガリンコ号Ⅱが停泊し、とっかりセンターやオホーツクホワイトビーチといった観光関連施設が集積する。このエリアの高台部分に「北海道立オホーツク流氷科学センター GIZA」があり、科学館の周辺一帯が道の駅になっている。館内に入ると、吹き抜けのエントランスホールでホッキョクグマの剥製がお出迎えする。　左手は有料の展示室と映像ホール。右手は一部リニューアルされて売店と食事スペースを有するおしゃれなカフェ風になった。3階は展望室になっていてオホーツク海の眺めがいい。有名な巨大なカニの爪オブジェはすぐ近く。港湾緑地ではキャンプも可能になっている。紋別に泊まってあちこち楽しみたい。

1991年に設立された、世界でもただ一つの流氷をテーマにした科学館が道の駅だ

人気のフードは「サンジャックバーガー」(780円)。紋別のホタテを贅沢にフライにしたもの。南仏風とオニオンが選べる

ドリンクも「レモネード&和ハッカ」といった珍しいタイプも用意されている

人気のお土産コーナー

新しくなったカフェコーナー。カウンターで注文して3階で味わおう

「紋別アヒージョ」(1,080円)はズワイガニ・タコ・ホタテがごろごろ入る人気商品

「ほたて海苔」「かに海苔」「ほたてごはんの素」いずれも540円

up point

必見ポイント

寄り道スポット

海洋交流館

ガリンコ号乗り場にもフードコートがあり、「オホーツクラーメン」などが味わえる。物販コーナーもあるので利用したい。

氷海展望塔
オホーツクタワー

海岸から約1キロ沖、波堤の先端にそびえる世界初の氷海海中展望塔。展望ラウンジや海底パークは必見のフロアーだ。

無料の展示室はぜひ入ってみよう。新種のクリオネがいたり、マイナス20℃の流氷体験などができる

近くの道の駅	かみゆうべつ 温泉チューリップの湯 (230ページ)	国道238号/ 国道239号 経由で約28km
	おこっぺ (226ページ)	国道239号 経由で約29km

かみゆうべつ温泉 チューリップの湯

712 道道712号沿い、旧国鉄中湧別駅跡　**湧別町中湧別**（ゆうべつちょうなかゆうべつ）

湧別町中湧別中町3020番地1

☎ 01586-4-1126

番号：13
登録年月日：1993年(平成5年)4月22日

| 開館時間 | 10:00〜22:00(4月〜11月)、11:00〜21:00(12月〜3月) |
| 休館日 | メンテナンスのために10月に2日間休み |

〈スタンプ情報〉

毎年5月から6月にかけて、120万本のチューリップが咲き誇るかみゆうべつチューリップ公園が有名な湧別町。中央はチューリップの妖精「チューピット」。

押印＊開館時間内

| 駐車場 | 普通車：70台　大型車：5台 |

レストラン喫茶／11:00〜21:00(4月〜11月、12月〜3月は20時まで)
● 食事処ちゅーりっぷ／麺類、丼物、和・洋食、中華と地元食材を使った多彩なメニューあり
● 湧秀牛(黒毛和牛＋ホルスタイン)、ゆうべつ牛ステーキ、ホタテフライカレー、温泉水塩うどん

館内売店／10:00〜21:00(12月〜3月は20時まで)
● フロア売店／チューリップを原料にした菓子類や農水産物の加工品など地元特産品。春〜秋は野菜コーナーも
● ピリ辛ますこなみ珍棒、チューリップいっパイ、温泉水うどん・ラーメン、ソフトクリームなど

　道東にある道の駅には、かつての鉄道駅跡地に整備された施設がいくつか見受けられる。ここ湧別町の道の駅も、その一つ。旧国鉄の名寄本線と湧網線が接続する交通の要衝に中湧別駅があった場所。その後「チューリップの湯」としてリニューアルされ、現在は道の駅を兼ねている。駐車場横には当時のホームや跨線橋、車両が保存され今に至っている。温浴施設では、日帰り入浴ができ、リニューアルオープンしたサウナ室も人気だ。「食事処ちゅーりっぷ」では地元のブランド牛であるゆうべつ牛のステーキなどが味わえる。コンパクトにまとまった売店コーナーではチューリップにちなんだ商品や湧別の特産品が置かれている。道の駅から車で約5分のところに「チューリップ公園」があり、毎年5月〜6月にかけて200種類70万本の花を咲かせる。

広い駐車場に黒の外観がクールな建物。付近一帯は「上湧別百年記念公園」になっている

上.「ゆうべつ牛ステーキ定食」(1,730円)
下.レストランの風景。そばやラーメン、カレー
などもある

チューリップの湯フロントから見た館内。全面窓から陽光が差し込み明るくさわやか。チューリップ公園の写真が飾られている。左手側が売店コーナー、奥は温泉施設になっている

人気のお土産コーナー

見た目もかわいい「チューリップ水ようかん」1本350円は人気のおみやげ品

ほたての「やわらかみみ」(380円)や、「やわらかつぶ」(450円)。味わい深い珍味

湧別名産「帆立貝柱」は1,980円。金色の名前が確かな品をアピールしている

必見
ポイント

周囲には鉄道の記憶が展示・保存されている。遠軽から鉄路が通じて、ここからサロマ湖沿線を通って網走まで通じていた

もっと知りたい！
旬カレンダー

	5	6	7	8	9	10
グリーンアスパラ、にんじん						
玉ねぎ(北もみじ)						
とうもろこし						
じゃがいも各種						
かぼちゃ各種						

寄り道スポット

かみゆうべつ温泉
チューリップの湯

和風と洋風の雰囲気が違う浴場が男女日替わりとなり、ジャグジー、寝湯、打たせ湯、露天風呂など、種類の異なる浴槽が楽しめる。

近くの道の駅	愛ランド湧別 (232ページ)	国道238号/ 国道239号 経由で約14km
	遠軽 森のオホーツク (218ページ)	国道242号 経由で約21km

愛ランド湧別

あい　　　　　　　　ゆうべつ

238 国道238号沿い、湧別町内のサロマ湖畔

ゆうべつちょう
湧別町

湧別町志撫子6-2

📞 **01586-8-2455**

番号:52
登録年月日:1998年(平成10年)4月17日

開館時間 9:00～17:00(時期により変動あり)

休館日 月曜日(祝日の場合は翌日)、年末年始

〈**スタンプ情報**〉

サロマ湖を見渡せる道の駅。サロマ湖周辺は、道内有数のホタテの産地ということもあって、ホタテのキャラクターが、「愛して!湧別」と呼びかけている。

押印＊開館時間内

駐車場 普通車:202台　大型車:5台

🍴 レストラン／11:00～16:00
- ●レストラン彩湖／2階にあり、サロマ湖や遊園地を見ながら食事ができる
- ●ホタテフライカレーやラーメンなど

🧺 館内売店／9:30～17:00
- ●物産店YOUショップ／コンビニスタイルで特産品や日用品など販売
- ●ソフトクリーム、帆立珍味、オホーツクの自然塩、オホーツクほたてまんじゅうなど

　国道238号線沿いのサロマ湖を望む小高い丘に遊園地「ファミリー愛ランドユー」がある。遊園地には、サイクルモノレール、グレートポセイドン、日本最北の観覧車やゴーカートなど、18種類のアトラクションがある。入園は無料で、遊具ごとに料金を支払うシステムになっている。雄大なサロマ湖を見渡せる観覧車にはぜひ乗ってみよう。道の駅はこの遊園地の横。1階に「YOUショップ」という売店があり、湧別町特産品のホタテ加工品をはじめ、アクセサリーや小物などが販売される。2階はレストラン「彩湖」。サロマ湖を望みながら食事ができる。道の駅から湖畔につづく自然派公園「いこいの森」にはウッドチップが敷き詰められた2.4キロほどの遊歩道がある。森の雰囲気を楽しみながら、散策ができる。ぜひ、歩いてみてほしい。

広い駐車場は遊園地と共有。観覧車に乗れば、海抜100メートルからの絶景が眺められる

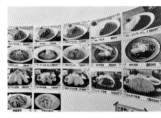

上.メニューはカレーやラーメン、各種定食があり　下.眺望がいい落ち着いた店内。座敷席もある

2階にある眺望レストランの一番人気は「ほたてフライ定食」(1,200円)。地元、オホーツク海産のホタテを使用したサクサクのフライ。甘みがじわっと広がる。ドリンクバー付き

人気のお土産コーナー

「ほたてソフト貝柱」は6玉入りで1,080円。「ほたて燻油漬」も同じ値段で販売

オホーツクの塩をスープと麺に使った「オホーツクの塩ラーメン」はテレビで紹介された人気の品

売店では地元のお菓子や子ども向けのグッズ類も充実している。じっくり見て回ろう

必見ポイント

地元の農家「越智さん家」の野菜もワゴン販売。季節の農産物が手に入る一角もあり

テイクアウト店が外にあり、ソフトクリームや焼き鳥、たこ焼などが販売されている

寄り道スポット

龍宮台展望公園

道の駅から、ぐるっとサロマ湖を回って対岸へ行ってみよう。海との切れ目の先端まで道路があり、オホーツク海とサロマ湖の両方が見えるすごい場所になっている。すぐ近くには夏の1ヶ月間だけ利用できる「三里浜キャンプ場」がある。

近くの道の駅		
サロマ湖 (234 ページ)	国道238号/ 国道239号 経由で約11km
かみゆうべつ温泉 チューリップの湯 (230 ページ)	国道238号/ 国道239号 経由で約14km

サロマ湖

国道238号沿い、
佐呂間町内の
サロマ湖畔

佐呂間町

佐呂間町浪速121番地3

📞 **01587-5-2828**

番号:51
登録年月日:1998年(平成10年)4月17日

開館時間 9:00～18:00(4月中旬～10月中旬)
9:00～17:00(上記以外)

休館日 年末年始(12/31～1/3)

〈スタンプ情報〉

カボチャをイメージした町のキャラクター「ももちゃん」がホタテの帽子をとってあいさつしている様子が、サロマ湖と町のキャッチフレーズとともに描かれている。

押印＊開館時間内

駐車場 普通車:76台 大型車:3台

🍴 喫茶軽食／9:00～16:00
●焼き物コーナー／入り口そばでホタテ浜焼き、揚げ物ファストフード提供
●ホタテ浜焼き、もちもちフランク、たこ唐揚げ、かき唐揚げなど
●軽食コーナー／物産館内で帆立カレー、サロマ産豚丼など

🧺 館内売店／道の駅開館時間と同じ
●物産館みのり／オホーツク圏の特産物を集めた道東の物産拠点となっている
●チーズぼっこ、ほたてスティック、かぼちゃフレーク、南瓜ジャム
●ソフトクリーム売場／帆立入りソフト、かぼちゃソフト、のりソフト、カップソフト(かぼちゃ、いちごなど)

「サローマの休日」である。道の駅入り口には「ローマの休日」で有名な「真実の口」を模した2メートル近くもある立体モニュメントがお迎えする。これは町の職員による手作りのもの。このキャッチコピーを冠して、シーフードカレーを発売したり、Tシャツやステッカーを販売している。力をあわせてまちを売り出そうという意気込みが伝わってくる。食事カウンターでは「メガ盛りサロマ豚丼」が1時間前までの予約で食べられ、1人20分で完食すると3,000円の代金が無料になるという企画も実施する。名物の「ホタテの浜焼き」(2個600円)も健在。ぜひ味わっていきたい。売店コーナーにはサロマ愛いっぱいの商品がいろいろ置かれている。道の駅から歩いても行けるサロマ湖展望台改修工事も完了予定で、遊歩道・道路ともに通れるようになる。

佐呂間町の基幹産業である酪農の「牛舎」と「サイロ」をイメージした建物

いろいろある食事メニューの中でイチ押しなのは「サロマ豚カツ帆立カレー」(917円)だ。特産品2つをいっぺんに味わえる

上.テイクアウトコーナーのカウンター　下.丼ものからラーメン、ソフトクリームまでメニューたくさん

人気のお土産コーナー

「十割サロマの乾そば」(480円)はそば粉100%の乾そば

「生食用帆立貝柱」(3,400円)は新鮮なうちに急速冷凍した品

「チーズぽっこ」(180円)は地元のお菓子屋さん特製のチーズケーキ

入り口に置かれている大きなモニュメント。佐呂間町のイメージキャラクター「ももちゃん」も描かれている。発案は町長によるものだそう

道の駅裏手には「ふれあい牧場」があり、馬が飼育されている。ドッグランコーナーも整備

もっと知りたい！
旬カレンダー

	5	6	7	8	9	10
ほたて						
じゃがいも						
かぼちゃ						
かき(11月〜12月)						

寄り道スポット

サロマ湖展望台

道の駅から車で15分ほど上ったところにある絶景展望台。細い砂利道を上ることになるが、サロマ湖沿岸のほぼ中央に位置することから、湖を一望できる。徒歩でも50〜60分。歩いて登る人もけっこう多いそうだ。

近くの道の駅	愛ランド湧別 (232 ページ)	国道238号/ 国道239号 経由で約11km
	遠軽 森のオホーツク (218 ページ)	道道685号と 国道333号 経由で約43km

流氷街道 網走
りゅうひょうかいどう あばしり

1083 北海道　道道1083号沿い、市街地の網走川河口

網走市
あばしりし

網走市南3条東4丁目5-1

📞 0152-67-5007

番号:105
登録年月日:2008年(平成20年)12月10日

開館時間 9:00〜18:30(4月〜10月)、9:00〜18:00(11月〜3月)
観光案内所9:00〜18:00

休館日 年末年始(12/31〜1/1)

〈スタンプ情報〉

中央に「流氷の天使」とも呼ばれるクリオネが描かれている。クリオネは巻き貝の一種で、流氷とともに浮遊してオホーツク海沿岸に到来する。背後の山は知床連山。

押印＊開館時間内

駐車場 普通車:106台　大型車:14台

 レストラン(2階)／11:00〜15:30
●フードコート「キネマ館」／ご当地グルメの網走ザンギ丼、網走ちゃんぽん、鮭といくらの親子丼、オホーツク流氷カリー、カニ飯など

テイクアウトコーナー／10:00〜17:30
●網走ザンギ饅頭、網走バーガー

 1階売店／9:00〜18:00
●地元特産品販売コーナー／地元特産品など
●網走プリン、農産物加工品、道の駅グッズなど

　旅情感漂う網走のまちと海。夏はさわやかなオホーツク海のブルーに満たされ、冬は姿を変えながら近づく蒼みがかった白い流氷に埋め尽くされる。オホーツク海への起点、網走川のほとりに道の駅がある。冬は流氷砕氷船「おーろら」の発着ターミナルにもなっていることから、運航時期の2月、3月が入館者数のピークだという。館内の左手奥は網走の特産品や海産物が並ぶ売店コーナーがある。カニ・ホタテ・一夜干しから地元のビール・サイダー、スイーツ類まで充実している。2階の飲食コーナーはユニークだ。「フードコートキネマ館」と称して映画をモチーフにしており、絶賛上映中のメニュー板が光っている。店内では帽子岩を横手にオホーツク海を眺めながら食事ができる。夏季は野菜の直売所もプレハブ小屋で営業する。

夏季は道の駅のみだが、1月下旬から3月は流氷観光砕氷船「おーろら」の乗り場にもなる

「オホーツク網走ザンギ丼」(900円)は、網走産のカラフトマスをカラッと揚げて特製ソースで
ピリ辛に仕上げた丼

上.フードコートの入口はいい雰囲気だ　下.
店内の大テーブルには映画のロケ地マップも

人気のお土産コーナー

特産品販売コーナー。海のものを中心に多彩な品
が並ぶ

地元のクラフトビール・網走ビールの「流氷
DRAFT」は人気NO.1商品

「網走プリン」は毎朝お店で手づくりされるな
めらかプリン

もちろん港町ならではの海産物も豊富。ホッケ
にキンキにコマイにニシン。毛ガニやタラバガニ
も並んでいる。海の幸を堪能

もっと知りたい！
旬カレンダー

5	6	7	8	9	10

たらば、ずわい、アブラがに、ほたて(3月〜12月)

毛がに、釣きんき、しじみ

オホーツクサーモン

くじら

しらうお、わかさぎ(9月〜2月)

秋さけ

寄り道スポット

道の駅のデッキからは写真のような景色を
堪能できる。遠くに能取岬、近くには帽子
岩が見える。冬はここが流氷でびっしり埋
め尽くされる。すごい景観が楽しめる

近くの道の駅	メルヘンの丘 めまんべつ (238ページ)	国道39号 経由で約16km
	はなやか(葉菜野花) 小清水 (248ページ)	国道244号/ 国道391号 経由で約20km

メルヘンの丘 めまんべつ

国道39号沿い、大空町郊外の丘陵地 **39**

大空町女満別
（おおぞらちょう めまんべつ）

大空町女満別昭和96番地

📞 0152-75-6165

番号:79
登録年月日:2003年(平成15年)8月8日

開館時間	9:00〜18:00
休館日	年末年始(12/30〜1/5)

《スタンプ情報》

大空町女満別の観光スポットで、道の駅前にある「メルヘンの丘」。その上を大空町のキャラクター「そらっきー」が羽ばたいている。

押印＊開館時間内

駐車場 普通車:86台　大型車:4台

🍴 フードコート／10:30〜17:00(L.O.16:30)
●キッチンほのか、しじみラーメン ウインズ、みるきーふぁーむ
●豚しゃぶ長いも丼、さくら豚丼、しじみラーメン、いも団子、たこ焼き、ピザ、パスタ、ソフトクリーム各種など

🧺 館内売店／9:00〜18:00
●アンテナショップ「ほのか」／オホーツク管内のスイーツを集めたコーナーや、地元にこだわった商品を販売
●地元で製造しているカマンベールチーズや、地場産の野菜にこだわったジュース、しじ美醤油、しじ美ご飯の素、しじ美味噌汁など

　道の駅から国道39号を300メートルほど網走方面に進むと、ビュースポット「メルヘンの丘」がある。国道沿いに駐車スペースもあるので、車を停めてじっくり見学することができる。のびやかな畑の丘に一列に並んだカラマツが点在する長閑な風景。その名のとおり、童話に出てくるような、どこか平和でのどかな景色だ。畑には小麦やジャガイモが植えられ、毎年作物が変わる。ゆえに、毎年風景の変化が楽しめる。道の駅に戻ると、敷地内にはフードコートとアンテナショップが入る「メルヘンカルチャーセンター」があり、多目的屋内広場とつながっている。建物と広い駐車場とのあいだにはテントやベンチがたくさん置かれ、屋外でもさわやかな風を感じられるようになっている。隣にはバラ園があり、ドッグランコーナーも充実している。

駐車場は広々として、建物はお城のようにメルヘンチックだ。国道沿いにあってわかりやすい

フードコート棟には4店舗が入る。おすすめは「キッチンほのか」の「山わさびがけカルビ丼」。しじみ汁がついている

上.フードコートの一角には大空町観光案内所も入る　下.丼ものやラーメン店もある

人気のお土産コーナー

大空町特産のシジミが入った人気の「しじ美味噌汁」。大粒サイズ

豆の町大空町をアピールする「ビーンズコーナー」。昼夜の寒暖差が大きいオホーツク地域だからこそ

赤いんげん豆の「きたロッソ」は砂糖・食塩・保存料0%のドライパックが人気

アンテナショップ「ほのか」にはたくさんの特産品のほか、ソフトクリームも販売されている

もっと知りたい！
旬カレンダー

	5	6	7	8	9	10
山菜(4月下旬〜5月中旬)						
アスパラ						
しじみ						
トマト、とうもろこし						
じゃがいも、玉ねぎ						
かぼちゃ						

寄り道スポット

隣にあるバラ園にはみごとなバラが咲く

広いドッグランコーナー、洗い場付き

近くの道の駅	流氷街道網走 （236 ページ）	国道39号 経由で約16km
	ノンキーランド ひがしもこと （240 ページ）	国道334号 経由で約17km

239

ノンキーランドひがしもこと

国道334号と
道道102号との
交差点

334

おおぞらちょうひがしもこと
大空町東藻琴

大空町東藻琴100番地

📞 **0152-66-3600**

番号:118
登録年月日:2017年(平成29年)4月21日

開館時間 9:00〜18:00
休館日 年末年始

〈スタンプ情報〉

道の駅の建物を中心にシバザクラが咲き誇る様子が描かれている。ひがしもこと芝桜公園のシバザクラは、5月になると丘一面に鮮やかなピンク色のじゅうたんが広がる。

押印＊開館時間内

駐車場 普通車:45台　大型車:3台

❌ レストラン／11:00〜15:00(L.O.14:30)、17:00〜20:00(L.O.19:00)
　●レストランくるりんく／ステーキセット、ハンバーグセット、カレー、各種ラーメン、うどん、そばなど

🛒 館内売店／9:00〜18:00
　●館内売店「あえ〜る」／ソフトクリーム、和牛肉まん、しじ美醤油、生どら焼き、乳酪館チーズなど。「のんき〜焼き」も登場

　名前の「ノンキーランド」は「のん気」と「ノン・キー（鍵）」をあわせた造語。こころに鍵をかけないでという意味が込められているとのことで、おおらかな気持ちで立ち寄ろう。美幌と小清水との中間地点がかつての東藻琴村。女満別町と合併して2006年、大空町となった。この旧東藻琴の市街地中心部に道の駅がある。ここの道の駅は宿泊もできる道の駅であり、2017年に開業した大空町地域振興施設である「ホテルひがしもこと」と一体になっている。宿泊タイプは洋室ツインが18室、和室が2室、バリアフリー対応洋室が1室ある。レストランでは、粘りが強く甘みがある東藻琴産の長芋を使ったメニューが楽しめる。ラーメンにも長芋が使われているので味わっていきたい。売店では乳製品が豊富に揃う。

館内の一角にはホテルフロントがあり、その奥かレストランになっている。ぜひ泊まってみたい

おすすめ イチオシ メニュー
Recommend

東藻琴特産の長芋と魚介たっぷりの料理長特製の「あんかけ焼きそば」（1,100円）

上.レストラン店内はテーブル席と、小上がり個室がある　下.人気メニューのステーキ丼

人気のお土産コーナー

牛の顔がモチーフの、ゆるキャラをかたどった「のんき～焼き」。たい焼き風の人気商品

チーズ製品が特産のまちらしく「おつまみチーズ各種」（200円～）がある

地元「すがの商店」の名物「生どら焼き」（200円）。生クリームとあんが絶妙にマッチ

必見ポイント
up point

地元の新鮮野菜コーナーではチーズなどの加工品も販売されている

道の駅から車で3分の「乳酪館」では、チーズやアイスクリームの製造工程が見学できる

寄り道スポット

ひがしもこと芝桜公園

道の駅から約8キロ。毎年、5月上旬から6月上旬にかけて丘一面に芝桜が咲き、あたりをピンク色で埋め尽くす。公園内には釣堀やゴーカート、温泉施設もある。芝桜が終了した後はキャンプ場の営業がスタートする。

近くの道の駅	メルヘンの丘 めまんべつ （238ページ）	国道334号経由で約17km
	はなやか（葉菜野花） 小清水 （248ページ）	国道334号と道道467号経由で約21km

241

ぐるっとパノラマ美幌峠

国道243号沿い、
美幌峠の頂上

美幌町

美幌町古梅国有林

📞 **0152-77-6001**

番号:76
登録年月日:2002年(平成14年)8月13日

開館時間 9:00〜18:00(4月下旬〜10月)
9:00〜17:00(11月〜4月下旬)

休館日 年末年始(12/31〜1/3)

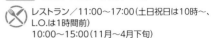

道の駅から360メートル、美幌峠展望台から見える大パノラマ風景が描かれている。屈斜路湖に浮かぶ中島の向こうに大雪山系の山々が見える。
押印＊開館時間内

駐車場 普通車:120台 大型車:14台

🍴 レストラン／11:00〜17:00(土日祝日は10時〜、L.O.は1時間前)
10:00〜15:00(11月〜4月下旬)

🛒 館内売店／土日祝は9:00〜、平日は10:00〜

標高525メートルの美幌峠からは国内最大のカルデラ湖である屈斜路湖を一望できるとあって、年間50万人以上の観光客を集める人気スポットである。道の駅は峠の頂上部分にある。館内は2022年4月に大きくリニューアルされ、昔ながらの団体客向け施設から一新、現代風になった。入り口入って右手にはテイクアウトカウンターがお目見え。「美幌峠のあげいも」やジェラート類が販売されている。奥は売店コーナー。背の低い什器に美幌の特産品などが置かれ、壁一面の棚には、レアな加工食品が豊富に並ぶ。売店コーナーの一角はパン店「小麦の奴隷」とコーヒーのスタンド店が並んでいる。2階の無料休憩所は変わらないが、グランドピアノが置かれ、誰でも演奏できるようになっている。ここからも雄大な景色が見られる。

夏場は大型バスやライダー、チャリダーなどごったがえす。駐車場は国道を挟んで2カ所

「山わさび醤油ラーメン」。低温調理チャーシューと山わさびの風味がマッチする

上. 店内はテーブル席とカウンター席がある
下. テイクアウトコーナー

人気のお土産コーナー

物販コーナーのコンセプトは「道東のいいもの集積地」。1,000点ほどの商品が並ぶ

オリジナル商品の「峠の生ラーメン」(399円)はかにみそ・えびみそ・ほたて醤油など

おすすめは「美幌和牛ほろほろ煮込みカレー」(799円)だ

美幌町ふるさと納税

入り口付近に掲示される「美幌町ふるさと納税」コーナー。豊かな産品にびっくりだ

もっと知りたい！
旬カレンダー

	5	6	7	8	9	10

グリーンアスパラ (6月～)

メロン

じゃがいも
(男爵、北あかり)

とうもろこし

玉ねぎ

2階には広い空間が無料解放されている。
思い思いの時間を過ごすことができる

寄り道スポット

峠の湯びほろ

道の駅から美幌の市街地方面へ約22キロ。国道沿いにある天然温泉。北海道一の大ドーム風呂と切妻屋根が特徴。薬仁湯という薬湯風呂もある。駐車場の一部はRVパークになっている。

近くの道の駅	摩周温泉 (262 ページ)	国道243号 経由で約31km
	ノンキーランド ひがしもこと (240 ページ)	国道243号と 国道334号 経由で約33km

あいおい

津別町

津別町相生83番地1

📞 **0152-75-9101**

番号:81
登録年月日:2003年(平成15年)8月8日

| 開館時間 | 9:00〜17:00(通年) |
| 休館日 | 毎週火曜日(飲食コーナーは毎週月曜日と火曜日)、年末年始 |

〈スタンプ情報〉

押印＊開館時間内

豊かな森に囲まれた津別町。町の木エゾマツとクマゲラが描かれている。デザインしたのは町内の私設美術館「シゲチャンランド」の大西重成さん。

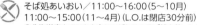

🅿️ 駐車場 普通車:94台　大型車:8台

🍴 そば処あいおい／11:00〜16:00(5〜10月)
11:00〜15:00(11〜4月)(L.O.は閉店30分前)
● 北海道産キタワセを主にこだわりのそば粉を使ったコシの強い十割そばを提供、そば打ち実演も
● ざるそば、とろろそば、かしわそば、天ぷらそば、など
● 館外店テイクアウトの「クマヤキ」が人気

🎁 館内売店／道の駅開館時間と同じ
● 物産館／生そばほか、工房で昔ながらの製法で手づくりしている豆腐、油揚げなどが人気特産品となっている
● 売場通路わきに、新鮮な地元野菜の直売スペースあり

　津別の市街地から南へ約20キロ。阿寒湖との中間地点にあり、ひと気の少ない国道沿いに突如道の駅が現れる。ここは旧国鉄・相生線の終着駅「北見相生駅」があった場所。この地を発着して美幌町までを結んでいた。道の駅隣には「鉄道公園」として列車と駅舎が残されている。道の駅は黄色の「クマヤキ」がよく目立つ。のぼりや自動販売機も黄色に塗られていて、元気が伝わってくるようだ。名物クマヤキは売店で購入できるほか、Tシャツなど関連グッズも販売される。店内に目を向ければ、豆腐が人気商品だ。地元で長年営まれてきた豆腐店の技を受け継ぎ、道の駅内の豆腐工房で手作りしている。この豆腐を目当てに遠方からも客が集まる。クマヤキはこの豆腐作りの過程で出る豆乳を使用しているのだ。

黄色い「クマヤキ」ののぼりが目立つ敷地内駐車場は広く、お昼時はトラック類も多数休憩

「そば処あいおい」では石臼で挽いて、つなぎを使わず水だけで打った手打ち十割蕎麦が人気。自家製豆腐・がんもどき・厚揚げがセットになった「相生そばセット」を味わいたい

上.鉄道公園に面した店内には小上がりもあり
下.そばやうどんのほか、季節限定でやまかけご飯も

人気のお土産コーナー

人気の豆腐は昔ながらの製法を守り、職人が駅内で手づくりする

豆腐製品コーナー。半丁豆腐140円から、がんもどき・あげ豆腐・厚あげなど人気商品が並ぶ

つゆ付きの十割そばも売り切れになる人気。玄蕎麦は道内産以外に原料を吟味して調達する

クマヤキの大パネルが設置されている。後ろに見える自動販売機もクマヤキカラーの黄色で、なんだか元気がもらえる

もっと知りたい！
旬カレンダー

5	6	7	8	9	10
	山菜、葉物野菜				
		白菜、キャベツ			
西瓜、メロン(赤肉)、とうもろこし					
じゃがいも、玉ねぎ					
		大根、キャベツ、長ねぎ			

「クマヤキ」はつぶあんタイプや、生クリーム＆つぶあんの「ナマクマ」など4種類

寄り道スポット

ふるさと納税型クラウドファンディングで再塗装された列車が展示されている

近くの道の駅	オーロラタウン93りくべつ(206ページ)	国道240号と道道51号経由で約43km
	摩周温泉(262ページ)	国道240号と国道241号経由で約59km

パパスランド さっつる

道道1115号沿い、
清里町郊外の田園地帯

清里町（きよさとちょう）

清里町神威1071番地

📞 **0152-26-2288**

番号:101
登録年月日:2007年(平成19年)8月10日

|開館時間| 9:00～21:00(温泉10:00～21:00)

|休館日| 元日、1/2

《スタンプ情報》

清里町の美しい風景が描かれている。斜里岳を背景にしてジャガイモ畑や麦畑が連なる。「イモの花」と「麦の穂」は、畑作農家が多い清里町の実りの象徴。

押印＊開館時間内

|駐車場| 普通車:95台　大型車:5台

🍴 レストラン／11:00～14:00、17:00～19:00
●レストラン「パパス」／ファミリーレストラン形式で、中華料理、ハンバーグカレー、ザンギ定食、あんかけ焼そば、酢豚定食、ソフトクリームなど

🧺 館内売店／9:00～20:00
●農産物が主体、夏～秋は農家の直売コーナーも
●じゃがいも(きたあかり、レッドムーンなど)、玉ねぎ、にんじん、かぼちゃ、そば粉、メロン、でんぷん、天然はちみつなど

　知床半島の付け根部分、標高1,547メートルの秀峰・斜里岳の西。ジャガイモと焼酎が有名な清里町がある。まちの中心部から8キロほど南へ。札弦地区に道の駅がある。館内には温泉「パパスランド」と売店、レストラン「パパス」がある。名前のパパスとは、スペイン語でジャガイモの意味。入り口すぐにある農産物を筆頭に売店コーナーには清里の豊かな産品が並んでいる。焼酎コーナーでは試飲ができるようになっている。地元のパンや加工品、オリジナルのおみやげも豊富。レストランは、中華麺やご飯物、ラーメンにカレー。加えて各種定食類まで多彩なラインナップが自慢だ。テイクアウトコーナーでは軽食類がオーダーできる。館外には足湯があり、洗い場付きのしっかりとしたドッグランもある。いずれも無料で使える。

100台は停められる広い駐車場の奥に建物
三角屋根を2つ組み合わせたさわやかな外観

清里町産の野菜にこだわった料理長渾身の一品が「スープカレー」。ジャガイモはもちろん、ブロッコリーやカボチャなどの野菜とチキンが入る。辛さは並辛と激辛から選べる

上.ゆったりとしたレストラン店内　下.レストラン入口近くにあるテイクアウトコーナー

人気のお土産コーナー

人気は手作りの豆腐と厚揚げ。毎週金曜日に入荷するがすぐに売り切れになるほど

清里産小麦・きたほなみ100%を使った「清里ざるラーメン」と「あんかけ焼きそば」

清里産の「天然はちみつ」は600gタイプと300gタイプがあり(7月～11月の季節限定)

温泉は源泉かけ流しの天然温泉。露天風呂をはじめ、あつ湯とぬる湯、打たせ湯がある。大人450円、小・中高生140円。10時～21時

もっと知りたい！
旬カレンダー

	5	6	7	8	9	10
きゅうり、なす						
キャベツ(6～11月)						
トマト、ミニトマト						
メロン(青肉)、にんにく						
じゃがいも、玉ねぎ(9～11月)						

「さっつる工房雪室」の「雪室熟成じゃがいも」は糖度が高め。1袋130円で販売

寄り道スポット

きよさと情報交流施設
「きよ～る」

清里の市街地にあり、観光案内とともに地元の特産品や加工品を販売。カフェもあるほか、清里焼酎の試飲もできる。ドライバー以外の人は楽しんでみよう。

近くの道の駅		
しゃり (250ページ)	道道1115号 経由で約19km
はなやか(葉菜野花) 小清水 (248ページ)	道道250号 経由で約21km

はなやか(葉菜野花)小清水

244 国道244号沿い、
JR浜小清水駅直結

小清水町 (こ し みずちょう)

小清水町浜小清水474番地の7

📞 0152-67-7752

番号:70
登録年月日:2000年(平成12年)8月18日

開館時間 9:00〜19:00(4月〜10月)　9:00〜17:30(11月〜3月)
休館日 年中無休(1月1日のみ休み)

〈スタンプ情報〉

原生花園に隣接、JR駅とも直結している道の駅。モダンな駅舎と、町の花でもあり原生花園に咲き誇るエゾスカシユリが描かれている。

押印＊開館時間内

駐車場 普通車:57台　大型車:9台

🚫 レストランはまなす／11:00〜15:00
●じゃがいもごろっとカレー、恋麺など
食堂・ら〜めん太郎山／11:00〜17:00
●オホーツクら〜めん、辛味噌ら〜めん、醤油ら〜めん、ねぎ味噌ら〜めん、オホーツクカレー、ギョ〜ザなど

🧺 売店／9:00〜19:00
●小清水産の野菜、山わさび加工品、オホーツク海の海産物など
●農産物(野菜クラブ直売所)あり
セイコーマート／7:00〜19:00
モンベルショップ、ひつじ日和(パン・雑貨)の出店あり

　国道側から見れば普通の道の駅だが、その国道と平行して走る線路側から見ればJRの駅という、両方を兼ねる道の駅。鉄路の駅名は「浜小清水」。網走・北見と知床斜里・釧路とを結ぶJR釧網線の現役の駅である。駅員はおらず、自分でワンマン列車に乗り降りして利用する。道の駅館内はおみやげ品が販売される売店コーナー、カウンター席がメインの軽食・喫茶コーナーが

ある。小清水やオホーツクの特産品・おみやげを販売し、オホーツク産の魚介類と小清水産野菜を使ったメニューが提供されている。手書きの「お土産人気ランキング」表の掲示を参考に品定めをしたい。駅の隣にはモンベルショップが並び、セイコーマートやラーメン店、クレープハウスなどが出店している。少し歩いて「フレトイ展望台」に上ればオホーツク海が一望できる。

国道に沿って細長い駐車場がある。建物のすぐ裏をJRの線路が通っている

Recommend
おすすめ イチオシ メニュー

レストランメニューの人気は「ごろっとカレー」(600円)。地元のジャガイモを皮付きのまま1個入れたカレーだ。隠し味に地元産のルバーブが入っていてコクとさっぱり感が美味

上.カウンターメインの店内ではうどんやそばも
下.名物の「なんだこりゃステック」(650円)

人気のお土産コーナー

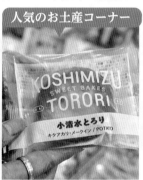

キタアカリとメークインを使った「小清水とろり」スイーツは人気商品

JAこしみず青年部の想いがつまった「cosimiz beer」

「でんぷんだんご」(420円)。小清水町民が愛するソウルフードだ

必見ポイント

フレトイ展望台
道の駅から歩いて4〜5分、線路を渡って少し上るとピラミッド型の展望台がある。ここからはオホーツク海はもちろん、濤沸湖や遠くに斜里岳などが一望できる。ぜひ、行ってみよう。

もっと知りたい！ 旬カレンダー

5	6	7	8	9	10

アスパラ

トマト、きゅうり、なす

すいか

じゃがいも、かぼちゃ
(8〜11月)

寄り道スポット

小清水原生花園
道の駅から車で5分弱。オホーツク海と濤沸湖に挟まれた花園。5月から9月にかけて約200種類もの野生の花が次々に咲く天然の花畑。インフォメーションセンターがあり、レンタサイクルも利用できる。

近くの道の駅		
しゃり (250ページ)	道道769号経由で約19km	
流氷街道網走 (236ページ)	国道244号/国道391号経由で約20km	

しゃり

斜里町本町37番地

📞 0152-26-8888

番号:100
登録年月日:2007年(平成19年) 3月1日

開館時間 9:00〜19:00

休館日 年末年始(12/31〜1/5)

道道92号沿い、斜里市街の中心部

斜里町

〈スタンプ情報〉

斜里岳は知床の根元に位置する標高1547メートル、「日本百名山」の著者、深田久弥が「私の憧れの山の一つであった」と評したほどの秀峰。スタンプにもしっかり描かれている。

押印＊開館時間内

🅿 駐車場　普通車:19台　大型車:2台

🍴 レストラン／11:00〜15:00、17:00〜21:00
●知床くまうし／豚丼とラーメンがメイン

🛍 館外売店／9:00〜19:00(冬季9:30〜18:00)
●「斜里工房しれとこ屋」／鮮魚店(野尻正武商店)、米と土産品
●知床しゃりブランド認証の特産品売場のほか、「シャリッとショップ」では、地元の銘菓「知床クマさん」や知床のシンボルマーク「トコさん」のグッズ販売コーナーもある

知床半島。オホーツク海側の玄関口が斜里町で、羅臼町と半島を二分している。オホーツク海に面し、北に100キロを超える海岸線を擁する町である。斜里町は農業と漁業と観光業が基幹産業。農業は小麦・甜菜・馬鈴薯を主体とした畑作がメインで、日本の穀倉地帯の一つとなっている。漁業では水産資源に恵まれたオホーツク海を漁場とし、サケ・マスの水揚げが日本一だ。こ

のまちの中心部に道の駅がある。メインの館内には「しれとこ斜里ねぷた」の山車が置かれている。毎年7月下旬にここを会場にまつりが行われ、大勢の人でにぎわう。飲食や買い物は道路を挟んで隣接する店舗を利用しよう。1936年(昭和11年)創業の「野尻正武商店」が運営する店舗で、地元の魚介類が販売される。レストランでは豚丼やラーメンが味わえる。

駅正面の広場は、ベンチセットもあってくつろげる快適空間。駐車場は建物の裏側にあり

レストラン「知床くまうし」では、受賞歴のある豚丼やラーメンのほか、夜限定ながらジンギスカン（1,400円）がおすすめ

上.店舗の外観　下.メニューは単品のほかにセットメニューもあり

人気のお土産コーナー

「斜里工房しれとこ屋」には、各種サケマス製品や干し魚などが並ぶ。店内は広くて活気いっぱい

その日に水揚げされた斜里産のオホーツクサーモンをお得な値段で販売するコーナー

スナックコーナーではソフトクリームやコロッケ、ザンギなどがテイクアウトできる

おみやげ品コーナーには「来運まんじゅう」があり、おみくじ付きで末広がりの880円

もっと知りたい！ 旬カレンダー

	5	6	7	8	9	10
桜ます						
時さけ(時しらず)						
オホーツクサーモン(カラフトます)						
秋さけ						

寄り道スポット

斜里町立知床博物館

道の駅から1キロほど市街地寄りにある博物館。知床半島の歴史や地質、野生生物についての展示が充実。鉄道の歴史コーナーなどもあって見応えがある。

近くの道の駅	**はなやか（葉菜野花）小清水**（248 ページ）	道道769号経由で約19km
	パパスランドさっつる（246 ページ）	道道1115号経由で約19km

うとろ・シリエトク

国道334号沿い、
知床観光の玄関口 **斜里町ウトロ**（しゃりちょううとろ）

斜里町ウトロ西186番地8

📞 **0152-22-5000**

番号:99
登録年月日:2007年(平成19年) 3月1日

開館時間 9:00〜17:00(季節により変動あり)
休館日 年末年始(12/29〜1/3)

《スタンプ情報》
世界遺産にも登録されている知床の玄関口として利用される道の駅。スタンプには、野生のヒグマ二頭と、その足跡が描かれている。

押印＊開館時間内

駐車場 普通車:87台 大型車:12台

レストラン／10:00〜15:00
●ホタテやウニなどを使った丼物、焼魚や刺身の定食など、地元素材料理を提供
●知床焼魚膳、いくら丼、えぞ鹿肉カレーなど

テイクアウト／9:00〜17:00(季節により変動あり)
●こけももソフト、鹿肉バーガーなど

館内売店／9:00〜17:00(季節、店舗により変動あり)
●ユートピア知床／鮭炊き込みごはんや鹿肉カレー(レトルト)、ホタテチップスなど
●ごっこや／朝水揚げの鮮魚(発送可)、漁師手作り品コーナー(秋鮭とば、ナマコ醤油漬、開きメンメなど)

世界自然遺産登録の知床。その西の拠点、ウトロ地区の市街地中心部に大きな道の駅がある。館内は梁を魅せる大胆なデザインが印象的。高い天井のゆったりとした空間になっている。その一角には知床観光案内所があり、大きな知床半島が描かれたパネル展示が目を引く。観光をする前にしっかりと読んでおきたい。右手はレストランになっていて、地元の食材をつかった旬の海鮮丼や焼き魚定食が味わえるほか、カレーやそば類も提供している。時間によっては「完売」となることもあるので早めの到着を心がけたい。売店は2店あり、スイーツや加工品、お菓子類などオリジナル品も多数置かれている。ウトロ漁協が運営する「ごっこや」には大きな冷蔵ケースが並び、春から秋にかけて水揚げされた鮮魚も並べられている。

建物は「知床番屋」をイメージしたもの。館内は白壁にこげ茶色の梁をアクセントにした大空間

おすすめ
**イチオシ
メニュー**

「無添加醤油いくら丼」(2,620円)は、秋鮭の水揚げから数時間以内にイクラを処理し、わずか数分間の漬けによって仕上げられる。味付けは無添加の醤油のみという逸品

上.完売の印がつけられる御膳やカレー
下.「本日の知床旬膳」は数量限定のメニュー

人気のお土産コーナー

オホーツクサーモンにソイ、ブリ。豪快に販売されている

売り切れるほどの人気は「こけももタルトケーキ」。甘ずっぱいさわやかな味

「知床くま笹シフォンケーキ」「知床こけももロールケーキ」などスイーツもたくさん

Pick up point

**必見
ポイント**

レストラン入り口隣には、オリジナルファストフードの店「カウベリー」が入っていて、名物の「こけももソフト」「こけももサイダー」などがある

もっと知りたい！ 旬カレンダー 👉

	5	6	7	8	9	10
時さけ(時しらず)、桜ます						
生うに、毛がに						
ほっけ						
オホーツクサーモン						
秋さけ						
鮭児						

寄り道スポット

知床世界遺産センター

道の駅の隣にあり、知床の最新情報を提供する。ヒグマやエゾシカなど知床に住む動物の実物大の写真や、ヒグマの爪痕などの模型を展示。知床の自然と利用のルールやマナーを伝えている。

近くの道の駅	知床・らうす (268 ページ)	国道334号(知床横断道路は冬期通行止め)経由で約33km
	しゃり (250 ページ)	国道334号経由で約37km

『北海道極上キャンプ』 2023年4月下旬発売

キャンプの楽しみが倍増する一冊

　北海道新聞社では盛り上がりをみせるキャンプブームを受けて、これまでとは一味ちがったキャンプの楽しみ方を紹介するガイドブック『北海道極上キャンプ』を2023年4月下旬に発売する。執筆陣はInstagramやTwitter、YouTubeなどでキャンプ情報を発信する道内在住の有名キャンパーや、Instagramで国内外にファンを持つフォトグラファー、個人ブログとしては道内最大クラスのPV（ページビュー）を誇るキャンプブロガー、ウェブメディアや新聞、雑誌に連載を持つアウトドアライターなど、6人が担当した。それぞれが得意分野を担当し、道内キャンプの魅力を紹介している。

　取材は全道各地に及び、約1年かけて撮影・執筆を行った。内容は心奪われる絶景キャンプシーンをはじめ、読み応え充分の道内キャンプ術、SNSで多大なフォロワー数を有する人気インフルエンサー20組26人のキャンプスタイル紹介や、アウトドア料理、アウトドアショップなど。巻頭グラビアと7つの章から構成されている。

　本の概要は以下の通り。

Possibility.Labo
川手有沙

photographer
中嶋史治

アウトドアライター
タカマツミキ

フードコーディネーター
舛田悠紀子

ガイド本取材・執筆者
花岡俊吾

YouTuber /ライター
まるなな

『北海道極上キャンプ』
北海道新聞社編
A5判・オールカラー、216頁、定価1,870円
2023年4月下旬から全道の主要書店、道新販売店ほかネット書店で販売

釧路・根室

釧路・根室管内の道の駅を紹介しています。

しらぬか恋問（白糠町）

阿寒丹頂の里
あかんたんちょうのさと

釧路市阿寒町上阿寒23線36番地1

☎ 0154-66-2969

番号:30
登録年月日:1996年(平成8年)4月16日

開館時間 9:00～18:00(5～9月)、9:00～17:00(10～4月)、観光案内所10:00～16:00

休館日 無休

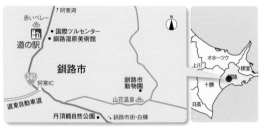

〈スタンプ情報〉

押印＊開館時間内

タンチョウの里として知られる釧路市阿寒町。駅の愛称クレインズテラスも、「タンチョウが集う憩いの場所」という意味。

駐車場 普通車:235台　大型車:15台

 軽食喫茶コーナー／9:00～18:00(5～9月)、9:00～17:00(10～4月)
●エゾシカバーガーや、阿寒パークメンチカツバーガー、ソフトクリーム、イモだんごなど販売

レストラン鶴(別棟)／平日11:00～15:00、17:00～20:30(L.O.20:00)、日曜・祝日11:00～20:30(L.O.20:00)
●阿寒モルトステーキや、阿寒ポークステーキ、カツミート、定食、丼物、カレー、スパゲティ、ラーメンなど

 館内売店／9:00～18:00(5～9月)、9:00～17:00(10～4月)
●タンチョウ関連のグッズや、阿寒丹頂黒和牛、パウンドケーキ、など

2022年7月に駐車場の一角が「RVパーク」としてオープン。有料施設ではあるが、車中泊ができるようになった。道の駅へのアクセスは、道東自動車道の阿寒ICから約8キロ。道央圏と釧路圏の240キロあまりを高速道路がつなぎ、ずいぶんと両者が近くなった。道の駅がある一帯は、宿泊とレストランに加え日帰り温泉がある「赤いベレー」や「阿寒国際ツルセンターグルス」「釧路湿原美術館」といった観光施設が集まっている。道の駅館内にはテイクアウトグルメや地元のみやげ品がいろいろ並ぶ。隣には「阿寒マルシェ」という物産販売店があり、こちらも特産品が並んでいる。人気商品のランキング表を参考に買い物したい。道の駅の裏手には「あかんらんど丹頂の里」というキャンプ場があり、コテージも利用できる。

道の駅は平屋建て。隣に2階建の「赤いベレー」があり、中庭のような部分にパラソルが立つ

上.「阿寒ポークメンチカツバーガー」は阿寒ポーク100%　下.赤いソースがかかる「パプリカソフト」

クレインズテラス内軽食コーナーのメニュー板。おすすめのメニューを紹介。地産地消をコンセプトに「阿寒エゾ鹿バーガー」「釧路フィッシュ&チップス」のほか、ドリンク類を販売する

人気のお土産コーナー

人気は「たんちょうボーロ」（300円）。完売になるほどの人気商品だそう

阿寒マルシェの1番人気は「阿寒もみじ」。「阿寒もみじ和風たれ」もおすすめ

「阿寒ポークロース」（580円）は脂身もおいしいジューシーなお肉。売れている

必見ポイント

宿泊施設「赤いベレー」のロビー。ゆったり休憩ができるほか、天然温泉は曜日限定ながら「朝温泉」も利用できる

もっと知りたい！ 旬カレンダー

5	6	7	8	9	10

行者にんにく、ほうれんそうなど（4月〜6月）

キャベツ（まりもキャベツなど）、白菜

とうもろこし（マーガレット、ラッキーゴールド、味来）ゆできび も販売

かぼちゃ、長いも（9月〜11月）

大根、玉ねぎ、白菜（9月下旬〜11月）

寄り道スポット

道の駅周辺には見どころがたくさんある。「タンチョウ観察センター」「釧路湿原美術館」「炭鉱と鉄道館」。キャンプ場にはバンガローもあるので泊まってゆっくり滞在したい。

近くの道の駅	しらぬか恋問 （258ページ）	国道240号経由で約29km
	あいおい （244ページ）	国道240号経由で約60km

しらぬか恋問
こいとい

38 国道38号沿い、
白糠町郊外の恋問海岸

白糠町
しらぬかちょう

白糠町恋問3丁目3番地1
📞 01547-5-3317

番号:4
登録年月日:1993年(平成5年)4月22日

開館時間 9:00〜17:30(通年)

休館日 無休(4〜10月)、年末年始(12/31〜1/2)、
水曜定休(11〜3月)水曜日が祝日の時は翌日、レストラン不定休

「コイタくん」と「メイカちゃん」は、この駅の
キャラクター。白糠生まれのヤナギダコの
コイタ君と、九州生まれのスルメイカのメイ
カちゃんが恋問海岸で恋に落ちたという。

押印＊開館時間内

駐車場 普通車:75台　大型車:8台

❌ レストラン／10:00〜16:30(L.O.)
ラーメン店／11:00〜18:00
●レストラン「む〜んらいと」／窓から太平洋が一望できる。道
の駅弁第1号のこの豚丼(弁当可)、スパカツ、つぶ貝丼など
●寶龍コイトイ店／味噌ラーメン、野菜ラーメン、激辛ラーメ
ン、えび風味ラーメンなど

🧺 館内売店／9:00〜17:30
●白糠漁協直売所／季節の魚介や水産加工品、生け簀での
活魚販売など
●特産品販売コーナー／加工品のほか、野菜直売の売場も

　見るも一面の大海原。太平洋
である。どこまでもつづく水平線。
そこに青空が加われば、気分はどこ
までも上がっていく。白糠の市街
地から東へ約12キロ。釧路市との
ちょうど中間地点、恋問海岸に面し
て道の駅がある。こいとい。この
地名にちなんで「恋が叶うポスト」
が駅正面に置かれている。叶えた
い恋心がある人は利用しよう。道
の駅館内は白糠漁業協同組合の
直売店があり、地元で獲れた海産
物と水産加工品がずらりと並ぶ。
冷蔵ケースにはホッケや宗八カレイ
などが販売される。館内奥、海側
にレストラン「む〜んらいと」があり、
太平洋を一望しながら食事ができ
る。海に面しているものの、人気は
豚丼。ぜひ味わっていこう。敷地
内にはチャペルを模した三角屋根
の売店が並び、夏はソフトクリーム
を求めて行列ができる。

国道38号と太平洋の間に広い駐車場と建物
がある。道の駅のメイン棟は「恋問館」とい
名前だ

レストランの人気は「この豚丼」。阿寒ポークを秘伝のたれにつけて炭火でじっくりと焼いた一品。味噌汁と漬物が付いて、肉4枚は1,300円。6枚は1,400円。専用のたれも販売されている

上.明るく広い店内。太平洋が一望できる
下.メニューは「恋のつぶやき丼」「スパカツ」も

人気のお土産コーナー

白糠漁業協同組合コーナーには、「さんま甘露煮」「たこ飯の素」などご飯のお供がたくさん

冷蔵ケースには、白糠産の魚が並ぶ。「ほっけ一夜干し」は680円とお買い得

地元のチーズ工房「白糠酪恵舎」の各種チーズ製品。人気のイタリアスタイルのチーズ

寄り道スポット

必見
ポイント

ハート型の看板プレートが付けられた郵便ポスト。描かれるのはイメージキャラクター「コイタくん」と「メイカちゃん」だ

もっと知りたい！
旬カレンダー

	5	6	7	8	9	10
山わさび、山菜、葉物野菜						
柳だこ(12月中旬〜4月上旬)						
灯台つぶ						
トマト、きゅうり、なすなど						
毛がに(9月上旬〜12月上旬)						
ごぼう、大根、かぼちゃなど(9月上旬〜12月下旬)						

恋問海岸

恋問館に面し太平洋沿岸に広がるおよそ10キロの砂浜海岸。駐車場からそのまま海岸に下りていける。シーズン中は家族連れや恋人同士、仲間同士で賑わう。波の音にいやされよう。

近くの道の駅	阿寒丹頂の里 (256 ページ)	国道240号 経由で約29km
	うらほろ (202 ページ)	国道38号 経由で約53km

厚岸グルメパーク

<ruby>厚岸<rt>あっけし</rt></ruby>グルメパーク

道道123号沿い、厚岸駅そば

<ruby>厚岸町<rt>あっけしちょう</rt></ruby>

厚岸町住の江2丁目2番地

0153-52-4139

番号:16
登録年月日:1994年(平成6年)4月26日

開館時間 9:00〜20:00(4〜9月)、10:00〜19:00(10〜12月)、
10:00〜18:00(1〜3月)

休館日 毎週月曜日(月曜日が祝日の時は翌日)、
年末年始(12/28〜1/2)

厚岸町名産のカキの殻をイメージして建てられた道の駅の外観と、厚岸湖を望む美しい眺望をそのままイラストで再現した。

駐車場 普通車:104台　大型車:4台

 レストランエスカル／11:00〜19:30(L.O.19:00)
●カキフライやカキ釜飯など牡蠣料理が楽しめる
炭焼炙屋／11:00〜20:00(L.O.19:00)
●魚介市場で買った魚介を持ち込み焼いて食べられる
オイスターカフェ／9:00〜17:00
●ソフトクリームやテイクアウトドリンクを提供
※いずれも10月〜3月は時間変更あり

総合展示販売コーナー／9:00〜19:00
●かきの佃煮や燻製など、地元魚介の加工品を販売
魚介市場／9:00〜19:00
●カキ、アサリ、カニ、サケ、サンマ、ツブ、北海シマエビなど
※いずれも季節により時間変更あり

　JR厚岸駅に近く、国道44号から少し入った高台にある道の駅。街並みを眼下に厚岸湖や厚岸湾が一望できる。道の駅の入り口に置かれているパネルでは、道内旅行雑誌「じゃらん」の道の駅ランキングにおいて飲食部門で12年連続NO.1を受賞していることをアピールしている。2023年も1位を獲得し、13年連続となった。確かにグルメな駅なのである。納得の1位かもしれない。1階には「オイスターカフェ」があり、カキ類が手軽にテイクアウトできるようになっている。2階には、カキと厚岸ウイスキーのマリアージュが楽しめる店や、「あっけし牡蠣ステーキ丼」が人気のレストランがある。加えて、「魚介市場」には70品目以上から魚介や肉を選んで炭焼きできる「炙屋」もある。道内のカキ養殖の一大産地として知られる町だけに、売店コーナーもカキの加工品であふれている。

ピンクの外観。2階のレストランからは眺望が楽しめ、3階と4階は展望台になっている

Recommend
おすすめ イチオシ メニュー

厚岸のカキは周辺の海水温が低く温度変化が少ないため、全国的にも珍しい通年での出荷が可能。 身がふっくらとする秋から冬はもちろんのこと、他ではなかなか食べられない夏も格別だ

上. 好きな食材を炭火で焼ける室内バーベキューコーナーは大人気　下. ズラリと並んだ食材は圧巻

人気のお土産コーナー

1階のオイスターカフェではカキや地元牛乳など、テイクアウト品が充実

「金のかき醤油」(680円)。カキの煮汁を凝縮し醤油とブレンドした人気の品

「厚岸の牡蠣せんべい」は風味豊かなオリジナルせんべい、1箱648円

必見ポイント

近年注目を集める厚岸蒸溜所のウイスキーが飲み比べできる。カキと合わせて楽しみたい

もっと知りたい！ 旬カレンダー

| | 5 | 6 | 7 | 8 | 9 | 10 |

かき (通年あるが、旬は冬季)

あさり、かれい、つぶ (4月〜7月上旬、9月上旬〜11月)

ちか、こまい (4月〜5月下旬)

さけ、さんま (4月〜6月、9月〜11月)

にしん (4月〜5月、9月〜10月)

いか

寄り道スポット

4階に上がると展望コーナーがあり、厚岸湖や厚岸湾などが一望できる

1階には「水族館プティ」がある。 厚岸のカキについて学べるほか、実際に吊るされているカキの様子を見て観察することができるコーナー

近くの道の駅	スワン44ねむろ (264ページ)	国道44号経由で約61km
	しらぬか恋問 (258ページ)	国道44号経由で約65km

摩周温泉
ましゅうおんせん

241 国道241号沿い、摩周大橋そば

弟子屈町
てしかがちょう

弟子屈町湯の島3丁目5-5

📞 **015-482-2500**

番号:11
登録年月日:1993年(平成5年)4月22日

| 開館時間 | 8:00～18:00(5～10月)　9:00～17:00(11～4月) |
| 休館日 | 年末年始(12/30～1/3) |

〈スタンプ情報〉

摩周湖に多く生息するエゾリスと温泉のスパを合わせて誕生したキャラクター「摩周リスパ」。地元弟子屈高校の生徒たちが町のPRのために考案した。

押印＊開館時間内

🅿 **駐車場**　普通車:66台　大型車:9台

 テイクアウトコーナー／道の駅開館時間と同じ
●くりーむ童話／弟子屈の新鮮な牛乳を使い、野菜や果実、チーズなど地元素材を生かしたジェラートを販売
●Home Sweet Home／えぞしかバーガーや弟子屈ポークバーガーなど、人気のバーガーショップ

 物販コーナー／道の駅開館時間と同じ
●地域直売会による売店／野菜直売や乳製品、お菓子、工芸品など地元生産者自慢の商品が並んでいる
●「更科」のあんドーナツ、「渡辺体験牧場」の牛のおっぱいミルク、「ぽっぽ亭」の摩周の豚丼など

　道東観光の交通の要衝、弟子屈町。難読漢字に分類されるであろうこの町名は、アイヌ語に由来し、諸説あるものの、近くを流れる釧路川を横切る岩盤を指すとの解釈が有力だ。弟子屈は市街地と重なるように温泉施設が点在する古くからの温泉地である。弟子屈なのに名称が摩周温泉になっているのは、平成のはじめに観光拠点としてわかりやすくするために統一した経緯があるからだ。道の駅は市街地の端にあり、館内は入って右手が売店。左手は摩周温泉観光案内所などが入るロビーになっている。吹き抜けになったロビーの一角に、弟子屈が生んだ名横綱・大鵬を紹介する写真が飾られている。ロビーから眺める中庭は心休まる景観で、その庭には地下70メートルほどからのおいしい水「森の天然水」が湧き出している。

建物は旧弟子屈ヨーロッパ民芸館を利用。外観も内部もモダンな雰囲気

弟子屈町のいちご
とみるくが同時に味
わえる「摩周ルビー
ソフトクリーム」

特産品販売コーナーにあるテイクアウトは2店。「Home Sweet Home」では、「えぞしかバーガー」や「弟子屈ポークバーガー」(650円)などが人気

一番人気は「大鵬せんべい」。化粧まわしを型どったせんべいで、40年以上の歴史がある銘菓

人気のお土産コーナー

「摩周そば」は香りがよいと評判。うどんはきたほなみ100%。弾力とコシがある

この地で栽培されるマンゴーを使った製品や、いちご生キャラメルもあり

地元・弟子屈の旬の野菜や加工品、スイーツなどがあるほか、近隣の商品など幅広い品揃え

観光案内所横にはギャラリーがあり、2階にも写真や絵画の展示スペースがある

もっと知りたい！ 旬カレンダー

	5	6	7	8	9	10
山菜、葉物野菜						
ミニトマト、きゅうりなど						
摩周メロン						
とうもろこし、なす						
かぼちゃ、じゃがいも						
大根、玉ねぎ、白菜						
マンゴー(温泉熱の利用で11〜1月も)						

寄り道スポット

多和平

道の駅から約21キロ。「360度の地平線」が見渡せる、パノラマ絶景スポット。周囲は育成牧場になっていて、夏は3千頭の牛が放牧される。展望台があって、キャンプ場にもなっている。

近くの道の駅	ぐるっとパノラマ美幌峠 (242ページ)	国道243号経由で約31km
	パパスランドさっつる (246ページ)	国道391号経由で約41km

スワン44ねむろ

国道44号沿い、
根室市郊外

根室市（ねむろし）

根室市酪陽1番地

📞 **0153-25-3055**

番号:59
登録年月日:1999年(平成11年)8月27日

開館時間 9:00～17:00(4～10月)、10:00～16:00(11～3月)

休館日 毎週月曜日(月曜日が祝日の時は翌日)
年末年始

〈スタンプ情報〉

子供を乗せた白鳥が、道の駅の建物を越えて朝日に向かっている。道の駅に隣接する風蓮湖は、国内最大級の白鳥飛来地であるため、白鳥が描かれている。

押印＊開館時間内

駐車場 普通車:70台　大型車:4台

❌ レストラン／11:00～15:30(4～10月)
11:00～14:30(11～3月)
- レストラン「バードパル」／花咲がになど海の幸主体のメニューと郷土料理
- エスカロップ、花咲がに釜飯、かきフライ定食、ラーメンなど

🧺 売店・鮮魚コーナー／道の駅開館時間と同じ
- ショップ「バードパル」／地場産品や根室銘菓の販売。オランダせんべい、しまちゃんクッキー、スワンの涙、さんまの魚醤など
- 東光魚売場／花咲がにをはじめ、水揚げされたばかりの魚介類や根室ブランドの水産加工品の販売

国内最東端となる道の駅。と言っても立地は根室市内まで16キロほど手前、風蓮湖が見える高台に位置している。風蓮湖は周囲約96キロと北海道で6番目に大きい湖。野鳥の楽園として知られ、渡り鳥を含めて280種類以上の野鳥が確認されている。バードウォッチャー憧れの湖として、世界的に知られている。館内の湖側は全面ガラス張りで、テレビ望遠鏡もあるので観察していきたい。館内奥にはレストラン「バードパル」があり、明るく開放感いっぱいの席でゆったりと食事が楽しめる。根室のソウルフードと呼ばれ、地元だけでなく観光客にも人気の高い「エスカロップ」のメニューもあるので味わっていこう。その手前に売店があり、根室のおみやげ品が並ぶ。通路をはさんで魚売り場もあり、「花咲ガニ」も販売されている。

国道に面して建つ道の駅の奥は風蓮湖。散策路や東屋も整備されている

おすすめ イチオシ メニュー

根室といえば「エスカロップ」。同市を代表する有名な郷土料理だろう。バターライスにトンカツがのり、サラダとスープが付いて950円。市内の洋食店シェフが考案し、名物となった

上.100席ある明るく広いレストラン　下.メニューは「シカ竜田揚げ」やラーメンなどもあり

人気のお土産コーナー

みやげ品の人気は「花咲がにラーメン」(580円)。花咲がにのむき身が入っている

「北海しまえびせんべい」(680円)は、道の駅のオリジナル商品

水産加工が盛んで「鮭」「鮭ハラス」などのほか「蝦夷鹿」缶詰製品も

必見 ポイント

花咲ガニも販売されている。ゆでた時に真っ赤になって花が咲いたように見えるのが名前の由来。漁獲量が制限され、貴重な高級ガニとして知られる

もっと知りたい！ 旬カレンダー

	5	6	7	8	9	10
毛がに、こまい(1月～3月)						
棹前昆布						
花咲がに						
さんま						
うに、あさり、ほたてなども入荷する					秋さけ	

寄り道スポット

納沙布岬

道の駅から約40キロ。本土最東端の岬にはぜひ寄ろう。北方領土を目の前に、モニュメントやオーロラタワーなどがある。朝日の名所だが、夕景もすばらしい。最果て感たっぷりの場所。

近くの道の駅	おだいとう (266ページ)	国道244号 経由で約57km
	厚岸グルメパーク (260ページ)	国道44号 経由で約61km

おだいとう

244 国道244号沿い、
別海町郊外

（べつかいちょう）
別海町

別海町尾岱沼5番地27
℡ 0153-86-2449

番号:112
登録年月日:2011年(平成23年) 3月3日

| 開館時間 | 9:00～17:00(5～10月)、9:00～16:00(11～4月) |
| 休館日 | 年末年始(12/31～1/5)
※9月～6月は火曜日(祝日の場合は翌日) |

〈スタンプ情報〉

別海町の野付湾で白い帆を広げホッカイシマエビ漁を行う打瀬舟と、北方領土返還を願って北方展望塔(道の駅)前に建立された「叫びの像」が描かれている。

押印＊開館時間内

駐車場　普通車:47台　大型車:7台

 レストラン／5～10月:9:00～16:00(L.O.14:00)
11～4月:9:00～15:00(L.O.14:30)
●北方展望塔レストラン／1階売店と同じフロアにあり、尾岱沼産ジャンボホタテを使った料理がメイン
●ジャンボホタテバーガー、ホタテカレー

売店／道の駅開館時間と同じ
●レストランと同じ1階フロア、別海町の特産品を主に販売している
●「べつかいの牛乳屋さん」シリーズの牛乳やヨーグルトなど乳製品も販売

　北海道の東端、地図で根室半島と知床半島の間あたりをよく見ると、なにやら「つ」の字に似たか細い半島があることに気づくだろう。ここは野付半島といい、26キロにも及ぶ国内最大の砂嘴(海流で運ばれた砂が堆積し、海上に長く突き出た地形)である。この半島がつくる湾の中では、北海シマエビが獲れ、その漁に使われる打瀬舟は春と秋の風物詩になっている。道の駅は穏やかな野付湾と遠く北方領土が見渡せる河岸段丘の丘の上にある。館内1階は売店コーナーと食堂になっていて、期間限定ながらこのゆでシマエビを味わうこともできる。2階は「展示室」で、北方領土についてのパネルが展示されている。3階は「展望室」で、眺めがよい。建物の外には「四島への道・叫び」というモニュメントがあり、悲痛な想いが表現されている。

道の駅は「別海北方展望塔」という名称の3階建の建物。トイレ塔とモニュメントがある

おすすめ
ショップ紹介

取材時の館内に入ってすぐのコーナー。左手には情報提供コーナー。奥に食堂とおみやげ品が置かれる。エレベーターか階段を上がって2階は展示室。3階は展望室へとつながる

上.別海牛乳を使った「べつかいのソフトクリーム」。下.店内は窓に面した席もあり、眺望抜群

人気のお土産コーナー

売店の棚。数は多くはないが別海の銘菓や、おつまみ、文房具などが置かれている

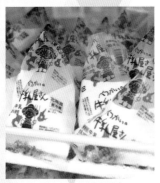

別海は町の人口の7倍ほどの数の牛が飼育されている。昔ながらの三角パック牛乳は100円

「しまえび醤油」(650円)は野付産北海シマエビを使用。道の駅限定販売品

必見ポイント
up point

択捉島・国後島・色丹島・歯舞諸島の北方領土について学べる展示室。野付半島から国後島までの最短距離は16キロだ

寄り道スポット

目の前の野付湾では春と秋に「北海シマエビ」魚に使用される「打瀬舟」が見られる。明治から続く風物詩として北海道遺産に登録された

モニュメント「四島への道・叫び」。北方四島をイメージした高さ15メートルの4本のポールに向かって、老女が息子・孫を両脇に従え、すさまじい迫力で叫ぶ

近くの道の駅	スワン44ねむろ (264ページ)	国道244号 経由で約57km
	厚岸グルメパーク (260ページ)	道道449号と 国道44号 経由で約77km

知床・らうす
しれとこ

羅臼町本町361番地1

📞 0153-87-5151

番号:63
登録年月日:1999年(平成11年)8月27日

| 開館時間 | 9:00〜17:00(4〜10月)　10:00〜16:00(11〜3月) |
| 休館日 | 年末年始　らうす深層館は店舗によって異なる |

《スタンプ情報》

左側に「海の神」としてシャチ、中央に「空の神」としてオオワシ、右側に「陸の神」としてヒグマが描かれている。

押印＊開館時間内

駐車場　普通車:25台　大型車:5台

🍽 レストラン／7:00〜19:00(4〜10月)、8:00〜17:00(11〜3月)
●羅臼の海味「知床食堂」／ホッケなどを使った地元料理やラーメン
●ホッケ焼き定食、キンキ焼き定食、うに・いくら丼、羅臼昆布羅〜メン、カレー、ホッケフライバーガーなど

🛍 海鮮工房／9:00〜18:00(4〜10月)、9:00〜17:00(11〜3月)
●海鮮工房／漁協直営店、前浜で獲れた鮮魚や羅臼昆布だしなど加工品の販売
●らうす深層館内の舟木商店、阿部商店でカニなどの海産物、自家加工品の販売

　道内でも屈指の漁獲量と水揚げされる魚種の多さを誇る羅臼町。漁港ではウニ・ホッケ・キンキ・ブドウエビ・サケといった新鮮な魚介類が、年間を通して水揚げされる。その主な理由は国後島との間、根室海峡は最深部で2,400メートルほどと大変深く、かつ複雑な地形ゆえに多種多様の魚が集まるから。道の駅は「魚の城下町」を標榜する羅臼港の近く、国道沿いにある。建物は3つに分かれ、つながっている。羅臼漁業協同組合の直営店「らうす海鮮市場」、食堂・レストランが入る「らうす深層館」、みやげ品が並ぶ「海鮮工房」である。飲食店「知床食堂」は開店前から行列ができるほどの人気である。屋上には展望スペースがあり、晴れていれば目の前に国後島が見える。道の駅の周囲にはライダーやキャンピングカーが集まる。旅情あふれる道の駅である。

国道と海に面して建つ。駐車場は広くはないが、回転が良くさほど待たずに入れる時もある

おすすめ
イチオシ
メニュー
Recommend

知床食堂の「羅臼海鮮丼」(3,700円)は羅臼漁港であがった新鮮なネタを日替わりでのせたもの。ウニ・イクラなど、羅臼を満喫できる豪華な丼。数量限定なので早いもの勝ち

上.人気の「羅臼昆布羅～メン」。麺は昆布麺、スープは昆布と鮭節、850円　下.店舗外観

人気のお土産コーナー

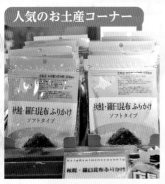

店長おすすめは「秋鮭・羅臼昆布ふりかけ」(245円)。ソフトタイプの人気の品

「食べきりおつまみ昆布」は無添加品。直営店特別還元価格として、90円だ

店内は市場のような活気がある。豊かな海から獲れる水産加工品を味わおう

必見
ポイント
ick up point

インフォメーションコーナーには観光船の出航時刻などが掲示。4～10月は、シャチ・イルカ・クジラなどが、1～3月は流氷とオオワシ・オジロワシなどが見られる

もっと知りたい！
旬カレンダー

| 5 | 6 | 7 | 8 | 9 | 10 |

つぶ、おひょう、かれい

きんき、ほっけ、ソイ、たこ

ぶどうえび、
ぼたんえび

秋さけ、ケイジ

羅螢
(羅臼で厳選した白銀毛ざけ)

いか

寄り道スポット

熊の湯

道の駅から知床峠方面へ走るとゲートを過ぎてすぐにある、無料で入れる有名な露天風呂。男女別の浴槽と脱衣所があるので安心。冬は特に格別だ。

近くの道の駅	うとろ・シリエトク (252ページ)	国道334号(知床横断道路は冬期通行止め)経由で約33km
	おだいとう (266ページ)	国道335号と国道244号経由で約64km

駅名索引

番号	道の駅	市町村	ページ	登録年月日
75	コスモール大樹	大樹町	200	2002年(平成14年)8月13日
76	ぐるっとパノラマ美幌峠	美幌町	242	2002年(平成14年)8月13日
77	らんこし・ふるさとの丘	蘭越町	24	2003年(平成15年)8月8日
78	とようら	豊浦町	48	2003年(平成15年)8月8日
79	メルヘンの丘めまんべつ	大空町	238	2003年(平成15年)8月8日
80	むかわ四季の館	むかわ町	64	2003年(平成15年)8月8日
81	あいおい	津別町	244	2003年(平成15年)8月8日
82	しかおい	鹿追町	188	2003年(平成15年)8月8日
83	しらたき	遠軽町	214	2003年(平成15年)8月8日
84	あしょろ銀河ホール21	足寄町	208	2004年(平成16年)8月9日
85	サーモンパーク千歳	千歳市	60	2004年(平成16年)8月9日
86	ひがしかわ「道草館」	東川町	168	2004年(平成16年)8月9日
87	花ロードえにわ	恵庭市	10	2005年(平成17年)8月10日
88	シェルプラザ・港	蘭越町	38	2005年(平成17年)8月10日
89	真狩フラワーセンター	真狩村	22	2005年(平成17年)8月10日
90	鐘のなるまち・ちっぷべつ	秩父別町	88	2005年(平成17年)8月10日
91	あぷた	洞爺湖町	50	2005年(平成17年)8月10日
92	うりまく	鹿追町	186	2005年(平成17年)8月10日
93	絵本の里けんぶち	剣淵町	164	2006年(平成18年)8月10日
94	風Wとままえ	苫前町	132	2006年(平成18年)8月10日
95	しほろ温泉	士幌町	182	2006年(平成18年)8月10日
96	名水の郷きょうごく	京極町	28	2007年(平成19年)3月1日
97	びえい「丘のくら」	美瑛町	170	2007年(平成19年)3月1日
98	☆ロマン街道しょさんべつ	初山別村	136	2007年(平成19年)3月1日
99	うとろ・シリエトク	斜里町	252	2007年(平成19年)3月1日
100	しゃり	斜里町	250	2007年(平成19年)3月1日
101	パパスランドさっつる	清里町	246	2007年(平成19年)8月10日
102	もち米の里☆なよろ	名寄市	160	2008年(平成20年)4月17日
103	みなとま〜れ寿都	寿都町	40	2008年(平成20年)4月17日
104	とうや湖	洞爺湖町	46	2008年(平成20年)4月17日
105	流氷街道網走	網走市	236	2008年(平成20年)12月10日
106	北前船 松前	松前町	114	2009年(平成21年)3月12日
107	ステラ★ほんべつ	本別町	204	2009年(平成21年)3月12日
108	ウトナイ湖	苫小牧市	58	2009年(平成21年)7月31日

番号	道の駅	市町村	ページ	登録年月日
109	うらほろ	浦幌町	202	2009年(平成21年)7月31日
110	しんしのつ	新篠津村	14	2010年(平成22年)8月9日
111	夕張メロード	夕張市	72	2011年(平成23年)3月3日
112	おだいとう	別海町	266	2011年(平成23年)3月3日
113	縄文ロマン南かやべ	函館市	104	2011年(平成23年)8月25日
114	わっかない	稚内市	142	2012年(平成24年)3月26日
115	あかいがわ	赤井川村	30	2015年(平成27年)4月15日
116	みそぎの郷きこない	木古内町	108	2015年(平成27年)11月5日
117	しかべ間歇泉公園	鹿部町	102	2015年(平成27年)11月5日
118	ノンキーランドひがしもこと	大空町	240	2017年(平成29年)4月21日
119	北欧の風　道の駅とうべつ	当別町	12	2017年(平成29年)4月21日
120	石狩「あいろーど厚田」	石狩市	16	2017年(平成29年)11月17日
121	なないろ・ななえ	七飯町	96	2017年(平成29年)11月17日
122	びえい「白金ビルケ」	美瑛町	172	2018年(平成30年)4月25日
123	北オホーツクはまとんべつ	浜頓別町	146	2019年(平成31年)3月19日
124	あびらD51(デゴイチ)ステーション	安平町	62	2019年(平成31年)3月19日
125	遠軽 森のオホーツク	遠軽町	218	2019年(令和元年)6月19日
126	るもい	留萌市	128	2020年(令和2年)3月13日
127	かみしほろ	上士幌町	180	2020年(令和2年)3月13日
128	ガーデンスパ十勝川温泉	音更町	190	2020年(令和2年)7月1日
129	羊のまち 侍・しべつ	士別市	162	2021年(令和3年)3月30日

※10 足寄湖と33 フォーレスト276大滝は登録を抹消しています。

あとがき

　旧建設省（現国土交通省）が道の駅の登録制度を制定して、今年でちょうど30年になる。30年前とは1993年、平成5年。あなたは何歳で、どのように過ごしていただろうか。この年、「Jリーグ」が発足し、サッカーが盛り上がった。カタールの首都ドーハで、日本が目前でW杯初出場を逃した「ドーハの悲劇」なるものが起こったのもこの年である。

　私は社会人になって5年目。バブル経済の余韻が、かすかに残るころであった。職場にはタバコの煙がもくもくと漂い、誰でも出入り自由で牧歌的な事務所で、ワープロという道具を使い、ポケットベルという呼び出し装置を持たされていた記憶がある。パソコンはない。スマホもない。ネットやSNSもない時代。30年という時間の長さは隔世の思いがする。

　30年前に第1回の道の駅として登録をした道内施設は14あった（270ページ参照）。その30年後。足寄湖を除いた13施設は健在であり、全道では127カ所に増えている。「企業の寿命は30年」説がある。だとすれば、すごいことではないだろうか。いかに道の駅という施設が愛されてきたかがわかる。道内には179の市町村がある。1市町村に1駅。ぜひ、そうなってほしいと思っている。

　最後に、本書の取材に快く協力してくださった道の駅のスタッフや関係者の皆さまにお礼を申し上げるとともに、編集を担当いただいた北海道新聞社出版センターの五十嵐裕揮さんをはじめとするスタッフの皆さまに感謝の意を表したい。この本が道の駅ファンのお役に立ち、各地の道の駅がますます発展することを願っている。

著者略歴

花岡俊吾（はなおか・しゅんご）
取材・執筆・撮影

1965年（昭和40年）、恵庭市生まれ。高崎経済大学を卒業後、札幌の広告会社（株）ピーアールセンターに就職。企業や団体の宣伝活動に従事。現在は独立し、中小企業の広報や、WEBサイトの記事制作などがメインの仕事。道内各地の行ったことがないところを訪問するのが大好き。趣味はマラソンと山登り。愛読書は地図。

決定版 北海道 道の駅ガイド 2023-24

2023年4月27日初版第一刷発行
著　者　花岡俊吾
発行者　近藤　浩
発行所　北海道新聞社
　　　　〒060-8711 札幌市中央区大通西3丁目6
　　　　出版センター　編集　011(210)5742
　　　　　　　　　　　営業　011(210)5744
印　刷　（株）アイワード

ISBN 978-4-86721-096-3